Uli Hauser, Jahrgang 1962, ist Reporter beim *Stern.* Seine Texte wurden mit dem Theodor-Wolff-Preis ausgezeichnet, er war nominiert für den Egon-Erwin-Kirsch-Preis und den Deutschen Reporterpreis. Gemeinsam mit dem Hirnforscher Gerald Hüther schrieb er den Bestseller *Jedes Kind ist hoch begabt,* der in 14 Sprachen übersetzt wurde. Hauser ist Vater eines Sohnes, Ältester von sechs Geschwistern und lebt in Hamburg.

Besuchen Sie uns auf www.penguin-verlag.de und Facebook.

Uli Hauser

Geht doch!

Wie ein paar Schritte mehr
unser Leben besser machen

PENGUIN VERLAG

MIX
Papier aus verantwortungsvollen Quellen
FSC® C014496

Verlagsgruppe Random House FSC® N001967

PENGUIN VERLAG

2. Auflage

Covergestaltung: Bürosüd nach einem Entwurf
von Favoritbuero, München
Covermotiv: © Jonas Wresch
Abbildung S. 255: Bettina Müller/Stern/Picture Press
Druck und Bindung: GGP Media GmbH, Pößneck
Printed in Germany
ISBN 978-3-328-10479-7
www.penguin-verlag.de

Dieses Buch ist auch als E-Book erhältlich.

Dieses Buch widme ich meinem Vater,
der sein Geld vielleicht lieber mit Liedern
als mit Litern verdient hätte.
Er war Milchmann und ist ein
sehr guter Sänger.

Vorwort

Dass dieser Spaziergang schön werden würde, hatte ich mir erhofft. Dass diese Fußreise ein einziges Glück wurde, liegt nicht nur daran, eines Tages aufgebrochen zu sein.

Es hat zu tun mit den Menschen, die mir begegneten. Die mir entgegenkamen. Mit denen ich mich verband, ohne sie vorher gekannt zu haben.

Wenn Leute sagen, die Welt ist schlecht, sage ich: Die Welt ist gut.

Ich habe es erfahren.

Und mir einen Traum erfüllt. Mehr draußen zu sein. Wie früher. Als ich über Zäune stieg und durch die Gegend streunte, einfach so. Neugierig, was als Nächstes kommt, und immer in Bewegung.

Ich bin schon weit gekommen. Ich gehe auf die sechzig zu. Ich sparte Geld und bat den Chef, mich laufen zu lassen.

Es geht alles so schnell. Die Zeit, sie rast. Das Leben: zwischen zwei Pausen kurz einmal laut. Mit jedem Tag, den wir sind, haben wir einen weniger, der uns bleibt.

Mich hat beeindruckt, was mal ein Mann mit 85 Jahren sagte. Könnte er sein Leben noch einmal neu beginnen, würde er mehr barfuß gehen, von Frühling bis Herbst. Häufiger in Flüssen baden und der Sonne beim Untergang zuschauen. Und versuchen, so viele schöne Augenblicke wie möglich zu haben.

Ich war sorglos genug, es jetzt schon zu probieren. Ein Mutausbruch, ins Blaue hinein.

Aus Gedanken wurden Gänge. Richtig viele. Von Hamburg nach Rom, es hat sich so ergeben. Fast alles habe ich zu Fuß gemacht. Zu Beginn noch in schweren Bergstiefeln und hohem Tempo; am Ende beinahe schlendernd, barfuß in Sandalen. Die Zehen wollten auch etwas sehen von der Welt. Ich war zu fuß, ich war von früher.

Es wurden wohl 2000 Kilometer in hundert Tagen. Ein Film, von dem ich das Drehbuch nicht kannte. Clint Eastwood hat mal gesagt: Ich reite in die Stadt, der Rest ergibt sich.

So war es auch bei mir. Ich hatte keinen Plan. Ich kannte nur die Richtung und ein paar Adressen. Ich wollte in den Süden, in die Sonne. Am Morgen wusste ich nicht, wo ich am Abend sein würde. Was mich erwartete. Ich nahm an, was sich mir bot. Einverstanden war ich. Kein: Ja, aber! Sondern: Warum nicht?

Ich hörte mir alles an, ich machte alles mit, und mir war, als liefe ich auch ein bisschen neben mir her, staunend, was mir da widerfuhr.

Ich wollte wissen, was das Gehen mit mir macht. Und ich lernte meine Füße kennen.

Ich traf Bettler und Bänker, Bäcker und Bauern. Ärzte und Mönche. Besuchte Schuhmacher und Orthopäden. Der eine verpasste mir Einlagen, der andere nahm sie mir ab.

Manchmal kamen Freunde vorbei, meist war ich mit mir. Auch Wildschweine kreuzten meinen Weg. Vor ihnen hatte ich noch mehr Respekt als vor Zecken.

Während ich diese Zeilen schreibe, mit einem Stift auf Papier, das habe ich seit Schulzeiten so schön nicht mehr geschafft, sitze ich unter einer Kastanie am Comer

See. Gleich legt ein Schiff ab: nach Varenna, wo mir ein freundlicher Italiener, er heißt Roldano (nicht Ronaldo, wie die Leute immer meinen, er sagt, es gebe nur fünf Menschen mit seinem Namen in Bella Italia) ein Zimmer im Haus eines Freundes organisieren will. Roldano hatte mich auf der Straße aufgegabelt. Die einzige Trattoria im Ort hatte schon geschlossen. Er brachte mich hin, wo es noch etwas gab.

So waren meine Tage, gut und schön. Ich nahm mir vor, mich nie wieder hetzen zu lassen. Weder von mir noch von anderen. Im Augenblick leben, das sagt sich so leicht; ich kam diesem Gefühl verdammt nah. Ich habe es mir erlaufen. Und kann jedem nur empfehlen, auch mal ein paar Schritte mehr zu wagen. Es muss ja nicht gleich so weit sein. Um die Ecke geht auch.

Es ist keine Zauberei. Man braucht dafür keine Warnweste und keine bunten Schuhe, auch keine Extrahose mit Leuchtstreifen. Könnte ich nicht, schaffe ich nicht; darauf entgegne ich: Traut euch. Nicht immer wegfahren. Weggehen. Den Körper frei bekommen, und nicht nur den Kopf. Die Muskeln lockern und aus dem Vollen schöpfen. Sich neu erleben, das Sehnen und Dehnen und Strecken.

In diesem Buch sind Adressen von Menschen, die einen weiterbringen. Und von Orten, die man besuchen kann, wenn man es schön haben will. Schaut mal bei denen vorbei, egal von wo ihr startet. Und wie lange ihr dafür unterwegs seid.

In diesem Sinne: Geht doch!

Ein Feldweg hinter Hamburg

Als ich noch mit dem Auto unterwegs war, entdeckte ich eines Tages an einer Straße einen Wegweiser. Ich hielt an und schaute nach. Es war eine Schnitzarbeit, mehr ein Denkmal als ein Hinweis. Da stand, an dieser Stelle sei vor über 200 Jahren ein berühmter Mann vorbeigeritten. Ich habe seinen Namen vergessen, ich glaube, er war Soldat. Das ganze Land ist voll mit reitenden Männern auf Sockeln, gern auch in Marmor. Für den hier fehlte das Geld.

Ich sah mich um. Da war Wald, und da waren Wege. Und da lagen Steine, spitz und schroff und andere eher rund. Jemand hatte sie hier vergessen, ich denke, es war die Eiszeit.

Ich war neugierig und folgte der Spur der Steine. Hinter dem geschnitzten Wegweiser bog ein Weg von der Straße ins Feld. Es war ein schöner Morgen, und ich hatte Zeit. Das Feld wellte sich ein wenig. Am Himmel war noch die Sichel des Mondes zu sehen, ein Lichtblick in der Ferne.

Ich ging den Weg weiter. Vorsichtig und eher andächtig. Die Stimmung war feierlich. Aus Sträuchern stoben Vögel auf, so früh am Morgen erwarteten sie keinen Besuch. Aufgeregt flogen sie davon; tut mir leid, dachte ich, ich wollte nicht stören. Vorsichtig setzte ich meine Schritte. Freundlich wollte ich sein, an diesem herrlichen Sommertag.

Ich merkte, wie der Weg mich an die Hand nahm, komm, geh noch ein Stückchen, bleib ein wenig. Ich schaute zurück, mein Auto an der noch leeren Landstraße war nicht mehr zu sehen.

Dieser Morgen, so dachte ich, gehört nur mir. Ich war fast allein auf weiter Flur. Nach dem Feld säumten Bäume den Weg. Nicht groß, aber alt, sie trugen Falten. Sie nickten mir still zu, sie standen schon lange hier. Ihre Äste lagen sich in den Armen, sie bildeten ein Dach über meinem Kopf.

Am Anfang noch war der Weg sandig, jetzt war er mit Feldsteinen gepflastert; auch sie Geschiebe aus Gletscherzeiten.

Ich mag Feldsteine. Man hat früher aus ihnen Burgen gebaut und Scheunen und Kirchen; so als Weg gefallen sie mir immer besonders gut. Sie haben etwas Beruhigendes. In ihrer Gesellschaft fühle ich mich wohl. Feldsteine sind Zeugen einer Zeit, als die Menschen noch Geduld hatten und Schritt hielten. Verweilten.

Ich lauschte nach allen Seiten, aber da war niemand. Ich schloss die Augen und versuchte, den Wind zu spüren, einen Hauch davon. Die Luft war warm und weich. Verzaubert, die Welt.

Der Weg schien nicht lang zu sein. Vielleicht vierhundert Meter. Ganz hinten war wieder Asphalt zu sehen und auf der linken Seite ein Dorf. Irgendwann rollte von dort ein Trecker los und riss mich aus den Gedanken. Aus der Vorstellung, wie es gewesen sein muss, als dieser Reiter unterwegs war. Das Leder seines Sattels knautschte. Sein Pferd dampfte. Wie sich das Land formte und wie Menschen beschlossen, hierzubleiben, Felder anzulegen und Häuser zu bauen. Wege zu pflastern, sich gegenseitig zu besuchen und Handel zu treiben.

Ich verfolge gern Wege. Am besten finde ich Anfänge. Wenn noch nicht klar ist, wohin die Wege führen. Und wie weit.

Ich hätte gern gewusst, wie es weiterging. Aber ich konnte nicht einfach los, da war ja noch mein Auto. Das Pferd von heute. Ein alter Mercedes, den lässt man nicht einfach stehen.

Ich stieg ein und ließ den Motor an. Und dachte, schön wäre es gewesen.

Ein kleiner Rucksack für einen großen Schritt

Ich hatte nicht lange gebraucht, den Rucksack zu packen. Es war der alte meines Sohnes, viel zu klein, aber mehr wollte ich nicht mitnehmen. Ich stopfte ihn voll. Eine kurze, eine lange Hose. Zwei Paar Socken, drei Shirts. Ich fragte meine Freundin, welchen Pullover ich dalassen sollte, den flauschig braunen oder den warmen beigen. Ich nahm beide mit. Und einen Schlafanzug. Ich wollte es gemütlich haben.

Vom Speicher holte ich meine Bergschuhe, sie waren noch dreckig von der letzten Wanderung. Bestimmt fünfzehn Jahre alt, aus braunem Leder. Eingelaufen. Zerknautscht, ich hatte sie nicht oft geputzt. Schuhe brauchen Pflege, darin bin ich nicht gut. Zog ich sie an, war ich draußen. Diese Schuhe hatten die Alpen gequert und waren am Meer gewesen, sie kannten Bäche, sie kannten Berge. Hunderte von Kilometern waren wir gemeinsam gegangen und vertraut miteinander.

Zwei Tage vor dem Abschied hatte meine Freundin die Freunde eingeladen. Sie schenkten mir einen Kompass und eine Zigarre und Blasenpflaster und ein Fläschlein

Johnnie Walker für die Hosentasche. Sie fragten, in welche Richtung ich gehen würde und wann ich wiederkäme. Ich sagte, erst mal raus aus der Stadt, danach würde ich sehen.

Meine Idee war nicht, einfach nur weg zu sein und das Handy auszuschalten und zu mir zu kommen. Ich wollte mich auch nicht selbst erfahren. Ich war einfach neugierig, was passieren würde, wenn ich diesen ersten Schritt aus dem Haus machte, ohne große Vorbereitung und Checken und Schauen, welche Hosen nun die tauglichsten wären, welche Hemden, welche Socken. Ohne Fitness-App, Pulsmesser und Kalorienzähler. Aber mit einem Ladekabel für ein Telefon, das auch fotografieren konnte.

Ich schulterte den Rucksack und schaute in den Spiegel. Der Rucksack war zu klein für einen so langen Kerl, so kann man eigentlich nicht herumlaufen. Ich lächelte mir zu; junger Mann zum Mitreisen gesucht, dachte ich. Den Sommer über würde ich meine Gesellschaft ertragen wollen und mich treiben lassen. Auf einem Weg, von dem ich nur den Anfang kannte.

Mein Sohn und meine Freundin begleiteten mich die Treppe hinunter, vorbei am Laden unten im Haus. Ich wohne über einer Bäckerei, die Wulfs machen die besten Brötchen in der Stadt. Herr Wulf sagte, er würde auch gern einfach mal los.

Ich war meiner Freundin dankbar, sie ließ mich ziehen. Ich weiß nicht, wie lange ich fort sein werde, sagte ich. Vielleicht können wir uns in zwei Wochen sehen, es wären zwei Stunden mit dem Zug. Es wäre schön, sagte sie. Melde dich.

So eine Frau, die gönnen kann, wünsche ich jedem. Drei Ecken und zehn Stunden später stand ich im Wald.

Der erste Tag

Mein erstes Quartier erreichte ich kurz vor dem großen Regen. Ich war ja noch im Norden. Wir sind da nicht verwöhnt, was das Wetter angeht. Und froh, wenn wir Dinge ins Trockene bringen.

Mein Rucksack war nicht nass geworden, ich freute mich für ihn. Ich hatte keine Plane, die ich über ihn hätte werfen können. Meine Freundin hatte mich noch gefragt, was machst du, wenn es viel regnet. Das wird nicht passieren, sagte ich. Im Behaupten bin ich gut.

In Hamburg hatte der Himmel noch ein Einsehen, die Elbphilharmonie strahlte. Ihre Fenster funkelten in der Mittagssonne. Ich hatte ihr von der Elbbrücke aus hinübergewunken, als müsste ich mich von Hamburgs neuester Entdeckung auch noch verabschieden. Ein besseres Wetter hätte ich mir nicht wünschen können für meinen Aufbruch.

Nie zuvor hatte ich mich auf einen so langen Marsch gemacht; das Unterwegssein war mir einerseits vertraut und doch fremd. Mir stand frei zu gehen.

Noch fiel mein Blick auf Asphalt, auf Container, Kräne, Sattelschlepper, Gewerke und Gewerbe. Viel Verkehr.

Ich hatte mich vorher nach einem Weg erkundigt, über die Deiche und den Fluss entlang. Ich fand ihn nicht, und ich war zu faul zu suchen.

Als ein Zug vorbeikam, ließ ich jede Vorstellung fahren. Und mich selbst auch. Ich stieg ein und war eine halbe Stunde später in Lüneburg. Dort ging es richtig los.

Die alte Backsteinstadt begrüßte mich mit einer Ausfallstraße, die ich mir in Hamburg hatte ersparen wollen. Ich machte kein Aufhebens davon, bis ich in einem Kreisverkehr stand und nicht mehr weiter wusste. Ich kannte die Gegend von meinen Autofahrten aufs Land; aber nun wollte ich Feldwege gehen und mich nicht nach Straßenschildern richten. Der erste Mann, der mir den Weg wies, war ein freundlicher Autofahrer in einem Coupé; er war auch unter freien Himmel unterwegs, aber eben auf Reifen. Sie müssen sich rechts halten, sagte er und lachte. Natürlich wäre es einfacher gewesen, in seinen Wagen zu steigen und ins Grüne zu fahren, als mich von nun an durchs Gebüsch zu schlagen.

Ich kam mir ein wenig albern vor, als ich an einem Zaun entlangstrich, der einen Segelflugplatz vor ungebetenen Besuchern schützte; rechts unter mir verlief die Schnellstraße, auf der ich so oft gefahren war. Wie leicht man es doch auf so einer Straße hat, dachte ich, als ich mir Zweige aus dem Gesicht schlug und ein Loch suchte im Zaun. Ich wollte die Leute auf dem Flugplatz fragen, wie es von hier aus weiterging. Über mir schwebte lautlose Freizeitgesellschaft. Sie wackelte mit ihren Flügeln.

Da lang, sagte ein Mann und streckte seinen Arm in den Himmel. Er dachte offenbar in Luftlinie, das gefiel mir. Ich lächelte in mich hinein: Ich hätte auch auf den Kompass schauen können oder auf eine Karte. Aber ich wollte nicht.

Lass laufen, sagte auch Walter, der Vater meiner Freundin, als er mich am späten Nachmittag anrief. Wirf den Kompass weg und immer der Nase nach. Walter ist 86 Jahre alt. Seine Augen leuchten, wenn er davon spricht, wie er als Junge im Weserbergland auf Kuppen zulief und wissen wollte, wie es dahinter aussieht. Einen Hügel rauf, hinter dem nur Himmel war. Walter ist ein fitter Alter. Dass es so ist, hat mit früher zu tun. Sein Körper hat sich von klein auf gemerkt, wie schön Bewegung ist, und das hat er nie vergessen.

Ich war im flachen Land unterwegs, die Berge waren noch weit. Lief über Feldwege und querte Wiesen, Weiden, Äcker. Und erreichte den Wald, kurz vor der Dämmerung. Die Göhrde, Norddeutschlands größten Mischwald. Langsam bewegte ich mich auf seinen Schatten zu, die erste Nacht sollte unter Bäumen sein.

Unter Bäumen

Über Kilometer hatte sich der Boden platt gehalten, bis er sich nun in ein Wiesental senkte. In der norddeutschen Tiefebene machen ein paar Meter nach oben oder unten mächtig Eindruck; allzu viel Abwechslung ist man hier von Landschaft nicht gewohnt.

Ich war schon eine Weile im Wald, als ich an das alte Jagdschloss in der Göhrde kam, das ungenutzt vor sich hin schimmelt. Hier bog ich links ab, ich war auf vertrautem Gelände. Ich wollte zu Barbara und Kenny, ich kenne sie seit einiger Zeit. Sie haben aus einem Fachwerkhof ein Paradies gemacht für gestresste Großstädter, die Leute kommen von weit her, um hier zu entspannen. Sie mögen den großen Garten und Möhren schon am Morgen. Hier isst alles bio.

Ich genoss die letzten Meter an diesem Sommerabend. Vor zwei Tagen war ich noch im Büro und hatte Tschüss gesagt. Die Kollegen auf dem Flur wünschten mir viel Freude, nun wandelte ich in einer Kathedrale. Mächtige, riesige Bäume säumten meinen Weg. In Pfützen spiegelten sich Wolken. Waldboden dunkelte in der Dämmerung.

Der Himmel hatte Geduld mit mir, noch hielt er sich bedeckt. Links war das Forstamt mit einem Geweih über der Tür, rechts ein kleines Museum, das Naturum hieß. Über Kopfsteinpflaster wanderte ich ins Dörfchen Dübbekold, vorbei an einem Seminarhaus, in dem ein Schamane lebt. Früher war er Schlosser in Hamburg, heute steht ein Tipi in seinem Garten. Die Indianer haben ihn zu einem der ihren gemacht, und seither schickt der Göhrde-Schamane Menschen aus der Schwitzhütte hinterm Haus direkt in den Wald, damit sie sich dort in Ruhe ein paar Gedanken machen über ihr Leben.

Kaum angekommen platzte es aus allen Wolken. Der Himmel zog den Vorhang zu. Da war nur noch Wasser.

Unter einem Glasdach sah ich dem Geschehen zu. Die Beine waren schwer. Die linke Ferse meldete eine Blase und bekam ein Pflaster. Ich streichelte meine Füße und lobte sie. Ich war euphorisch und strahlte über beide Backen.

Ich war raus aus der Stadt. Und schaute auf stumme Riesen. Aufrecht und mit mächtigen Kronen. Mit gewaltigem Blätterwerk, von dem das Wasser locker abtropfte. Nach einer Weile kam noch einmal die Sonne durch, ein letztes Aufscheinen, und verzauberte das nass schimmernde Grün.

Wen die schon alle haben kommen und gehen sehen, dachte ich. Die Luft war warm und von einer schwülen Schwere. Ich streckte zufrieden meine Glieder. Dann nahm ich den Rucksack und ging schlafen.

Der schönste Morgen weit und breit

Am nächsten Morgen weckte mich die Sonne. Sie strahlte. Steh auf, Großer, schön ist die Welt. Ich wäre vor Freude auch aus dem Fenster gesprungen. Es war weit geöffnet, die ganze Nacht, ich wollte Wind spüren auf meiner Haut.

Auf leisen Sohlen schlich ich hinaus. Aus dem Wiesental waberte Morgennebel, nach dem Regen war Stille eingekehrt. Sie hatte sich über Nacht wie eine Decke über die Wiesen gelegt. Das Gras war feucht, und ich versuchte mich barfuß. Sommer ist so einfach, dachte ich.

Leichter Wind strich über meine Wangen. Am Waldsaum entlang lief ich über die Wiesen. Ich studierte den schweigsamen Wald, aus dem es noch immer tropfte. Ein Sturm hatte das Land überfallen, jetzt war es wieder die Ruhe selbst. Die Luft war kühl und klar. Der Wald schien mir schöner als je zuvor, weiter hinten im Gehölz erkannte ich ein Reh.

Die Bäume standen in vollem Saft. Gern hätte ich jeden einzelnen mit Namen begrüßt, hallo, ich bin der Neue, darf ich euch Gesellschaft leisten? Aber ich bin schlecht darin, mir Namen zu merken. Ich kann eine Buche von einer Eiche unterscheiden und eine Kiefer von einer Lärche; aber ich glaube, es ist ihnen nicht wichtig.

Vorsichtig setzte ich die blanken Füße in grünes Gras und auf braunes Laub, das noch nicht verfault war, liegengeblieben im letzten Winter, hier kümmerte es keinen. Ich nahm Fühlung auf mit dem Boden; er war nach dem Regen wunderbar weich.

Nicht weit von einem Bächlein lag ein Ballen Stroh. Die Sonne nahm sich seiner an. Sie tauchte ihn in ein sattes Gelb. Ich schloss die Augen und ließ mich wärmen. Vor mir lag ein langer Sommer. Bald würde die Sonne den höchsten Stand ihrer Bahn erreichen. Und in wenigen Tagen in das Zeichen des Krebses eintreten, mein Sternzeichen. Ich wollte dabei sein, wenn die Tage am hellsten und die Nächte am kürzesten sind, ich wollte erleben, wie das Licht sich streckt und Besitz ergreift von allem.

Für eine Weile würde ich unterwegs sein und nicht mehr mitreden beim großen Palaver der Welt. Ich würde meinen Füßen Auslauf und meinem Geist Erholung geben. Ich würde Wege verfolgen und mich verlaufen, ich würde mir etwas vornehmen und wieder verwerfen. Und es würde mir nichts ausmachen. Das hier war ein guter Anfang.

Ich wollte mich verwandeln. Das Gewohnte verlassen, um Ungewöhnliches zu erleben. Neuen Schwung in mein Sein bringen; über fünfzig Jahre waren nun vergangen, seit ich das Gehen erlernt hatte. Es war nach der Geburt das Großartigste, was ich geschafft habe.

Seither laufe ich wie selbstverständlich durchs Leben, ohne noch wirklich darauf zu achten, wie. Wie ich den Fuß setze, die Hüfte bewege, in jeder Sekunde und mit jeder Faser meines Körpers der Schwerkraft trotze. Der Kraft, die alles auf der Welt zu Boden drückt. Ich stieß mich vom Ballen ab, stellte mich auf und hob das rechte Bein, es eine Zeitlang in der Luft zu halten. Nach wenigen Sekunden wackelte ich schon sehr bedenklich, und ich war froh, es wieder auf die Erde setzen zu können. Dann hob ich das linke, sehr langsam, das gleiche Spiel; mein Körpergewicht verlagerte sich, nun übernahm das andere Bein Verantwortung und hielt mich aufrecht.

Ich versuchte mich im Beobachten der Schritte. Es ging auf und ab, rauf und runter. So bewusst hatte ich das noch nie erlebt. Das machst du also den ganzen Tag, wenn du gehst, dachte ich. Wir denken ja immer, dass wir genau wissen, was wir tun und was in uns vorgeht. Aber so, wie wir unsichtbar Luft aufnehmen, passiert in uns vieles, dessen wir uns nicht bewusst sind.

Mit jedem Schritt brachte ich mich aus dem Gleichgewicht und hielt mich doch mit beiden Beinen auf dem Boden. Der hat einen guten Stand: So reden wir von Menschen, die wir bewundern.

Was mir noch auffiel an jenem Morgen: dass ich, um vorwärtszukommen, meinen Körper ein wenig fallen lassen musste, in den Schritt hinein, immer wieder und im Vertrauen darauf, von Muskeln, Bändern und Gelenken gehalten und unterstützt zu werden. So wollte ich mich fortan fallen lassen ins Leben, mit jeder Entscheidung, mich aus dem Stand heraus zu bewegen.

Gehen: Es ist die einfachste Art, unseren Körper von einem zum anderen Ort zu bewegen. Nicht einmal Schuhe brauchen wir dafür. Aber eben und immer den Wechsel und den Gegensatz und den Ausgleich. Keine Aktion ohne Reaktion.

Zu gerne würde ich mich erinnern können an die Zeit, als ich meine Rückenmuskeln entdeckte, im ersten Lebensjahr. Wie jeder von uns so ungefähr im dritten Monat nach der Geburt plötzlich den noch unverhältnismäßig großen Kopf anhob und ein Gefühl bekam für das Gleichgewicht. Und die Augen Welt schauten.

Von dieser neuen Sicht auf die Dinge waren wir so begeistert, dass wir von nun an immer wieder versuchten, den Kopf zu heben und zu balancieren. Erst konnten wir nur die Nackenmuskeln zusammenziehen, die Muskeln im Rücken aber noch nicht anspannen. Doch nur wenige Wochen später lockte eine weitere Belohnung für all das Mühen: Wir waren in der Lage, den Rücken zu wölben, die Arme und die Beine zu strecken. Was für ein Abenteuer, ein Juchzen und Schluchzen, die pure Freude. Raumgreifend wurden wir, und mit jeder neuen Bewegung kamen mehr Muskeln ins Spiel, die nichts anderes im Sinn hatten, uns zu helfen, eines Tages wie von selbst gehen und stehen zu können.

Wie das genau war, als aus dem rollenden Bündel am Boden ein aufrechter und selbstständiger Mensch wurde, das würde ich gern noch einmal bewusst erleben. Ein Mensch, der später auf Bäume kletterte, durch die Büsche flitzte und den ganzen Tag in Bewegung war. Der Körper machte alles mit, was sich der Kopf für ihn ausgedacht hatte. Es gibt, zum Beispiel, wohl kaum ein Baby, das nicht irgendwann in der Lage war, seinen Fuß an den Mund zu führen, was für ein Spaß. Ich beherrschte dieses Kunststück bestimmt auch einmal.

Wenn ich das heute probiere, kommt mein Fuß ungefähr einen halben Meter vor dem Gesicht zum Stehen. Und auch nur so weit, weil ich mit den Armen und viel Kraft die Füße noch ein paar Zentimeter weiter in die Richtung der Nase schiebe. Es sieht ziemlich albern aus, also lasse ich das.

Weil sich das Hirn nur Dinge merkt, die wir wirklich brauchen, und Geschmeidigkeit verloren geht, wenn wir uns nicht dauernd mit jedem Muskel bewegen, habe ich das verlernt. Die Erinnerung, wie sich diese Handlung anfühlt und wie sie genau ausgeführt wird, ist nicht mehr da.

Eine Erinnerung aber hat sich fest eingegraben in unser Gedächtnis, auch das des Körpers. Diese Erinnerung ist nicht individuell, es ist eine kollektive. Es ist die Erinnerung an die Zeit, als sich die Menschen zu Fuß in Bewegung gesetzt haben. Schritt für Schritt die Savanne querten und Wüsten überlebten, Berg und Tal und Eis und Schnee überwanden. Es ist die Erinnerung an den Aufbruch, gierig nach Neuem zu sein; wissen zu wollen, wie es hinter dem nächsten Baum, dem nächsten

Fluss, am nächsten Tag weitergeht. Diese Erinnerung hat sich abgespeichert im ältesten Teil unseres Gehirns, dem Stammhirn, dem Gedächtnis aller Entwicklung: im Hippocampus.

Wie wunderbar: In mir war das gesammelte Wissen der Menschheit, es war jetzt an mir, es wieder mal zu bemühen.

Kenny und der liebe Wolf

Beim Frühstück traf ich Kenny. Am Abend noch hatte er über Knieschmerzen geklagt, die waren nun weg. Er reibt seine Knie mit Retterspitz ein, einer alten Kräutermischung, klappt immer, sagte er.

Kenny ist ein gemütlicher Nordländer. Ein bedächtiger Typ. Er hat viele Jobs gehabt und ist lange um die Welt gezogen; aber Ruhe, sagt er, findet er nur hier. Im Schutz der Bäume. Das Hotel sichert ihm ein Auskommen, aber seine Sehnsucht ist der Wald. Ein paar Kilo zu viel und schmerzende Knie halten ihn nicht davon ab, sich durch die Büsche zu schlagen. Kenny verfolgt die Fährten von Wölfen.

Der letzte Wolf war in der Göhrde vor über 150 Jahren erschossen worden, danach hatten die Menschen das Wild für sich. Nun sind die Wölfe wieder da und nicht nur Schafe angefressen.

Heimlich, still und leise erobern sie ein Bundesland nach dem anderen, sie nähern sich sogar Hamburg. Niemand hätte das für möglich gehalten. Einmal im Jahr gibt die Regierung einen Bericht heraus, wie viele Wölfe in diesem Jahr unterwegs sind, eingeteilt in Rudel und Einzelexemplare. Und fast jede Woche melden Landwirte

Verluste. Denn die Wölfe machen, was sie wollen. Sie wildern nicht nur im Wald. Sie töten auch auf dem Deich.

Die Landesregierung hat Kenny beauftragt, die Wölfe im Blick zu behalten. Er ist »Wolfsberater«. Wölfe sind, was Beratung betrifft, eher resistent; aber finde mal einen besseren Namen. Kenny weiß, ihre Spuren zu lesen. Wölfe benutzen die Wege der Menschen, das spart Energie. Und hinterlassen an Wegkreuzungen Nachrichten. Das Trittbild eines Wolfes ist etwas größer als das eines Hundes, und die hinteren Füße landen in den etwas größeren Abdrücken der Vorderfüße. Wölfe sind große Wanderer: Manchmal laufen sie Hunderte von Kilometern, um Ausschau zu halten. Ich fühlte mich ihnen verbunden.

Ich fragte Kenny, ob es möglich wäre, mit ihm der Spur von Wölfen zu folgen. Klar, sagte er und lud mich ein mitzukommen. Am Nachmittag würde er wieder mit einigen Gästen losziehen.

So lange wollte ich dann doch nicht warten, obwohl das Angebot verlockend war. Ich wollte los.

Von Dübbekold bis Beseland

Die Göhrde ist eine gute Gegend, sich einzulaufen. Nationalparkverdächtig, es gibt viele seltene Pflanzen und Tiere und wenig Monokultur. Multikulti auf 75 Quadratkilometern. Das hat auch zu tun mit dem Dreißigjährigen Krieg. Als Deutschland Brachland war und die Apokalypse verbrannte Erde hinterließ. Ein weitsichtiger Herrscher, August der Jüngere, ein Welfe, verfügte damals eine »Verordnung gegen die Waldverwüstung«, auch um zum Jagen einen schönen Wald zu haben.

Jahrhundertelang war die Göhrde eine Schießbude der Mächtigen. Die Jäger zäunten sie ein und ließen sich Geweihe vor die Flinte jagen. Das war schlecht für die Tiere und gut für die Bäume: Während die einen fielen, blieben die anderen stehen. Hier halten sich Eichen seit 340 Jahren senkrecht, und Fichten sind 140 Jahre ungeschlagen. So ein Mischwald ist selten geworden.

Ich hatte mich noch kurz mit Kennys Frau Barbara unterhalten, die keinen Tag mehr ohne das Gefühl leben möchte, jederzeit aus der Tür gehen und über Stunden im Wald verschwinden zu können. Keinen halben Tag hielte es sie mehr in der Stadt aus, sagte sie, das Gedränge, das Schnelle, das Laute. Überall Buchstaben, die nach Aufmerksamkeit verlangen, der Lärm und die Leute. Menschen, die Handys spazieren führen und dich nicht anschauen, wenn du sie grüßt.

Und keine Bäume, die man umarmen kann. Keine Bäume? Ich schaute Barbara fragend an. Ja, sagte sie, je länger ich hier wohne, umso wichtiger wird mir ihre Gesellschaft. Vor Jahren noch habe sie sich nicht getraut, das zu sagen, weil man sie womöglich für eine Spinnerin gehalten hätte. Aber mir gibt das Kraft, mich anzulehnen, sagte Barbara. Ich nickte nur, ich war noch nicht so weit. Im Büro umarmen wir nicht gleich jeden, den wir sehen.

Ich hatte gut geschlafen, ich hatte mich gut unterhalten. Heiter gestimmt verließ ich das gastliche Haus im schönen Dübbekold. Von hier führte ein Weg nach Osten durch den Wald und über Sand an die Elbe, ich aber wollte in die andere Richtung, nach Süden. Hinterm Haus entdeckte ich ein kleines Schild, es war an eine Eiche genagelt. Eine kleine Wegweisung aus Messing, mit gezackten schwarzen Pfeilen: Europäischer

Weitwanderweg stand darauf, Ostsee-Wachau-Adria. Ans Mittelmeer, bitte hier entlang. Diesen Pfeilen würde ich folgen können wie ein Kind früher den Holzstückchen bei der Schnitzeljagd. Zwei Monde später könnte ich in Italien sein, vielleicht würden 25 Kilometer am Tag reichen.

Was für eine Verheißung: die Adria. Mir wurde warm, ich sah mich am Strand, Sand zwischen meinen Fingern. Heiß war die Luft und hell, Wolken zogen hoch und weiß über mir dahin. Aber noch waren es über tausend Kilometer.

Ich hatte mir so ungefähr eine Route zurechtgedacht. Die norddeutsche Tiefebene wollte ich schnell hinter mir lassen, und ein wenig mehr Zeit in der Mitte Deutschlands verbringen. Um dann, Anfang August, grob über den Daumen gepeilt, vielleicht in München zu sein. Und danach Richtung Südosten über die Alpen nach Triest laufen, in die frühere Hafenstadt der Habsburger, als Österreich sich noch in die Länge streckte und keinen Kanzler hatte, der Kurz hieß. Für die Überquerung der Alpen hatte ich vorgesorgt; der Alpenverein hatte mir einen Pass geschickt für die Benutzung von Hütten, und ein kleiner Wanderführer hatte noch Platz gefunden in meinem Rucksack.

Europa ist durchzogen von Fernwanderwegen, dieser hier trug die Nummer sechs. Er startet in Finnland und geht über die Göhrde weiter in die Türkei. Aber ich musste erst einmal artig nach links und nach rechts schauen, mein Fernpfad querte die Bundesstraße 216, die von Lüneburg nach Dannenberg, über die Elbe nach Dömitz und von dort nach Ludwigslust führt.

Ich wechselte die Seite. In sanftem Schwung ging es durch den Wald. Auf dem Boden lagen tote Stämme, in Büschen und Bäumen hüpften Vögel. Ameisen häuften sich zu Hügeln, ich ließ sie links liegen. Entlang des Weges waren große Löcher, da sitzt jetzt der Fuchs drin und wartet, bis ich weg bin, dachte ich. Die Sonne hatte sich auch zurückgezogen. Von Sommer keine Spur, und so sollte es in den nächsten Monaten im Norden auch bleiben. Doch entfernte ich mich mit jedem Schritt weiter von der Wahrscheinlichkeit, die schönste Zeit des Jahres bei schlechtem Wetter zu verbringen.

Ich kam mir vor wie Forrest Gump, der aus dem Film. Dieser hatte mich wirklich beeindruckt. Er war auch einfach so losgelaufen. Ich erinnerte mich, wie ich einmal in Amerika in die Gegend kam, wo ein paar Szenen gedreht worden waren. Ich stoppte, holte Sportschuhe aus dem Auto und rannte. Nun raschelte ich durch den Wald, ich war ein Laub-Bube. Mir gefiel dieser Einfall.

Um mich herum waren bucklige Stämme und Äste mit Stacheln, rissige Rinden und zarte Triebe. Die Farbe der Blätter änderte sich mit dem Dach über ihrem Kopf; je weniger Licht auf sie fiel, umso kräftiger schien das Grün. Manchmal sah ich durch die Kronen Wolken ziehen, aber der Wald hier war schon sehr dicht. Bisweilen war da ein Klopfen, es hallte durch die Stille. Es war der Specht, mit scharlachroter Feder, der mit kräftig kantigem Schnabel gegen den Stamm hämmerte. Er ist ein geduldiger Jäger und wartet, bis die Jungen anderer Vögel so groß geworden sind, dass sie eben noch in sein Maul passen. Dann verschluckt er sie.

Im Wald herrscht ein Kommen und Gehen. Ich war einer von vielen. Hier ist keiner ohne Migrationshintergrund. Die Buche hat sich aus den Karpaten vorgearbeitet, der schlanke und doch kräftige Rothirsch mit breiter Brust ist ein Steppentier. Dem Kaiser zu Ehren, der in der Göhrde gern jagte, wurde vor über hundert Jahren sogar Muffelwild importiert, aus Sardinien. Es vermehrte sich munter, die Jäger hielten sich zurück. Dann kam der Wolf. Das Mufflon wurde zu einem gefundenen Fressen. Gehegt und gepflegt hatte es keine Ahnung, wie es mit so einem Wolf umgehen soll. Wildschweine werden wütend, Rehe rennen weg. Ein Mufflon flüchtet erst und bleibt dann stehen und stellt sich. Es kennt es nicht anders, zu Hause funktioniert das auch. Im norddeutschen Flachland aber brauchst du andere Qualitäten. Da musst du schnell sein.

Kenny hatte mir gesagt, ich solle unbedingt durch den Breeser Grund gehen. Ein Stück Heide, spärlich mit Bäumen bestanden, der Rest eines alten Hutewaldes, in den Hirten einst Schweine und Großvieh führten. Auf der Waldweide fanden sie genug Eicheln und Bucheckern, sich satt zu fressen.

Auf dem Weg dorthin vernahm ich plötzlich ein Grunzen. Schnell suchte ich mir einen Stock, ich wollte vorbereitet sein, was immer da kam. Ich schaute auf den Weg vor mir. Und sah, einen Steinwurf entfernt, eine Bache die Seite wechseln, gefolgt von vielleicht sieben Frischlingen. Die Mutter drehte ihren Kopf zur Seite und warf mir einen Blick zu. Ich verstand und blieb stehen, ich wollte keinen Streit. Ich hüte mich vor Wildschweinen, zu viele Geschichten kenne ich von wütenden Keilern und überraschten Spaziergängern. Es sollte die einzige Begegnung mit wilden Schweinen sein; irgendwann später sah ich noch einmal einen Schatten im Wald, er bewegte sich im Rückwärtsgang.

Im Breeser Grund machte ich eine Pause. Ich setzte mich auf einen Baumstumpf, er lag unterhalb eines kleinen Hügels. Noch nie schien mir ein Wald so unberührt, ich dämmerte vor diesem Landschaftsgemälde ein. Und wachte auf, als sich zu viele Ameisen meiner bemächtigten. Sie ließen sich leicht abschütteln; besser am Fuß als am Ohr, dachte ich. Als ich mich wieder sortiert hatte, schaute ich mir die Bäume näher an. Ich wünschte, einen Bogen Papier und ein paar Stifte mit mir zu führen und ein paar Striche zu wagen. Mir gingen Bilder durch den Kopf, wie ich sie in Museen gesehen hatte, Stimmungen, auf Leinwand gebannt. Von Caspar David Friedrich zum Beispiel.

Über harten Wurzeln verwitterte Stämme, die sich noch so eben senkrecht hielten, vielleicht war dies der letzte Sommer ihres Lebens. Und der nächste Windhauch würde sie zu Fall bringen. Ich sah verstorbene Bäume, noch nicht beerdigt, aber voll Leben. Mit Stammgästen, die sich auf dem Friedhof breitmachten. Würmer, Vögel, Siebenschläfer. Heimat für Hirschkäfer und Waldkäuze.

Hier faulte die Welt vor sich hin, so schön kann Sterben sein, dachte ich. Ich blieb ein bisschen und wartete auf einen Wolf. Hier sind sie oft, hatte Kenny gesagt. Aber es kam keiner. In Wahrheit machen sie einen großen Bogen um uns Menschen. Ich dachte an meine Freundin und ihre schönen grünen Augen. Stunden hätte ich bleiben können in diesem Traum von Landschaft.

Aber ich musste mich sputen; ich hatte kein Zelt und wollte nicht unter freiem Himmel schlafen. Ich war erstaunt, wie viel Strecke mit Hochsitzen abgesteckt war. Alle Nase lang war da ein Schießstand. Mal hastig zusammengehämmert, ein anderes Mal mit weichem Kissen gepolstert. Manche dieser Schussanlagen lagerten auf Anhängern, man kann sie von Lichtung zu Lichtung durch den Wald ziehen. Ein Jäger, lästerte einst der Naturschützer Horst Stern, brauche nicht mehr als

Geld, gute Beziehungen, Sitzfleisch und einen ruhigen Zeigefinger.

Aus dem Wald heraus organisierte ich mein nächstes Quartier. Es waren wohl noch mehr als zehn Kilometer, und es war schon Nachmittag. Eine Schneise wies mir die Richtung und geleitete mich aufs freie Feld. In der Dämmerung erreichte ich ein Dorf, einen Rundling, dessen Häuser sich um einen Platz in der Mitte gruppierten. Diese jahrtausendalte slawische Siedlungsform hat sich bis heute in dieser Gegend, dem Wendland, gehalten. Aus Zeiten, als Völker wanderten und sich Gebiete suchten, wo sie sich fruchtbar mehren konnten. Ich nahm ein Zimmer, öffnete das Fenster, bettete meine tapferen Füße und mein Haupt in ein frisch bezogenes Bett und schlummerte ein.

Das Wendland

Beim Frühstück mit selbstgemachter Marmelade und Eiern von frei laufenden Hühnern kam ich zum ersten Mal in die Verlegenheit, mich zu erklären. Da saßen andere Gäste, die mit dem Rad unterwegs waren, und solche auf der Durchreise, Handelsvertreter. Sie zückten ihr Handy und rechneten nach, wie viele Kilometer ich unterwegs sein würde, wenn ich nach Italien liefe. Darüber hatte ich mir nur wenige Gedanken gemacht. Aber du musst doch wissen, in welche Richtung es geht, wie lange du unterwegs sein willst, wie du die Etappen einteilst, fragten sie. Ich war nicht in der Stimmung, Antworten zu geben.

Mir ging es gut, das war alles: keine Krankheit, keine Krise, weder Sonnenbrand noch Burnout. Da war ein Ziehen im Nacken, ein paar Muskeln waren verspannt, hart geworden. Aber mit ein wenig Gymnastik würde ich die wieder locker bekommen.

Ich dachte an meine Arbeit. Die Kollegen würden jetzt im Büro sitzen, Zeitungen sich stapeln und Meldungen sich stauen. Ich war fein raus. Ich sag mal so: Gehen, weil es am schönsten ist. Sechs Monate Raus-Zeit. Das Gehalt um die Hälfte runter, aber mehr Zeit als Geld. Und die Knie hatten endlich anderes zu tun, als das Sitzen zu organisieren.

Im Büro braucht man nicht viel Körper. Dass wir gut aufgestellt sind, das meinen wir nicht wirklich, das sagen wir nur so. Den Muskel, der uns dabei helfen könnte, sitzen wir die längste Zeit platt. Der Gluteus maximus klingt wie der letzte große Dinosaurier, lebt aber noch, langweilt sich auf dem Bürostuhl ohne Ende. Man könnte ihn beschäftigen, wenn man zum Beispiel Kniebeugen machte mit ausgestreckten Armen, immer noch die beste Übung, aber wer macht das schon.

Dieser Gluteus war einmal dafür gedacht, den Oberschenkel in der Streckung zu stabilisieren; ohne ihn wäre aus dem aufrechten Gang nie etwas geworden. Jetzt hängt er bei den meisten durch, weil keiner mehr weiß, wofür er eigentlich da ist. Drei von vier Menschen arbeiten bei uns heute am Computer. Und für fast jede Arbeit braucht man einen Stuhl. Der hat zwar oft Rollen, aber viele fühlen sich nach stundenlangem Sitzen wie gerädert. Weil auch der große Rückenstrecker, der Musculus erector spinae, zuständig für die Aufrichtung der Wirbelsäule, fast nicht bewegt wird. Und andere Muskelgruppen dagegen halten müssen, dass wir nicht kippen. Einseitig belastet, heißt es dann, und muskuläre Dysbalance, wenn wir uns vor Schmerzen krümmen.

Das Sitzen, ich hatte es satt. Auf dem Rad zur Arbeit,

in der Bahn zum Termin, im Flieger: sitzen. Jemanden treffen: sitzen. Was besprechen: sitzen. Essen: sitzen. Nur der Kaffee, der war to go. Ich war schon lange Büromensch geworden. Ein Stubenhocker. Kaum aus dem Bett, stand da ein Stuhl.

Manchmal schlenderte ich vom Schreibtisch zum Fenster am Ende des Flurs und schaute aufs Wasser. Wir haben die Elbe vorm Haus. Der Himmel groß, der Fluss breit. Auf Schiffen wehen bunte Fahnen. Waren Feiern im Betrieb, sang ich »La Paloma«. Mich trägt die Sehnsucht fort in die blaue Ferne, unter mir Meer und über mir Nacht und Sterne. Schwierig war immer die Zeile vom Sturmwind, der sein Lied singt, irgendwann beherrschte ich aber auch diese. Dann winkt mir, ihr könnt ja mitsingen: der großen Freiheit Glück. Draußen Sturm und drinnen ein Lüftchen, das gab mir zu denken. Schien die Sonne, ging die Jalousie runter. Zu viel Licht. Meine Augen suchten Weite, sie kamen aber nur bis zum Bildschirm.

Sie waren es leid, auf den kleinen Kasten zu starren. Die Hornhaut trocken, der Lidschlag verringert: Wie viel Stress Augen im Büro haben, kann man mittlerweile auch bequem auf dem Handy nachschauen, es gibt eine App, kostenfrei, für den Selbsttest.

Ich brauchte aber keine App, um festzustellen, was mir fehlte, ich brauchte Auslauf.

Kaum war ich aus dem Dorf raus, vorbei an einer langgezogenen Scheune, bemerkte ich eine Zecke. Sie hatte sich an einer Stelle verschanzt, an die ich nicht gut rankam und für die man die Hosen runterlassen musste. Ich versuchte, sie mit einer Zange zu ziehen, es gelang mir nicht. Ich blieb stehen und wartete, ob sich jemand meiner erbarmte. Als eine Frau vorbeiradelte, sprach ich sie an. Sie leistete lächelnd Hilfe.

Ich hatte die Frau von weitem gesehen, sie kam auf mich zu. So ist das jetzt, dachte ich, du lässt alles auf dich zukommen.

Ich bin vertraut mit diesem Landstrich, ich kenne ihn seit fast dreißig Jahren. Das Wendland zählt zu den am dünnsten besiedelten Gegenden Deutschlands. Die erste Ampel kam wohl 1974. Von hier sind es zweieinhalb Stunden mit dem Zug nach Berlin, von Hamburg anderthalb mit dem Auto. Die Elbe trennte einst Ost und West.

Früher Grenzgebiet, heute große Freiheit. Mein Sohn wurde dort groß und stark, die Hosen voll mit Fröschen. Ich hatte mit Freunden einen kleinen alten Bauernhof gemietet. Neben uns wohnte Bauer Köpke, er hatte Hühner. Alle paar Wochen kam der Fuchs. Irgendwann war auch Frida weg, das Schaf. Vom Haus führte ein alter Weg an die Elbe. Klaus, der mit uns den Bauernhof teilte, kannte sich ein bisschen aus mit Jägerlatein. Sahen wir mehr als ein Reh, sagte er, das nennt man Sprung. Weil die so schön hüpfen. Es gibt auch Rotten und Rudel, aber nicht bei Rehen.

Die Eiszeit hat hier mit Kies und Erde gespielt. Das Land hügelt ein wenig, und wenn Wind ist, drehen sich Räder. Früher standen hier Mammuts. Ihr Lieblingsfutter waren Zwergbirken.

Das Wendland ist großzügig. Fallen Bäume um, kahl und krumm, kann man sich vor dicken Stämmen in Pose setzen. Wie ein Großwildjäger, der ein Tier erlegt hat. Die Rinde der Eiche, grau und gefurcht, hat etwas von Elefantenhaut. Ich habe sogar den richtigen Hut dafür, einen aus dem Outback. Meine Freundin hat ihn mir zum Geburtstag geschenkt, man kann darin Geld verstauen und eine trockene Hose. Ich habe das schon probiert. Der Hut geht nicht unter, sollte Wasser im Weg sein.

Die Elbe macht sich hier ziemlich breit. Sie verlässt sehr oft ihr Bett; die Deiche, weit ins Land gebaut, bieten ihr einigen Spielraum. Wasser, das sie nicht für sich braucht, lässt sie stehen. Es gibt Seen, vor und hinter dem Deich, mein Sohn hat dort das Schwimmen gelernt, unter dem Flirren der Libellen.

Feuchtgebiete sind so entstanden mit Tümpeln und Teichen und Seerosen am Rand. Ihre Blätter haben eine Wachsschicht, an der Wasser abperlt, sie glänzen in der Sonne. Wo ich gerne bin, wohnt auch ein Biber, ich habe ihn schon manchmal knabbern sehen an einem Stamm. Ich lasse ihn in Ruhe, er mich.

Das hier ist Barefoot-Country. Mit meinem Outdoor-Hut und Leinenhose komme ich mir vor wie auf Safari, nur ohne Afrika. War ich dort, dachte ich oft, jetzt bleibst du einfach sitzen und versuchst zu verstehen, was um dich herum passiert. Auf den paar Metern zwischen unserem Haus und der Elbe. Was da kreucht und fleucht. Wer da Wurzeln schlägt und wie die Tage dahingleiten. Frühling, Sommer, Herbst und Winter. Jede Zeit hat ihre eigene Farbe. Ihre eigene Stimmung. Manchmal saß ich im Januar mit dicken Strümpfen und Gummistiefeln auf einem Stuhl im Schnee und grillte. Und schaute in die Sterne. Der Himmel erschlug mich fast mit seiner Pracht.

Das Land gehört den Vögeln, der mächtigste im Luftrevier ist der Seeadler. Er steht weit oben über den Dingen. Ein Tier erkennt der aus 3000 Metern Höhe. Und dann: aus die Maus. Ich wünschte, ich hätte auch Adleraugen, meine sind kurzsichtig.

Alles, was selten geworden ist in Deutschland, hat im Wendland ein Zuhause gefunden. Von eigensinnigen

Typen, die sich auf Gleise setzen, bis hin zu eigensinnigen Tieren. Ich wusste vorher nicht, dass es schwarze Rehe gab. Oder den Juchtenkäfer. Er wohnt wie auch der Heldbock in einem abgestorbenen Baum im Elbholz und verlässt die Höhle sein Lebtag nicht. Der ist so selten, dass die europäische Kommission eingeschaltet werden muss, wollen Menschen ihm was antun. Deshalb kann bei uns nicht wie geplant der Deich verlegt werden.

Das Wendland ist voll mit wunderlichen Geschichten. Eine handelt vom Atom. Vor vielen Jahren entschieden Politiker, dass sich diese abgelegene Gegend doch sehr gut als Müllkippe eignen könnte. Für den Abfall aus Kernkraftwerken. Die Entscheider rechneten mit allem, aber nicht mit solch heftigem Widerstand. Die Bauern stellten ihre Trecker quer, und mit den Jahren entwickelten ehedem gemütliche Bürger immer mehr Mut. Sie blockierten Züge, wenn der Müll anrollte, und übten sich in Ungehorsam. Nicht verhindern konnten sie, dass der Müll, von Stacheldraht umzäunt, nun in einer Leichtbauhalle im Wald lagert. Irgendwann soll er auf ewig unter der Erde verschwinden, vielleicht in einem Salzstock bei Gorleben, vielleicht irgendwo anders.

Dass es heute die Energiewende gibt, haben wir auch den Leuten von hier zu verdanken. Sie haben geackert und gekämpft. Und sich Gedanken darüber gemacht, was womit zu tun hat. Wohin was führt. Im Wendland wohnen viele, die sich schon vor Jahren auf den Weg gemacht haben.

Meiner führte mich nun den Waldrand entlang. Die Bäume beruhigten mein Gemüt. Gute Gefährten waren das, mit ihren mächtigen Kronen, Blütenkerzen und sattgrünem Laub. Ich schaute bewundernd zu ihnen hoch.

Sich aufbäumen, gerade machen: Das kann man hier gut lernen, im Wendland.

Auf grasbewachsenen Wegen wanderte ich weiter durch den Wald, bis ich auf ein Feld kam. Es war acht am Abend, die Luft war milder geworden. Mit jeder Stunde hatte sich das Wetter zum Besseren gewendet, die Sonne verwöhnte mich mit warmem Strahl. Ich setzte mich hin, mein Atem ging ruhig. Ich würde noch an der Eiche dort hinten vorbeigehen und dann halbschräg an einem Acker entlang. Eine halbe Stunde noch, dachte ich, dann wäre ich, wo ich an diesem Abend bleiben wollte.

In der Ferne sah ich ein Moped, es kam immer näher. Ich winkte, und die Maschine hielt an; ein Junge nahm den Helm ab. Er übte Crossbiking, er war elf Jahre alt. Ins Dorf, sagte er, gehen Sie am besten geradeaus. Ich dankte und stand auf. Als ich dort war, war da kein Gasthof. Der lag ein paar Kilometer außerhalb. Ich ärgerte mich, den Jungen nicht genauer gefragt zu haben, aber der Moment im Abendlicht war so schön gewesen, ich wollte ihn nicht mit Details behelligen. Ich schleppte mich an der Straße entlang und kam gerade noch rechtzeitig zum Abendessen. Was man nicht im Kopf hat, hat man in den Beinen. Gern hätte ich Forelle bestellt und wäre blau gewesen. Aber ich nahm den Räucherteller.

Später, im Bett, dachte ich daran, wie alles angefangen hatte, das mit dem Gehen.

Das Auto blieb stehen und ich wollte gehen

Das war, als mein Auto seinen Geist aufgegeben hatte. An der Tankstelle, alles voll Öl. Ich hatte meinen Mercedes geliebt, einen Kombi mit Charakter. Aus der letzten Baureihe, bevor die große Technik einzog. Er ließ mich noch schalten und walten. Ich hatte ihn von meinem Freund Nils übernommen, pass gut darauf auf, hatte er gesagt.

Nils ist der, der mir auch ein Wort geschenkt hat, das bei mir in Dauergebrauch ist und von dem alle meine Freunde meinen, es sei meins. Aber ich habe es von Nils, und er hat es von einem Autohändler in Pinneberg, das bei Hamburg liegt und von dem die Hamburger sagen, da wohnt man nicht. Dieser Autohändler sagt bei fast jedem Auto, das er loswerden will, es sei chicco.

Ich hätte mir ein neues Auto bestellen können, aber mir war nicht mehr danach. Sven, mein Schrauber, wollte mir eins verkaufen, mit Klasse, ich glaube, E. Viel Technik. Immer noch weniger, als was heute drin ist, wo man Geräusche einstellen kann, dass es sich anhört nach Trecker oder Sportwagen. Eine Freundin von mir findet den Knopf nicht mehr, seit ihr Sohn das Geräusch verstellt hat. Ihr Quattro macht jetzt auf Ferrari.

Ich finde nicht gut, wenn man nicht weiß, wofür welche Knöpfe sind. Es piept und blinkt. Wenn Maschinen mich ermahnen. Zu viel Touchscreen, too much information: mit jedem neuen Modell fünf Minuten früher im Stau.

Als Sven, mein Schrauber, eines Tages sagte, dein Wagen kann nicht mehr, war es für mich Zeit zu gehen.

Es war wie ein Zeichen, dass das Auto nicht mehr zu retten war. Und ich von da an den Zug nehmen musste, wollte ich am Wochenende aufs Land.

Die Fahrt hinaus ins Wendland ist sehr gemütlich. Aus Hamburg über die Elbe, vorbei an kleinen Städten, wo Pendler wohnen. In Lüneburg steigst du um in einen Bummelzug, von dem man, stünden sie noch dort, sagen könnte, er hält an jeder Milchkanne.

Aus großen Fenstern schaut man auf grüne Wiesen und weites Feld. Überall Wege. Als einmal der Zug wieder hielt, stand die Tür länger offen als sonst. Viele Menschen mit Rädern stiegen aus. Luft wehte hinein. Ein leichter Wind. Ich atmete tief ein. Und plötzlich war mir, als würde mich jemand stupsen und sagen, da bist du ja, alter Freund, komm raus, wir wollen spielen. Es ist so schön draußen. Ich stieg aus. Und war im Wald.

Drei Wege gingen von hier weg. Der eine geteert, der andere aus Sand. Ich nahm den in der Mitte. Er führte auf einen Höhenrücken und wieder hinab. Dort lag ein großer Stamm auf einer Wiese, er fiel mir auf. Jemand hatte ihn hierhergelegt, vielleicht, um mit einem Pferd darüber zu springen.

Ich lief weiter durch den Wald, auf kleinen, intimen Wegen. Es gibt Wälder in Deutschland, da gähnst du die ganze Zeit. Gewerbegebiet. Eintönig stehen Fichten und Tannen, bis sie geschlachtet werden. Es geht nur geradeaus, und wenn du Spuren siehst, sind die von schwerem Gerät. Von Maschinen, die Wunden schlagen. Kettensägen-Massaker.

Aber hier: Das war ein Sehen und Staunen. Ich lief dem Licht hinterher, kam vom Hellen ins Dunkle, verirrte mich im Gestrüpp. Immer wieder glaubte ich, einem Pfad zu folgen, und dann war da kein Durchkommen. Ein Sturm hatte Bäume gefällt, sie blockierten den Weg. Ihre Wurzeln lagen blank, ihr Leben war auf den Kopf gestellt. Heiter war der Tag und wild die Welt. Ich fühlte mich frei.

Nach drei Stunden erreichte ich mein Ziel, ein Häuschen hinter dem Deich, in der Nähe von Hitzacker. Man kennt die Stadt vielleicht aus dem Fernsehen, wenn Hochwasser ist und Bilder gebraucht werden von Häusern unter Wasser. Urgewalt, zum Schaudern schön. Jetzt hat man eine Mauer gezogen; die Elbe schwappt nicht mehr über, und der Ort ist raus aus den Nachrichten.

Die Nachbarn staunten, wie bist du denn hier? Zu Fuß, sagte ich. Und wie kommst du retour? Wir bringen dich, sagten sie. Danke, meinte ich, ich schaffe das schon.

Ich ging barfuß über Wiesen zurück, manchmal hüpfte ich in einen Tümpel. Die Seerosen schob ich vorsichtig zur Seite. Hinter einer Siedlung mit dem schönen Namen Tollendorf entdeckte ich den Lilienweg. Er führte an Feld und Gehölz vorbei über weichen Sand, ein Traumpfad, wie aus der Zeit gefallen. Prächtig, die Fülle. Erfüllend, die Stille. Diesen Weg hier hätte ich nie entdeckt, wäre mein Auto heil geblieben.

Der Weg endete im Walddorf Govelin. »Govjla« entstammt wie »Dübbekold« dem Slawischen und bedeutet so viel wie verehren. Ich verehrte diesen Weg. Da war ich mir mit der seltenen Heidelerche und dem scheuen Ortolan einig, sie mochten auch die lichten Übergänge und Lilien auf dem Felde. Die einfach nur sind. Schaut die Lilien auf dem Felde, wie sie wachsen: Sie arbeiten nicht, auch spinnen sie nicht. Steht bei Matthäus, und der meinte damals schon, man solle mehr vertrauen. Geht doch, dachte ich, auch ohne Auto.

Die Freunde riefen an, ob ich gut angekommen sei. Sie hatten sich Sorgen gemacht. Und erreichten mich, als ich gerade im Wald auf den Zug wartete, am Gleis in Leitstade. Dort hingen Transparente gegen die geplante Schließung des wohl kleinsten Bahnhofs in Deutschland. Wir stellen uns quer, stand darauf. Denn die Bummelbahn soll demnächst hier nicht mehr halten, um Zeit zu gewinnen. Noch tat sie es. Glücklich rollte ich am Sonntagabend zurück in die Stadt.

Noch Tage später zehrte ich von meinem Einfall, zu Fuß zu gehen. Na, fragten die Kollegen im Büro, was hast du am Wochenende gemacht? Och, sagte ich, ich bin zum Zug gelaufen. Ich war im Barfußland. Du bist ja verrückt, meinte einer. Steht dir, ein anderer.

Es bekam mir, dieses Gehen. Joggen kannte ich: einmal die Woche, zweimal. Ausziehen, umziehen, irgendwo hinfahren, aussteigen, eine Runde drehen, 45 Minuten, schwitzen, zurückfahren, duschen. Mit Anfahrt und Abfahrt kommt man dann schon mal auf das Doppelte der Zeit, sollte man nicht das Glück haben, gleich vor der Haustür ins Grüne fliehen zu können.

Ich probierte eine Rechnung: In der Zeit, in der ich, sagen wir, mit Rennen sechs Kilometer in der Runde schaffte, käme ich mit Gehen, wenn es gut liefe, auf mehr Strecke. Nicht viel mehr, aber deutlich bequemer, ohne Anfahrten, ohne Umziehen.

Ich entschied, öfter zu Fuß zu gehen. Auch in der Stadt. Mal nicht mit dem Rad zur Arbeit zu fahren. Mal nicht mit der Bahn zum Termin. Ein bisschen früher los und trotzdem pünktlich sein. Ich musste nicht zum Sport, ich machte Sport. Kein Umziehen war nötig, kein Packen. Ich ging aus dem Haus und war weg. Und sah mehr als je zuvor.

In der Nähe des Hamburger Rathauses entdeckte ich ein Schild, es wies Pilgern den Weg. Und führte zur Hauptkirche Sankt Jacobi in der Nähe des Rathauses. Ich ging hinein und durch das Hauptschiff in eine Seitenkapelle. Dort lagen auf einem Tisch ausgebreitet Landkarten. Hinter dem Tisch saß ein Mann mit Bart, er gab geduldig Auskunft, wenn Leute nach dem Weg fragten.

Wie man von Hamburg nach Lübeck gehe oder noch weiter nach Göteborg. Oder nach Polen und von dort ins Baltikum. Wie man von Bilbao aus laufen könne und ob der neu ausgeschilderte Jakobsweg von Magdeburg über Braunschweig und den alten Hellweg zum Kloster Corvey an der Weser empfehlenswert sei. Ob man besser über Nordafrika nach Jerusalem komme oder doch lieber durch die Türkei.

Dieser Raum war ein Reisebüro. Hier schnurrte Europa zu Tagesetappen zusammen. Ein Tag hatte 25, eine Woche 175 Kilometer. Ein Monat ohne Pausen 750. Die macht der Flieger in einer Stunde. Sonst fährt man zum Flughafen, will man weit weg. Die Leute hier wollten zu Fuß gehen. Die einen hatten zwei Tage Zeit, die anderen drei Wochen. Einer war da, der ein Jahr unterwegs sein wollte.

Ich organisierte mir eine Karte mit den Wegen in alle Himmelsrichtungen. Sie passte in die Seitentasche meiner Hose. Ach, guck mal, dachte ich. Vor allem Jakobswege waren eingezeichnet. Alte Straßen in Richtung Südwesten, immer weiter, ultreïa, wie die Pilger sagen. Bis an den Ort, wo die Gebeine des heiligen Jakob liegen sollen, dem Bruder des Johannes und Jünger des Jesus. Es ist ein langer Trip an die atlantische Küste Spaniens, wo sie zum Lohn für all die Mühen in der Kathedrale einen riesigen Weihrauchkessel schwenken und die Angekommenen sich heulend in den Armen liegen.

Andere waren in den nunmehr tausend Jahren dieser Wallfahrt schlechter dran, barfuß unterwegs, verlaust und verdreckt, zur Strafe in Ketten gelegt und erbärmlich anzusehen. Aber die »Walfart und Straß zu Sant Jacob«, wie ein alter Pilgerführer hieß, gehörte zu den größeren Frömmigkeitsübungen der Christenheit, wie auch die

Reise zum Grab des Petrus in Rom und des Johannes in Ephesus. Man wollte Verbindung fühlen zu jenen, die Jesus noch gekannt haben sollen, den Gekreuzigten in Jerusalem.

Der Jakobsweg ist einer von vielen Wegen, welche die Welt durchlaufen, auf denen die Menschen unterwegs sind vom Anbeginn der Zeit, weil Menschen sich immer auf den Weg gemacht haben und sich auf den Weg machen mussten. Auch die Bibel ist voll mit Wegbeschreibungen, von der langen Reise der Israeliten ins Gelobte Land bis zu den Wanderungen der Apostel. Paulus ging von Damaskus in die arabische Wüste, von dort nach Jerusalem und nach Kleinasien und Griechenland, und kam schließlich über den Seeweg nach Rom. Thomas wanderte nach Madras in Indien, Jakobus nach Spanien. Vom fünften bis weit ins zwölfte Jahrhundert zogen irische Wandermönche mit Pilgerstab und Heiliger Schrift durch Europa und gründeten Kirchen und Klöster. Sie wollten »heimatlos sein um Christi willen«. In Deutschland führen heute dreißig verschiedene Wege hin zur großen Etappe des Jakobsweges. Von Nord bis Süd, von Ost nach West queren Pilgerrouten die Republik, entlang alter Handelswege und wiederentdeckter Verbindungen. Pilgern zählt zu den ältesten spirituellen Übungen der Menschheit. Die Buddhisten erklimmen heilige Berge, Muslime fahren nach Mekka, Hindus reisen an den Ganges.

Nach dem Besuch in Sankt Jacobi wuchs in mir der Wunsch, auch mal richtig lange unterwegs zu sein. Ich begann mich zu fragen, wie ich das organisieren könnte. Der Gedanke hatte mich gepackt. Alle fuhren irgendwohin, aber keiner ging von zuhause los. Im Fitnessclub ist viel mit Bauch-Beine-Po. Aber wenig mit Füßen.

Den Freunden sagte ich, ich überlege, mal ans Meer zu gehen. Nordsee oder Ostsee, fragten sie. Ich machte eine Pause, künstlich, und sagte, nein, ans Mittelmeer. Ach so, sagten sie, echt?

Ich rief Arne an, meinen Chef. Wir müssen reden, sagte ich. Ich komme gut klar mit ihm. Er setzte sich auf mein Sofa, legte den Arm auf die Lehne und hörte zu. Ob ich mal ein halbes Jahr rauskönne, fragte ich.

Arne stöhnte. Er muss den Laden am Laufen halten. Er kann keinen gebrauchen, der einfach losgeht. Wird schwierig, sagte er. Aber ich verstehe dich, ist bestimmt eine gute Erfahrung. Ich hatte auch schon andere Abteilungsleiter. Einer meinte, so einen wie mich müsse man an langer Leine halten. Arne ist da anders. Er sitzt zwar viel. Ist aber sehr beweglich. Und ließ mich ziehen.

Ich fragte meine Freundin, ob sie etwas dagegen hätte, bliebe ich mal eine Weile länger weg. Ich fragte so, dass sie keine Wahl hatte.

Wir Bewegungsarmen

Ich begann, Leute zu beobachten. Wie sie zu Fuß gingen. Wie sie standen. Treppen hinauf- und hinabrollten. Den Aufzug suchten. Fluchten, wenn der festhing. Ich schaute, in welchen Schuhen sie steckten, auf Hacken und Sohlen.

Ich sah Rollstühle mit Lichtorgeln und Hunde im Kinderwagen. Männer an Lenker geklammert wie Gladiatoren durch die Stadt zischen. Jungs auf Skateboards mit Elektroantrieb Koffer ziehen und Kinder mit Helm auf beim Eis Essen. Kinder mit Helm: Ich glaube, sie kommen damit auf die Welt. Kaum geboren, haben sie so ein

Ding auf dem Kopf. Und sitzen schon auf Laufrädchen, bevor sie richtig gehen können. Die Mütter brüllen hinterher, dass die Kleinen endlich stehen bleiben sollen. In den Städten ersetzt die kleine die große Freiheit.

Zunehmend fand ich Gefallen daran, Bewegung zu studieren. Radler meist gehetzt, Jogger erschöpft. Ein Schleppen und Schnaufen, und keiner schaut hoch. Viele tragen Kopfhörer. Manche reden beim Joggen und sprechen in ihr Kabel. Ich habe mich noch nicht gewöhnt daran, dass dies möglich ist. Die Leute laufen nicht, sie haben eine Besprechung. Es sind bestimmt Geschäftsleute, dachte ich, wenn ich an ihnen vorbeihuschte: Sie verbinden das Angenehme mit dem Nützlichen und sparen Zeit. Manche schauen auch nur auf ihr Handgelenk, weil da ein Gerät ist, das Schritte zählt. Und den Puls. Der ist auch wichtig.

In der Zeitung steht, die Deutschen machten im Schnitt am Tag tausend Schritte. Mag sein, wer weiß das schon. Die Folgen falsch verstandener Bequemlichkeit werden mit Sätzen beschrieben, die stets mit denselben drei Worten beginnen: Immer mehr Menschen leiden, immer mehr Menschen haben, immer mehr Menschen müssen. Was alles krank, was alles gesund machen soll, wer blickt da noch durch. »Negative Einstellung beeinträchtigt Gesundheit im Alter«: University of Toronto, Kanada. »Spätes Essen macht doch nicht dick«: King's College, London. »Fehlernährung nimmt weltweit zu«: Gobal Nutrition Report 2016, Washington.

Dass die Leute nicht mehr gut zu Fuß sind, kostet Milliarden. Weltweit sollen jährlich drei Millionen Leute nur deshalb sterben, weil sie sich nicht genügend bewegen. Ich weiß nicht, ob das stimmt. Ich misstraue Zahlen, diese kommt vielleicht hin.

Denn wir sind bequem geworden. Sparsam in unseren Bewegungen. Vom Bett in den Bus in die Bahn ins Büro. Vom Auto in die Garage in den Aufzug in die Garage ins Auto. Wir müssen nicht mal mehr zum Einkaufen raus. Menschen, die schlecht dafür bezahlt werden, Treppen zu steigen, bringen, was wir bestellt haben.

Wenn noch was geht, dann auf die Knochen. Vier von fünf Deutschen beklagen Schmerzen in Schulter und Nacken, Last mit der Wirbelsäule und Vorfälle mit der Bandscheibe. »Erkrankungen des Muskel-Skelett-Systems«, heißt es im jüngsten Gesundheitsreport der Deutschen Allgemeinen Krankenkasse (DAK), »lagen mit 319,5 Arbeitsunfähigkeitstagen pro 100 Versichertenjahre wieder an der Spitze aller Krankheitsarten.« Noch vor Erkältungen und Depressionen. Die Zahl übergewichtiger Kinder stieg in wenigen Jahren weltweit um das Zehnfache. In Deutschland schafft nur jeder zweite Junge und jedes dritte Mädchen, beim Rumpfbeugen mit dem Finger den Boden zu berühren. Im Sportunterricht zwei Runden zu laufen, bedeutet vielen Kindern Höchststrafe; mal rückwärts wird auch zum Problem.

Und den Krankenkassen laufen die Kosten davon.

Rührend die Versuche, die Leute auf Trab zu bringen. All diese Mitteilungen der Krankenkassen, dass Gehen gar nicht so schlecht sei, und letztens seien Oma und Opa mit Mama und Papa und den Kindern zusammen im Wald gewesen und ein Stück zu Fuß gegangen, und wie schön das doch gewesen sei und erholsam schon nach fünf Minuten, und dass jede Minute Bewegung genau genommen dein Leben verlängere, und darüber gebe es auch noch eine Untersuchung, und die könne man anfordern, und dass es trotzdem immer schwieriger werde, die Leute zu erreichen.

Bewegung stört, so wie wir unser Leben eingerichtet haben. In der Schule und im Büro, auf dem Sofa und vor dem Fernseher. Ärzte verschreiben eher Pillen als ein paar Schritte mehr. Wir sind dabei, unseren Körper lahmzulegen. Vielen geht es nicht gut damit, aber viele können auch damit leben, und zwar richtig lange. Sie nehmen lieber Medikamente, als ihr Leben zu ändern, und halten so auch ein System am Laufen, in dem die eigene Verantwortung keine Rolle zu spielen scheint.

Theater im Wald und Frösche vor Bad Bodenteich

Ich war nun vier Tage unterwegs, die ersten hundert Kilometer hatte ich ohne Mühen geschafft. Das Laufen machte keine Beschwerden, die Blase des ersten Tages verhielt sich unter einem Pflaster ruhig, und der Rucksack war auch erträgliche Last. Ab und an schaute ich noch ins Handy, doch mit der Zeit legte sich meine Neugier auf Nachrichten. Ich schaute mehr aus Gewohnheit.

So langsam kam ich aus dem Wald heraus, in eine Gegend mit Moor und Heide. Näherte ich mich einem Teich, hüpften die Frösche vom Ufer schnell rein, in hohem Bogen, einer nach dem anderen. Nach kurzer Zeit tauchten sie wieder auf und streckten ihre Zunge raus. Das galt nun nicht mir, sie hatten Hunger.

Ich schaute ihnen zu, wie sie aus heiterem Himmel Nahrung organisierten. Unbeweglich wachten sie auf Seerosenblättern, bis plötzlich eine Libelle in ihrem Maul landete. Lieber aber war mir, wenn dies nicht passierte: Ich bewundere Libellen. Sie sind mir die liebsten Insekten. Sie haben große Augen und bewegen sich gut. Das sind echte Akrobaten, sie können viele Tricks. Bleiben in der Luft stehen und fliegen sogar rückwärts. Libellen waren einst die größten Insekten der Welt, als Riesenbrummer sieht man sie manchmal noch im Kino, in Science-Fiction-Filmen. In Wirklichkeit hört man sie kaum, nicht einmal ein Surren. Als die Menschen begannen, Hubschrauber zu entwerfen, schauten sie im Bauplan der Natur bei den Libellen nach.

Ich war erstaunt, wie wenige Menschen unterwegs waren. Kein Jäger, keine Bauern auf dem Feld. Aber ich traf Menschen, die Tier spielten. Das war, als ich Lust verspürte auf einen Kaffee. Dazu muss man wissen, dass auf weiter Fläche in der norddeutschen Tiefebene zwar viel gepflanzt wird, aber Gasthöfe rar gesät sind. Umso mehr freute ich mich nach einer längeren Durststrecke über Hinweisschilder, die den Weg zu einer Wirtschaft wiesen. Einer Mühle, um genau zu sein. In meiner Vorstellung klapperte ein Rad am rauschenden Bach. Und auf einem alten Mühlstein serviert gäbe es mehr als nur ein Stück Kuchen von der Landfrauenvereinigung.

Als ich mich dem Kaffeekränzchen voll Vorfreude näherte und endlich zum Stehen kam, ward mir die Veranstaltung zu Hofe aber doch recht verwunderlich. Da saßen Männer in Schwarz und Frauen mit Maske. Ihre Leiber glänzten in der Sonne. Raucherpause. Vergnügt bat ich um eine Stärkung, gleichwohl mit dunkler Ahnung, dass ich hier nichts zu bestellen hatte. Zumindest keinen Kaffee.

Das Ganze sah mir eher aus wie eine Aufführung. Es gibt viel Theater auf dem Land, muntere Laien im heiteren Spiel, Ohnsorg und so und Bauer sucht Frau oder umgekehrt, man will sich beschäftigen. Ihr spielt hier was, nicht wahr, fragte ich unschuldig in die Runde. Wir machen ein Seminar, sagte die Frau. Ein wenig unwirsch, wie ich fand. Mit einem Blick, der mir unmissverständlich den Weg wies.

Ich kam nicht mal mehr dazu, den Kopf zu schütteln, als ich beim Wegdrehen fast in ein Pferd lief. Kein richtiges, eher ein Mann mit Zaumzeug am Kopf, so schwarzes, was auf Sankt Pauli manchmal im Schaufenster liegt oder bei Beate Uhse im Warenkorb. Dieser Mann machte nicht brrhh, aber er zog eine Karre. Auf dieser thronte eine Frau, die ihren Busen, wie soll ich sagen, eng geschnürt aufrecht trug. Ich konnte nicht richtig gucken, die waren zu schnell. Ich grüßte noch andächtig und war froh, mich gemessenen Schrittes sachte entfernen zu können. Ich wollte kein Spielverderber sein. Hier war ein anderer Verkehr, als ich ihn aus dem Wald gewohnt war.

Ich steuerte auf Bad Bodenteich zu, am Rand der Lüneburger Heide, der Himmel strahlte. Die Frösche in der Wiese boten einen überwältigenden Empfang. Sie quakten und unkten. Ich überlegte kurz, ihre Geräusche auf Band aufzunehmen und in die Stadt zu schicken, aber ich wollte niemanden neidisch machen. Mir war auch nicht klar, ob es möglich war, diesen Moment zu teilen, davon ist ja so oft die Rede. Also entschloss ich mich, still zu genießen, und dachte an meine Freundin, der hätte dieses Spektakel wohl auch gefallen.

Ich versuchte mich in ungelenken Selfies und schickte ihr Bilder. Sie schrieb, Du siehst müde aus, alles gut? Wunderbar, tippte ich zurück, heute wieder dreißig Kilometer gemacht. Nur zum Kaffeetrinken komme ich nicht.

Gehen verstehen lernen mit Kirsten

Bad Bodenteich bescherte mir die teuerste Übernachtung auf der Tour; ich zahlte 65 Euro in einem ungemütlichen Kasten mit einem großen Parkplatz für Busse. In der Apotheke besorgte ich mir neue Pflaster, die freundliche Chefin empfahl mir den »Rolls-Royce« unter ihnen, sie waren auch teuer. Die Verpackungsbeilage machte viele Worte, schnell sollte jede Wunde heilen, ein großes Versprechen. Ich heftete mir eins an jede Ferse und nahm sie tagelang nicht ab. Als sie sich dann endlich lösten, hatten sich die Blasen verflüchtigt.

Ich fühlte mich wohl und ich kam gut voran. Ich hatte mich körperlich nicht besonders vorbereitet auf diese Wanderung. Ich spiele ein wenig Fußball, boxe ein wenig oder laufe eine Runde. Das musste reichen, so dachte ich. Die Kondition für meinen Marsch würde ich mir auf der Strecke holen. Mich wunderte ein wenig, dass meine Freundin meinte, ich sehe müde aus.

Im Großen und Ganzen waren wir bisher gut durchs Leben gekommen, mein Körper und ich. Wir haben viel erlebt, aber auch sehr viel Glück gehabt. Er könnte mehr Pflege vertragen, aber ich bin keiner, der sich eincremt. Mir fallen die Haare aus, ich finde Falten in Ordnung. Ich freue mich auch über jeden, der mit Würde am Stock geht. Ich bin dankbar für Ärzte, die Leben verlängern. Könnte ich mir aussuchen, welche Krankheit ich bitte nicht haben möchte, dann wäre es eine am Bein. Oder was mit dem Knie. Für besseres Hören gibt es was in die Ohren, und eine Brille trage ich schon. So lange wie möglich möchte ich, dass meine Füße mich tragen.

Aber so richtig haben sie mich nie gekümmert. Die Städte sind voll mit Ärzten, die dir in den Mund schauen,

Zähne sind ein großes Ding. Aber Füße? Fallen eher unter »ferner liefen«.

Bei mir um die Ecke in Hamburg praktiziert ein Sportmediziner. Das Wartezimmer ist immer voll. Dort war ich mal, als langes Sitzen im Büro mich verspannte. Ich wurde geröntgt. Bitte nicht bewegen, sagte die Assistentin und ging hinaus. Ich saß still und hoffte, dass die Knochen ein gutes Bild abgäben. Ich bekam Einlagen verschrieben. Warum? Keine Ahnung. Ich habe auch nicht gefragt, ich wollte mich damit nicht befassen. Ich bin da wie viele andere. Wenn es nicht schlimmer wird, ist es ja gut.

Menschen tun oft nie mehr, als sie müssen. Ich war beim Arzt, ich wollte was von ihm, er gab mir was. Irgendwann las ich, Einlagen seien nicht gut. Die Dinger liegen jetzt in einem Karton.

Die Diagnose, die ich erhielt, war HWS, Halswirbelsäulen-Syndrom. Das haben sehr viele in der westlichen Welt. LWS ist das Partner-Syndrom weiter unten, an den Lenden. Hinter diesen Buchstaben verbirgt sich Schmerz. Jeder stellt sich was anderes darunter vor. Das ist so wie bei Europa.

Mit HWS kann man leben. Machte ich Sport, wurde es besser. Ich ging auch zur Massage. Ich sagte, wo es wehtut. So ungefähr. Ich kann schlecht beschreiben, wie und wo ich Schmerzen habe. Ich merke dann nur, da ist was. Die Sprache des Körpers ist nicht leicht zu verstehen. Meiner spricht so leise.

Wie das Leichte schwer gerät und das Schwere schmerzhaft, wie alles mühsam wird und anstrengend, merken wir erst, wenn wir wirklich nicht mehr können. Es dauert lange, bis nichts mehr geht. Die Beine lahmen, Gelenke schmerzen und die Bänder überdehnen. Wenn hart wird, was weich war. Man gewöhnt sich: eben auch daran, stumpf und starr zu werden. Der Körper regeneriert nicht mehr, er degeneriert. Und sendet Signale, mit denen viele nichts anzufangen wissen.

Aber es gibt Menschen, die wissen es. Kirsten ist so eine. Kirsten Götz-Neumann lehrt weltweit an Universitäten, schulte unter anderem Professoren der University of Southern California und ist Präsidentin der »Observational Gait Instructor Group«, einer internationalen Vereinigung von Gang- und Bewegungsanalyse-Experten. Sie unterrichtet auch in Japan und bringt alle paar Wochen in Europa Orthopäden, Chirurgen, Physiotherapeuten und Orthopädietechnikern die Kunst der Bewegung näher.

Meine Kollegin Nina hatte sie mir empfohlen. Ich wusste nichts über sie; ich rief sie an und meinte, Nina schickt mich. Ah, schön, sagte Kirsten. Sie sei gerade in Kalifornien, komme aber bald nach Deutschland. Die gelernte Physiotherapeutin pendelt mit ihrer Familie zwischen Thüringen und Los Angeles.

Ihre Expertise ist weltweit gefragt. Zu ihr kommen Kriminalisten, die den menschlichen Gang besser begreifen und ihre Beobachtungsgabe schulen wollen, um Gangster zu überführen. Krankengymnasten, die mehr verstehen möchten über Wirkung und Ursache. Ärzte, die Fettleibige ermutigen, weniger aus ihrem Typ zu machen, weil alles in ihnen drückt. Dies sind ja heikle Themen: In den Krankenkassen kursieren Papiere, dass ein Fünftel aller Patienten vier Fünftel der Kosten verursache. Viele lassen lieber ihr Knie austauschen, als dass sie ihren Lebensstil hinterfragen.

Ich traf Kirsten, und wir sprachen über meinen Plan, durchs Land zu ziehen. Darüber, dass sich Menschen zu wenig bewegen. Die Heilkraft der Bewegung immer noch unterschätzt werde. Und die Leute sich mit allem Möglichen beschäftigten, aber nicht mit ihrem Körper.

Denn wir sind geübt darin, Lösungen zu suchen, auch schlechte. Dann verlagern wir. Verdrängen. Drücken ein Ärgernis einem anderen auf. Ich hatte mal einen Chef, der sagte, ich habe ein Problem und will es zu deinem machen. Muskeln funktionieren ähnlich. Ist der eine überlastet, übernimmt der andere. Aufgaben, die nicht seine sind. So kommt es zu sogenannten Fehlstellungen. Und zu allen anderen Belastungen, mit denen wir zum Arzt rennen. Was wirklich ist, was womit zu tun hat: Dies herauszufinden, dafür fehlt meist die Zeit, und wir wollen es wahrscheinlich auch gar nicht so genau wissen. Der Doktor soll machen, dass der Schmerz verschwindet.

Unser System, das für Gesundheit, hält sich so senkrecht. Dafür braucht es dann eben auch faule Menschen. Typen wie mich. Und bequeme Diagnosen wie Verschleiß oder den Verweis auf das Alter. Ja, kein Wunder, Sie sind ja schon 55. Ach ja, stimmt. Hatte ich vergessen.

Kirsten sagt, Schmerzen kämen nicht davon, dass die Gelenke oder die Knorpel oder die Wirbelsäule abgenutzt seien, sondern weil die Leute sich zu wenig bewegten. Bewegung, sagt sie, beginne im Kopf. Wie wir denken, was wir denken: Für all das finde der Körper eine Sprache. Geht es uns schlecht, laufen wir anders, als wenn wir uns glücklich wähnen. Wir gehen, wir stehen gleich anders, wenn wir zufrieden und in gehobener Stimmung sind. Die Kraft der Gedanken: Sie drückt sich unmittelbar aus, wo ein Wille, da ein Weg.

Gedanken sind Energie. Jeden Tag gehen Tausende durch den Kopf. Drei Prozent davon sind konstruktiv und hilfreich, ein Viertel schädlich, der größte Teil flüchtig und unbedeutend. Bestimmte Vorstellungen, einmal gedacht, lagern sich im Körper ab. Denken wir Schlechtes, fühlen wir uns schwach. Denken wir Schönes, fühlen wir uns gut.

Damit ist, so wie ich es verstehe, kurz und prägnant beschrieben, um was es geht. Dass eben auch die gedankliche Kraft die Stellung der Gelenke bestimmt und die Spannung im Körper. Der Rest ist Verhandlungssache, zwischen 800 Muskeln und 206 Knochen. Die Nerven, die man bei falscher Bewegung verliert, darf man nicht mitzählen. Mir ist klar, dass ich das ziemlich komplexe Miteinander im Körper ziemlich verkürzt darstelle. Kirsten kann das besser.

Sie ist begeistert von den Möglichkeiten, die der Körper uns schenkt. Dem Zusammenspiel von Nerven und Muskeln, Sehnen und Bändern. Vom Wunderwerk der Faszien, deren Wirkungsweise gerade erst erforscht wird. Das Miteinander in der Bewegung sei wie eine Symphonie, sagt sie, ein Gleichklang, alles im Körper sei wohl aufeinander abgestimmt.

Wenn andere sagen, dass immer mehr Menschen leiden und immer mehr Menschen irgendwas haben, dann redet Kirsten anders: Menschen können.

Und dann ermuntert sie, mal so zu laufen, als wäre man jünger. Sagt einem Siebzigjährigen: Geh mal wie vor zwanzig Jahren. Versuche es. Und wenn du wirklich willst, lass uns gemeinsam probieren, wie das auch morgen und übermorgen möglich sein könnte. Allein die Vorstellung, das ist ihre Erfahrung, lässt die Leute gleich anders auftreten. Das ist spannend. Wir sagen ja auch: Kopf hoch. Dann, wenn wir andere ermutigen wollen.

Kirsten zeigte mir ein Video von einem Mädchen, es saß in einem Rollstuhl. Das Mädchen, fünfzehn Jahre alt, hatte schon viele Operationen hinter sich. Ihre Wirbelsäule war verkrümmt. Die Ärzte hatten ihr gesagt, sie müsse sich mit dem Rollstuhl abfinden. Dann kam Kirsten. Sie fragte das Mädchen nach seinem größten Wunsch. Wieder laufen können. Dann probieren wir es. Und tatsächlich gelangen dem Mädchen, unterstützt von Kirsten, erste Schritte. Ich saß einer Heilerin gegenüber, eine echte Kapazität, diese Frau. Was ich da sah, berührte mich. Steh auf und geh.

Kirstens Rat suchen viele, die sich ihren Schmerzen ohnmächtig ausgeliefert fühlen. Menschen, die noch ein Jahr nach einer Hüftoperation keine hundert Meter schmerzfrei gehen können. Ehemals sportliche junge Männer, die nach einem Halswirbelbruch im Rollstuhl sitzen. Frauen, die nicht mehr die Treppe hochkommen. Andere, die ihre Tage nur humpelnd erleben.

Kirsten lässt sich nicht beeindrucken von Köpfen, die sich beklagen, dass die Füße da unten nicht mehr so recht wollen. Es nicht mehr richtig vorwärtsgeht. Jeder Mensch, sagte sie, könne sich in jeder Phase seines Lebens neu erfinden. Wenn er denn nur wolle. Sich offen und ehrlich den Problemen stellt. Und sich nicht mit Ausreden behilft. So wie Ärzte heute oft Menschen behandeln, sagt sie, bleiben beide unter ihren Möglichkeiten, Doktor wie Patient. Röntgenaufnahmen, zum Beispiel, seien nur Momentaufnahmen. Die sind ihr zu statisch. Nur Knochen, die ruhen. Was soll man da groß sehen, meint sie. Wer Schmerzen hat, während er sich bewegt, müsse auch in der Bewegung untersucht werden. Biomechanischer Stress könne nicht erkannt werden, wenn einer auf dem Behandlungstisch liegt.

Sie möchte verfolgen, wie Muskeln mit der Kraft umgehen, die auf den Körper wirkt. Eins zum anderen führt, die kleine zur großen Überlastung. Den sogenannten pathomechanischen Ablauf. Wer bestimmt, wie sich was bewegt. Schwingt. Pendelt. Dreht.

Kirsten ist wie ich im Rheinland groß geworden, im Singsang ihrer Stimme fühlte ich mich heimisch. Sie lud mich ein, ihren Lehrgang zu besuchen, ein Platz sei noch frei. Ich könne doch noch vier Tage bleiben und das Gehen üben.

Da Kirsten sich nicht anmaßt, sich über andere zu erheben, packt sie ihr Angebot in zwei Worte: Gehen verstehen. Also nicht: So gehst du richtig. Oder: Das ist der falsche Weg. Oder: Nie wieder Rückenschmerzen. Kirsten hat keine Antworten parat, sie stellt ihren Patienten Fragen. Ob sie ihr Problem wirklich verstehen, ob eine Lösung machbar ist und der Wunsch danach eine Bedeutung hat.

Drei Dinge, sagt sie, seien wichtig auf dem Weg zu einem besseren Sein: sich selbst zu erkennen. Sich selbst neu zu erfinden. Und die selbstregulierenden Kräfte des Körpers zu entdecken und zu aktivieren. Nach spätestens drei Behandlungen müsse ein Patient spüren, dass eine Verbesserung eintritt. Aber sich danach auch wirklich kümmern und seine Muskeln trainieren: zwanzig Minuten am Morgen, zwanzig Minuten am Mittag, zwanzig Minuten am Abend.

Ich war unsicher. Einerseits war es ein Geschenk, dass Kirsten zwei Tage vor meiner Wanderung in Hamburg gelandet war. Andererseits fühlte ich mich als Laie fehl am Platz. In einer Runde von Physiotherapeuten, die über Jahre Bewegung studiert hatten. Ich wollte gehen. Und nicht über das Gehen reden.

Ich fragte Kirsten, ob ich ihr meinen Gang vorführen dürfe. Mich interessierte, wie sie darüber dachte. Ich fühlte mich fit. »Hast du einen Wunsch?«, fragte sie. Ich verstand nicht richtig. Ja, sagte ich, dass du mir beim Gehen zusiehst. »Das ist so richtig kein Wunsch«, meinte Kirsten. »Sag mir doch bitte, ob du Schmerzen hast und wo.« Ich hatte keine, nicht in diesem Moment, das Ziehen im Nacken hatte sich gelegt, ich freute mich auf meinen Abgang. Kirsten meinte, sie kümmere sich nur um Menschen, die wirklich etwas verändern wollten in ihrem Leben; es sei ein Unterschied, ob man wirklich handeln möchte oder lediglich einen Wunsch formuliere.

Ich hatte verstanden, aber ich wollte los. Ich konnte Kirsten dann doch dazu bewegen, meinen Gang zu begutachten. »Lauf mal ein wenig hin und her«, sagte sie. Ich tat nichts lieber in meinen Wanderschuhen. Ich war bereit.

Als ich mich wieder gesetzt hatte, war ich gespannt. Na, wie war ich? Kirsten atmete durch. »Dein Becken ist sehr weit nach vorn gebeugt. Deine Hüftbeuger sind vermutlich verkürzt und ziehen die Wirbelsäule ins Hohlkreuz. Ein paar Muskelgruppen werden höchstwahrscheinlich gar nicht benutzt. Obwohl du so wunderbar lange Beine hast, machst du kleine Schritte, deine Ferse hebt nicht richtig ab beim Gehen. Ich habe das Gefühl, dass du dich in der Vorwärtsbewegung gleichzeitig nach hinten streckst.«

55 Jahre lang hatte mir das keiner gesagt. Das war ziemlich viel auf einmal. Mir war klar, dass ich eine Chance verpassen würde, mich besser kennenzulernen. Meinen Gang, meine Füße, den Ausdruck meiner Bewegung. Vielleicht würde ich mich wohler fühlen nach vier

Tagen Training. Vielleicht würde ich Schritt für Schritt besser begreifen, wie mein Körper funktioniert. Aber der Kopf hatte sich in denselben gesetzt, endlich loszuziehen.

Ich war schon vorher viel gelaufen, auch barfuß und in Schlappen. Manchmal staunte ich, dass die Schuhe zu eng waren, aber waren sie schön, trug ich sie. Richtig schöne Schuhe gibt es in meiner Größe selten, 47, 48, je nachdem, da muss man Kompromisse machen, dachte ich jedenfalls. Frauen sind da sehr empfindlich, ich wurde schon öfter darauf angesprochen, dass die da unten doch ein bisschen mehr Mode vertragen könnten. Auf Frauen muss man manchmal hören. Kirsten sagte, bleib noch ein bisschen und lerne Gehen verstehen.

Aber ihr war auch klar, ich wollte endlich los. Sie ließ mich gehen. Ich glaube nicht, sagte sie, dass du ohne Schmerzen auskommen wirst. Du wackelst ganz schön. Ruh dich aus, wenn es wehtut. Hör auf deinen Körper. Und wenn was ist, melde dich. Ob es auch eine gute Nachricht gebe, fragte ich zum Abschied. Ja, sagte sie, du läufst sehr zielstrebig.

Sie rief mir noch hinterher, frei nach Hanns Dieter Hüsch, auch der vom Niederrhein: Was einer nicht will, das muss man ihm lassen.

Ein Mann im Maisfeld

Ich hatte Kirsten noch gefragt, ob ich mich mal ab und an bei ihr melden dürfe, von unterwegs. Klar, sagte sie, kein Problem. Vielleicht würden wir uns auch irgendwo auf der Strecke treffen, meinte ich, Kirsten wollte in den kommenden Wochen eine Zeit lang in Augsburg sein.

Sie wurde meine virtuelle Wegbegleiterin, ich schickte ihr Bilder aus Feld und Flur mit einem Mann darin, der seinen Weg machte. Auch kleine Filmchen über Schritt und Tritt: Ich legte das Handy auf den Boden, lief ins Bild und versuchte, die Hüfte in die Streckung zu bringen und dann mein Körpergewicht über Ferse, Sprunggelenk und Vorfuß so abzurollen, wie es sein sollte. Und den großen Zeh dabei nicht zu strapazieren, der eigentlich eher für die Balance zuständig ist. Ein bisschen was hatte ich behalten.

Kirsten meldete sich immer und sprach aufmunternde Sätze auf mein Handy. Ich solle versuchen, die Schritte vorsichtiger zu setzen, geschmeidiger, weniger trampelnd. So, als würde ich schleichen wie ein Indianer; so, dass mein Gang so gut wie kein Geräusch mache. Ich versuchte es, kam aber nicht weit damit. Ich hatte mal in einem Kloster Walking Meditation probiert, sehr vorsichtiges, sehr bewusstes Gehen, in Zeitlupe fast. Es hatte mich ziemlich gelangweilt, so zu schreiten wie ein Storch.

Eine Woche war nun schon vergangen, seit ich Kirsten getroffen hatte. Die ersten zweihundert Kilometer waren unfallfrei überstanden und drei Blasen mit meinem Rolls-Royce-Pflaster bestens behandelt. Meinem Sohn hatte ich aufgetragen, Kennys Wundersalbe zu besorgen. Niklas wollte mich ein paar Tage begleiten und mit mir seinen zwanzigsten Geburtstag feiern, der auch dieses Jahr wieder auf den Sommeranfang fiel. Ein Sonnenkind. Wir sind schon viel gewandert: Als er sechs war, ging er einfach mal eine Weile nach links, wo ich nach rechts wollte. Über ein freies Feld sah ich ihn im Wald verschwinden, aber dann kam er zurück. Ich wollte meinem Sohn nie das Gefühl von Freiheit nehmen. Er ist später dann einen sehr eigenen Weg gegangen und erreichte Großes im Sitzen: mit achtzehn Jahren wurde er Ruder-Weltmeister, im Deutschland-Achter der Junioren.

Ich war nun mehr auf freiem Feld unterwegs. Zwischen Hamburg und dem Harz ist es schon sehr flach. Die Leute hier sagen, man kann morgens sehen, wer zum Kaffee kommt. Das tun aber nicht viele, die meisten sitzen im Auto und sind im Handumdrehen da. So, wie viele Menschen heute ihr Leben organisieren, braucht es eher breite Straßen als Zonen für Fußgänger. Kurz vor Braunschweig geriet ich an den Rand überfüllter Ausfallstraßen und passierte ein Volkswagen-Logistikzentrum.

Das war kein Spaß. Immer wieder duckte ich mich vor Druckwellen vorbeidonnernder Lastwagen in den Graben. Als Fußgänger bist du ein weiches Ziel. Und im Weg. Grundsätzlich sind Spaziergänger nicht sonderlich beliebt bei denen, die ihre Füße anders nutzen. Zum noch mal aufs Gaspedal Treten hundert Meter vor der Kreuzung, oft erlebt.

Oder bei denen mit Helm auf den Kopf, die Gehwege mit ihrem Rad zur Rennstrecke machen. Wenn sie auch noch über Batterien hocken und elektrisch unterwegs sind, wird es anstrengend.

Einmal, als ein rüstiges Pärchen in Partnerkleidung auf einem für Fußgänger wie Radfahrer gleichermaßen bereitgestellten Weg nervtötend hinter mir klingelte, verlor ich die Contenance. Ich wünschte ihnen Stromausfall und Bluthochdruck gleichzeitig. Da waren mir jene Landsleute lieber, die raschen Tritts sich noch einmal kurz nach mir umdrehten und strampelnd die Frage stellten: Camino? Ehe ich wusste, ob das nun ein Gesprächsangebot war oder eher das Abnicken einer weiteren Sehenswürdigkeit, waren sie auch schon wieder weg. Und ich hüpfte in einen kleinen Bach und ließ mich eine Weile treiben.

Am späten Abend stand ich plötzlich auf einer breit ausgebauten Straße, die Autos von einer Stadt abhalten soll. Ortsumgehung, in weitem Bogen vorbei. Jetzt ist der Ort ruhiggestellt, aber die Läden sind trotzdem dicht. Kommt keiner mehr durch, und die Leute bestellen von zuhause oder fahren schnell ins Gewerbegebiet mit Einkaufswagen vor der Tür. Auf dem Land sah ich viele Sattelschlepper, dort, wo früher Bauern Höfe hatten; Brummifahrer werden gesucht.

Wenn du vom Feld aus heiterem Himmel auf so eine Rennstrecke zuläufst, dann tut das schon weh. Straßenbauer gehen wenig zimperlich um mit Landschaft. Sie sparen nicht mit Asphalt. Mehr als einmal sah ich Pfeiler und Brücken und wusste nicht, was die da sollten. Kein Auto fuhr auf ihnen, irgendwer hatte sie bestellt und nicht abgeholt, so schien es mir.

Irre, dachte ich, wie wir uns die Welt untertan gemacht haben. Die Zeit in Stücke gehackt und das Land geteilt. Ich stellte mir vor, was die ersten Menschen wohl von uns denken würden, über unsere Straßen und unsere Grenzen. Es gibt ja Leute, die meinen, viele unserer Schwierigkeiten hätten damit begonnen, dass die Menschen sich niederließen, vor 10 000 Jahren ungefähr. Da waren plötzlich Felder, um die musste ein Zaun gezogen werden. Dann kamen Häuser dazu, und das eine war größer als das andere, und es wurde nicht mehr getauscht. Heute besitzen wir Immobilien und zahlen viel Geld für etwas, das sich nicht bewegt. Wir bleiben hocken. Ich glaube, dass die Sesshaften immer ein Problem haben mit denen, die einfach losziehen. Da ist vielleicht auch Neid dabei, guck mal, der geht einfach. Der macht, was er will. Ein Teil der sogenannten Flüchtlingsdebatte hat damit zu tun, die einen gehen, weil sie müssen, die anderen, weil sie ein besseres Leben suchen.

So langsam hatte sich der Wald vom Acker gemacht. Hier wuchs Mais auf staubigen, kalkarmen Böden. Zwischen Fruchtlinien kauerten Paarhufer. So manches Mal erschreckte ich Rehe: Aber ich kam als Freund. Nicht als Mähdrescher.

Nach den Bäumen waren Rehe meine neuen Begleiter. Ich sah sie öfter als Rebhühner oder Hasen. Ich freute mich auf sie, wenn es in den späten Nachmittag ging und wir uns zwischen hohen Stängeln begegneten. Mit jedem Tag konnte ich zusehen, wie der Mais in die Höhe wuchs; Mitte April gepflanzt, beginnt drei Monate später die Blüte. Mit ausgewachsen über zwei Metern Größe ist Mais der Riese unter dem Getreide.

Ich wurde zum Furchengänger. Trecker auf Terrareifen hinterlassen erstaunlich breite Schneisen. Ich sah nicht viele Bauern. Der moderne Landwirt steuert sein Tun vom Mischpult. Dass der Bauer im Märzen seine Rösslein anspannt und seine Hände von früh bis spät rührt, singen sie heute nur noch im Waldorf-Kindergarten. Die Tiere stehen im Stall und die Maschinen nie still.

Es stank schon sehr nach Gülle. Hinter einem Maisfeld schaltete ich mein Handy an und hörte eine leidenschaftliche Rede von Anton Hofreiter, damals Chef der Grünen. Dass die Bienen sterben und die Gletscher schmelzen und in Deutschland drei von vier Insekten verschwunden sein sollen. Und wir uns endlich und ehrlich damit beschäftigen sollten, in welcher Welt wir leben möchten. Was wir uns und der Erde zumuten. Er forderte eine ökologische Wende und ein Ende der Monokultur. Sehr eindringlich. Da wurde mir klar, warum ich die wähle.

Es ist das eine, Einsicht zu haben in falsches Verhalten. Aber ein anderes, sich zu verändern. Verändern zu wollen. Das ist so wie mit dem Klimawandel: Keiner mag ihn, aber so richtig tun will auch niemand was. Auf Bequemlichkeit zu verzichten, ist anstrengend. Das Auto bestimmt unseren Alltag, und auch die Ökos fliegen dreimal im Jahr in den Süden, Sonne zu tanken. Weil das mit dem Bio so anstrengend ist.

Ich war, was das betrifft, diesmal fein raus. Mein ökologischer Fußabdruck steckte in einem abgelaufenen Schuh. Easy going statt easy Jet.

Dorfleben

Ich wanderte, so gut es ging. Immer wieder stieß ich auf breite Straßen, für einen Genusswanderer wie mich bedeuteten sie Durststrecke. Am Wegrand zupfte ich Rispengras und kaute darauf herum. Man kommt damit auch in Zwischenräume, Zahnseide hatte ich nun auch.

Einmal entdeckte ich in der Nähe der Autobahn einen See, tiefblau mit kristallklarem Wasser. Ich sprang hinein und drehte meine Runde, so nah unterhalb des großen Brausens. Ich hatte die Kühle für mich, die anderen sausten vorbei. Hier waren auch keine Parkplätze.

Abseits des Autoverkehrs waren nur selten Menschen unterwegs. Leeres Land, dachte ich. Die Plätze verwaist, die Dörfer vergreist. Läden geschlossen und kaum Leute auf der Straße. Ich hatte vor Jahren mal einen Architekten getroffen, mit dem ich über Landflucht sprach. Er sagte, das Beste, was man tun könne, sei, gute Straßen zu bauen in die großen Städte.

Ich komme aus einer kleinen Stadt. Orsoy am Niederrhein. Ein schönes Fleckchen, einst eine Festung, umgeben von Wiesen und Wasser. Auf den Wällen waren Linden: Es hatte schon als Kind etwas Feierliches, lief ich dort entlang. Mit dem Blühen der Linde begann der Sommer, ihr Duft war zart und süßlich. Unter unseren Linden schwebten wir wie auf Wolken.

Meine Eltern hatten einen kleinen Laden, wir verkauften feine Kost und Milch. Es war einer von acht Lebensmittelgeschäften in einem Ort mit vielleicht 3000 Einwohnern. Vier Bäcker waren da und zwei Metzger, aus meinem Zimmer hörte ich, wie nur eine Straße weiter Rinder und Schweine geschlachtet wurden. Manchmal klapperten Hufen, dann wurden Pferde auf die Wiesen am Rhein gebracht. Es gab zwei Schuster und bestimmt zehn Gaststätten, Geschäfte für Hosen und welche für Hemden. Kamen wir von der Schule, ging es nach den Hausarbeiten gleich raus in die Wiesen oder zum Fußball; wollten wir wissen, wie spät es war, schauten wir zum Kirchturm, die große Glocke schlug jede Viertelstunde.

Mein Vater war Milchmann. Nachts um drei stand er auf und holte Milch aus der Molkerei. In den Ferien fuhren wir Kinder auf seiner Runde durch den Ort mit. Erst wurden die Bäcker beliefert, dann das Krankenhaus und das Altersheim. Kurz vor acht ging die richtige Tour los, ich hatte da meist schon zehn Brötchen gegessen. Für jeden, der vor dem Wagen meines Vaters Schlange stand, gab es ein freundliches Wort. Sein Geschäftsprinzip war Kommunikation. Mag Amazon jetzt auch »fresh« daherkommen und Lieferservice das nächste große Ding sein: Wir hatten das schon früher drauf. Man muss auch freundlich sein, sagte mein Vater immer.

Die Familie war mein Trainingslager. Hier habe ich den Umgang mit Menschen gelernt. Gib den Leuten die

Hand und schau ihnen in die Augen; das hatten meine Eltern mir beigebracht. Menschen, die einem nicht in die Augen schauen, sind mir suspekt.

In unserer kleinen Stadt waren alle mit allen verbunden. Als Kind staunte ich, wen mein Vater alles kannte und wer in unserem Haus ein und aus ging. Die Bude war immer voll. Zu unmöglichsten Zeiten standen Bekannte vor der Tür, uns zu besuchen: Wir wollten nur mal eben gucken kommen. Meine Mutter brachte die Kinder zu Bett, und ich bewirtete die Gäste im Innenhof. Keiner kam auf den Gedanken, wieder zu gehen.

Mein Vater nahm auch viele Einladungen an, ob zum Kaffee oder zum Eis. Er war unter Leuten, und meine Mutter organisierte den Laden und uns sechs Kinder zuhause. Ihr gefiel nicht, dass er manchmal später nach Hause kam, aber jetzt, beim Gehen, nach so langer Zeit, begriff ich plötzlich, was mein Vater da, ohne dass er darüber je ein Wort verloren hatte, täglich zelebrierte: den Augenblick.

Einmal, er war nach einem langen Tag vor dem Fernseher eingeschlafen, schreckte er plötzlich vom Sessel hoch und rief laut: »Hab ich Unrecht dir getan, schriev ma an, schriev ma an.« Das mit dem Anschreiben kannte er, viele Leute zahlten erst am Monatsende ihre Rechnung.

Meine Kindheit begrenzte eine Stadtmauer, 350 Meter waren es von Nord nach Süd, 295 von Ost nach West. Was wir brauchten, konnten wir auf wenigen Metern organisieren, wir gingen zu Fuß. Dann kam Aldi.

Ich bin wirklich noch nicht so alt; es ist weniger als fünfzig Jahre her, dass die Städte, die kleinen und die großen, und die Dörfer sich veränderten. Für mich begann Globalisierung, als der Ort 1975 seine 650 Jahre alten Stadtrechte verlor und eingemeindet wurde. Und ein Wort auftauchte, das ich seitdem mit Vernichtung verbinde: Kundenparkplatz. Auf grünen Wiesen standen plötzlich klobige Kästen, sie nannten sich SB-Märkte, und die Leute kauften jetzt dort ein. Ich begriff als Kind erst nicht, was die Buchstaben bedeuten sollten, sie standen für Selbstbedienung. Das war eine Sensation damals.

Ich kannte bis dahin nur, dass Butter und Milch und Käse über die Theke gereicht wurden. Als dann die Sparkasse begann, Geldautomaten aufzustellen, dass man nicht mehr vor dem Schalter in einer Schlange warten musste, war mein erster Impuls als Kind: Die wollen nicht, dass die Leute miteinander reden. Da soll jeder für sich allein was machen.

Die Sparkasse war auch einer der Treffpunkte im Städtchen, wo die Menschen sich begegneten. Einkaufen verband ich mit Unterhaltung und Austausch. Da stand der Kaufmann hinter der Theke, da wurde gefragt, wie es einem geht, und Grüße wurden bestellt. Hatte jemand einen Liter Milch vergessen, wurden wir Kinder mit dem Rad losgeschickt, diese zu liefern, frei Haus.

An all das musste ich denken, als ich durch die Dörfer schlich. Auch daran, dass die Leute sonntags an unserem Laden um Sahne anstanden und mein Großvater den Nachbarjungen rüberpfiff, wenn noch welche übrig war. Was für ein Spaß für so einen kleinen Kerl. Wollte ich mir aber jetzt morgens auch nur ein Brötchen kaufen oder eine Limo trinken: Die Läden waren nicht nur geschlossen, es gab keine mehr. Ich hätte einen Wagen gebraucht, mir einen Liter Milch zu organisieren.

Wo war all das Leben hin? Was machten die Leute mit ihrer Zeit? Ist da nur Arbeit? Auto und Pendeln und abends noch mal schnell zu Aldi, Penny, Lidl? Begegnet man sich dort? Hält Schwätzchen, fragt nach? Oder flimmern nur noch Bilder und bimmeln Handys, kurz die Nachricht und kein Kontakt? Geht es den Menschen heute besser damit, mehr für sich sein zu können? Sich nicht mehr nach anderen richten zu müssen? Ich war auf der Suche nach Dorfleben, ich fand es nicht. Ich tu vielen Dorfgemeinschaften sicherlich unrecht, aber auf den ersten und zweiten Blick entdeckte ich nicht viel. Die meisten Gastwirtschaften hatten kapituliert, in einst schönen Gärten rosteten Stühle vor sich hin. Wenn noch was auf war, dann war es eine Fußpflege oder ein Friseur.

Eines schönen Morgens aber stand eine Tür weit offen. Ich ging hinein. Von der Decke hingen ein paar Würstchen, hinter der Theke lächelte eine Dame mich an. Was ich wünsche, fragte sie. Ach, sagte ich, ich will nur mal gucken. Da lagen ein paar Brötchen, im Regal darüber standen Konserven, aus dem Discounter. Hier konnte man auch Pakete abholen und Post, eine Kanne spendete Kaffee. Der Laden war etwas karg. Es gab keine Puddingteilchen wie bei Quintin Schmitt in Orsoy oder selbstgemachtes Eis mit Sahne wie bei Hagemann am Rheintor, wo wir auf die Bäume kletterten. Plötzlich hatte ich Heimweh. Da war auch keiner wie mein Vater, der früher im Unterhemd vor der Türe stand und die Leute freundlich grüßte. Der kennt im Umkreis von zehn Kilometern so ziemlich jeden, mit Familiengeschichte, auch mit Geburtsnamen. Aber nach Rom darfst du ihn nicht schicken, er war mal da, mit der Kirchengemeinde, und meinte nur, es sei da sehr dreckig.

Immerhin, ich hatte einen kleinen Laden gefunden. In der Mitte des Raums war ein weißer Plastiktisch, ich setzte mich und bestellte einen Kaffee. Das »Burgdorfer Lädchen« war noch nicht lange geöffnet und seine Besitzerin sehr freundlich. Wir kamen ins Gespräch. Über

Wölfe und Wandern und Mütter und Söhne. Ihrer sei derzeit in Indien unterwegs, sagte Frau Müller, die Susanne. Ich fragte, was denn im Dorf so los sei. Nun, der Pastor, ein ganz toller, sei weg, und die einzige Gaststätte, die Traube, halte sich hoffentlich. Wie auch die Burgdorfer Bühne, eine Laienschauspielergruppe, die in einer Kartoffelscheune zum Sommertheater lädt; dieses Jahr war es ein Stück, das in einer Nervenheilanstalt spielt.

Es gebe auch noch die Jugendfeuerwehr und die Landfrauen und den Männergesangverein und das Bürgerfrühstück am Sportplatz. Und letztens habe ein Australier vor ihrem Laden gestanden, er suchte seine Vorfahren. Paris, Berlin, Burgdorf, das waren seine Ziele.

Ich fand es mit der Zeit ganz gemütlich, meine Erinnerungen hatten hier nichts zu suchen. Ich habe manchmal die Neigung, vergangenen Zeiten nachzutrauern; hilfreich ist das nicht und oft ungerecht. Früher war auch vieles schlechter. Susanne erzählte, viele seien überfordert von den Verhältnissen. Bei uns, meinte sie, schlucken die jungen Frauen schon mit zwanzig Jahren Beruhigungstabletten. Es laufe was quer im Land.

Den Laden habe sie aufgemacht, um nicht immer telefonieren zu müssen, wenn sie mal richtig mit Leuten reden wolle. Und um sich etwas Eigenes aufzubauen. Als Treffpunkt. Die Bank vorm Haus sei nun fertig, und einmal die Woche gebe es frisches Hackfleisch aus der Metzgerei Siedentopf in Söhlde. Leben könne man von dem Laden nicht, bei wöchentlich fünfzig bis hundert Euro Umsatz. Das Geld im Dorf geht eher in Flachbildfernseher und Autos. In der Nähe ist viel SB.

Ich nahm noch einen Kaffee und ein Brötchen dazu und erfuhr von Leuten, die ganz in der Nähe in großen Hallen fast ohne Tageslicht säßen, mit Knopf im Ohr und Schmerzen im Kreuz. Sie organisierten für Telefonanbieter Gespräche mit denen da draußen. Nach exakten Vorgaben, wann was zu sagen sei. Und wie lange so ein Anruf dauern dürfe. In den letzten Monaten, das habe sie so gehört, sagte Susanne, seien drei von ihnen gestorben. Plötzlich. Herzversagen. In den Zeitungen habe davon nichts gestanden. Bevor ich mich verabschiedete, schaute ich mir noch ihr Zeitschriftenregal an. Da lagen »Landlust« und »Lust auf mehr!«.

Die Wege der anderen

Ich verließ Burgdorf mit einem flauen Gefühl. Mich beschäftigte die Geschichte mit den Menschen, die da in Fabrikhallen ums Leben gekommen sein sollen. Hoffentlich kümmerte sich einer darum. Ich glaube, dass so vieles nicht an die Öffentlichkeit gelangt und wir in einer Zeit leben, in der sich so viele nach Anstand und Wertschätzung sehnen, sich aber zunehmend weniger für den anderen interessieren. Ich würde mich jedenfalls von nun an bemühen, freundlich zu sein zu den Menschen am anderen Ende der Leitung.

Ich drehte die Welt auf leise und konzentrierte mich auf meinen Schritt, auf den Zug der Wolken und die Bewegung am Himmel. Betrachtete, was um mich war, Spinnen und Schmetterlinge, Käuze und Käfer, Schilfrohr und Schnecken. Einmal lief mir ein Dachs vor die Füße, einmal ein Fuchs vor mir davon, mit rotem Schweif in sattem Grün. Manchmal setzte ich mich an den Feldrand und schaute zu, wie der Wind in den Weizen fuhr. Mit den Halmen spielte. Sie wogten hin, sie wogten her. Ich ging in die Hocke und strich mit meinen Händen durch das Windspiel. Beobachtete kleine Fliegen, zitternd ihre Fühler und Flügel. Ich suchte nach Feldmäusen, ich wusste mich zu beschäftigen.

Nach Tagen im Tiefland begann ich mich nach Hügeln zu sehnen. Nach einem Auf und Ab, Rauf und Runter. Flache Etappen, auf Dauer, sind nichts für mich. Wenn man hier was machen kann, dann Strecke. Meinen Körper bewegte ich mit vier Kilometer in der Stunde vorwärts; ich hatte am Handy eine Funktion entdeckt, die das zu wissen meinte. Mir war klar, dass jeder mich auf diese Weise orten und meinen Weg verfolgen konnte, mich, den Wanderer im Weizen. Ich war aber nicht auf der Flucht. Lief es mal nicht so gut und wurde ich müde, holte ich das Telefon aus der Tasche und versuchte mich im Takt von Marschmusik. Man geht im Takt der Musik wirklich schneller. Es sieht albern aus, aber es hat ja keiner gesehen, wie ich da in Niedersachsen zum Großen Zapfenstreich marschierte. Am Mittellandkanal erhöhte ich auf sechs Stundenkilometer, aber nur für kurze Zeit. Ich versuchte, mich mit den Schiffen zu messen. Sie waren schneller, und irgendwann wurde es öde neben der Rinne.

Eine meiner Lieblingsbeschäftigungen wurde, Leute nach dem Weg zu fragen. Ich überlegte vorher schon, was sie sagen würden. Wollte ich wissen, wo was ist und wie ich dort hinkäme, sagten die meisten nicht, gehen Sie so und so. Sie sagten: Das ist aber weit. Oder: zu weit. Es war wie in diesem Witz aus dem Rheinland, in dem Menschen staunend Fische im Aquarium betrachten und sich sagen, ich könnte das nicht. Ich verstand plötzlich diese Wendung besser: von sich auf andere schließen. So was wie: Kind, zieh dir die Jacke an, der Mama ist kalt. Man geht ja immer erst von sich aus. Wenn man denn geht.

Nur einmal passierte mir, dass jemand unfreundlich war. Eine Anglerin am Kanal. Ich fragte sie, was sie denn so fange. Mürrisch schaute sie von ihrem Eimer hoch und meinte: Fische. Viele suchen sich ihren Angelplatz danach aus, wie dicht dran sie mit ihrem Auto parken können. Ich kann nur sagen, dass sich auch beim Fischen neue Wege lohnen. Besser, man angelt hinter Schleusen, wo das Wasser aufgewühlt ist und viel Nahrung aufwirbelt. Das hätte ich der Frau gerne gesteckt, aber sie wollte ja nicht.

Bei der Gelegenheit und als vorsichtige Warnung, wenn man einfach nur weiterwill und keinen Streit: Meidet, Ehepaare nach dem Weg zu fragen. Die Frau zeigt nach links und meint rechts, der Mann meint es noch besser und schickt einen auf Wege, die er selbst noch nie gegangen ist. Und darüber entwickelt sich, bitte, meine Erfahrung, ein oft tolles Theater, dem man nur durch einen beherzten Abgang entkommt.

Noch ein Tipp, bevor ich es vergesse: Das Handy spuckt prima Navigationsprogramme aus, man kann selbst im tiefsten Wald die Welt von oben sehen und fast jeden Baum. Das ist eine Überwachung, die man sich getrost gönnen sollte. Früher sah der liebe Gott alles, jetzt Google. »Here« nannte sich meine App-Sicherung, falls es jemanden interessiert.

Man kann sich nämlich nicht unbedingt auf die Wegweiser verlassen, die Menschen in den Ämtern und Vereinen für Wanderer aufgestellt haben. Der Europäische Fernwanderweg, den zu folgen ich mir für die erste Strecke vorgenommen hatte, verlor sich irgendwo in einem Kreisel. Ich schaute im Internet nach, ob ich mich verguckt hatte, aber anderen war es ähnlich ergangen. Irgendwann und sehr viel später holte ich den Weg wieder ein, aber ich kam auch ohne Streckenführung zurecht.

Da immer weniger Menschen wissen, wie das geht, einfach mal loszulaufen, oder immer weniger sich das zutrauen, versucht man den Leuten auch diesen Angang so bequem wie möglich zu machen. Reichte dafür früher ein Wald, muss es heute ein besonderer Weg sein, vom sogenannten Wander-Parkplatz ausgeschildert und von der Europäischen Union gefördert; wer das alles bezahlt, steht auf Schildern mit vielen Logos. Die meisten der neuen Wege aber weisen zumeist nicht zum nächsten Kirchturm; sie werden gern im Kreis angelegt und tragen Ziffern. Wandern nach Zahlen ist sehr beliebt geworden; und so wurde es für einen Menschen wie mich, der sich über einen einfachen Richtungsanzeiger gefreut hätte, ein schönes Spektakel, der Nummer sieben zu folgen, obwohl ich eigentlich zehn Kilometer in südöstliche Richtung wollte.

Das Wörtchen Orientierung, ganz nebenbei, entlehnt sich einer Richtungsangabe. Orient bedeutet Osten, dort geht die Sonne auf. Aber weil diese Orientierung vielen fehlt und um das Ganze voll super klingen zu lassen, müssen sich die Wegmacher heutzutage was überlegen. So gibt es nun, nur ein Beispiel, in Neumarkt in der Oberpfalz einen schönen neuen Weg. Er hat, so konnte man es der Lokalzeitung entnehmen, 37 000 Euro gekostet; die Allgemeine Ortskrankenkasse übernahm die Kosten. Die zwei Kilometer lange Strecke zum Selbergehen wurde »Resi to go« getauft und führt durch den Wald. Die Leute vom örtlichen Tourismusbüro versprechen »psychische Fitness« und »Gelassenheit zum Mitnehmen«.

Resi ist nicht die, die dich mit dem Traktor abholt, wie in dem Gassenhauer. Sondern Resi-lienz, also die

Widerstandskraft, die uns hilft, Krisen zu bewältigen. Abzufedern, könnte man auch sagen: Das lateinische »resilire« bedeutet so viel wie »zurückspringen« oder »ausweichen« oder »abprallen«. Alles Begriffe, die Bewegung ausdrücken. Aber heute haben wir es mehr mit Parolen.

Ein großer Junge in kurzen Hosen

Wagte ich mich anfangs nicht durch Felder und über den Acker, was mein Anstand mir verbot, fast alle meine Verwandten waren Bauern, machte ich das jetzt einfach. Ich war am Verwildern und verlief mich, wo ich wollte. Ich machte auch keine großen Anstalten, mich zu organisieren: Mit jedem Tag wurde der Sommer prächtiger, meine Zeit war ohne Sorgen. Kam mal ein kurzer Regen dazwischen und nieselte es leise aus dicken Wolken, war dies eine willkommene Abwechslung in meinem Spiel. Mir kam Christian in den Sinn, ein Lausbube aus jungen Tagen. Christian hatte mehr Sommersprossen im Gesicht als der Himmel Sterne. Der flachsblond hagere Bursche trug weder Schuhe noch Strümpfe und ein Hemd, das aussah wie Schweizerkäse. Sein Großvater hatte ihm aus einer von ihm selbst abgelegten Hose eine kleinere geschneidert, sie reichte bis zu seinen Füßen. Die Hose hing an einem Träger, und in die weiten Höhlen seiner Tasche passten zehn Pfund Schwarzbrot oder ein zappelndes Wildkaninchen, das er einmal vor dem Förster verstecken musste. Dieser Christian aus Wilhelm Hünermanns herrlich frommem Heile-Welt-Roman »Die Kommunionkinder aus Himmelreich« war mein Vorbild, als ich acht Jahre war. So wollte ich auch sein, frech wie der Krischan, der Birnen klaute und sich mit den Nachbarjungs prügelte, wenn einer von denen seinen Opa beleidigt hatte, der ein guter Trinker war.

Ich schaute an mir herunter: Meine Hose reichte auch weit über meine Knie. Dieses Leinen war mein Zuhause, mein Stauraum für unterwegs. Ich wusste, wo was lag. Hinten rechts das Geld, in der linken Seitentasche das rote Taschenmesser und ein blattgoldverzierter Kompass von Nils, rechts Spray gegen Mücken und eine Mundharmonika. Manchmal waren da auch Möhren drin, die sind ein richtig guter Proviant für unterwegs.

Fast fünf Jahrzehnte waren nun vergangen, und ich war wieder der große Junge. Ich wollte immer draußen sein und liebte das Streunen, wir nannten es Ströpen. Und schon früh lernte ich, wie vergänglich alles ist.

In der Schule wurde ich aus dem Unterricht geholt, wenn Beerdigung war. Für die Trauernden gab es danach Kuchen, ich musste zurück in meine Klasse. Dieses Sterben, es passierte zwischen Rechnen und Lesen. Während die anderen beim Zeichnen Blumen malten, lief ich mit dem Weihrauchfass über den Wall und sang das schöne traurige Lied: »Wir sind nur Gast auf Erden und wandern ohne Ruh, mit mancherlei Beschwerden, der ewgen Heimat zu.«

Auf dem Friedhof liegen nun all jene, die mir mal Heimat bedeuteten. Onkel Werner zum Beispiel, der Friseur war und unser Nachbar. Er kam jeden Mittag in seiner Pause in unsere Küche und erzählte Witze. Als starker Raucher aber hustete er jede Pointe weg. Onkel Hermann, der mir Skat beibrachte und mir einen neuen Drachen kaufte, als dieser sich im Herbst über den Rheindeich verflüchtigt hatte. Oder Onkel Fritz, der immer auswich, wenn ich ihn nach dem Krieg fragte, eines Tages plötzlich weinte und meinte, ich hätte keine Ahnung. In seiner Lehrzeit hatte der Meister ihn mit Ketten verprügelt, danach floh er aus dem Stadttor und zog mit Rommel durch die Wüste. War erst ein großes Abenteuer und danach verklärte Welt.

Der Beste all der Männer, die mich heimisch fühlen ließen in den Jahren in dem kleinen Städtchen, war Stert: Als er zum ersten Mal im Krankenhaus lag, er war vorher noch nie beim Arzt, mit 76 Jahren, rief er mich an und sagte, Uli, es ist hier nicht zum Aushalten, ich werde aber auch nicht weiterkämpfen, ich bin nicht so stark wie deine Mutter, für mich ist genug jetzt. Und dann starb er. Er wollte unter einem Baum begraben werden, hinter seiner Scheune, aber das zu organisieren, trauten sich die Trauernden nicht. Stert kam nie groß raus aus dem Ort, wegen der Gemütlichkeit, sagte er; einmal aber meinte er, ich würde gern auf deinen Schultern die Welt erkunden.

Soweit ich mich erinnere, wollte ich schon immer mal durch Deutschland laufen. Ich kam nur nie dazu, ich hatte den Wunsch vergessen. Nun war ich froh, mich wieder an meine Sehnsucht erinnert zu haben.

Aufrechter Gang

Zu Fuß: Fängt so nicht der ganze Spaß an? Wenn wir uns nicht mehr umständlich drehen und wenden müssen, kriechen und krabbeln? Irgendwann und endlich Haltung annehmen? Im Stande sind? Nicht mehr schwanken und wanken, sondern Hoheit erlangen über das Gleichgewicht und die Schwerkraft, sie kann uns mal? Um dann

Schritt für Schritt Raum für Raum zu erobern und immer weiter und weiter zu sehen, was kommt?

Und was für ein Spektakel. Drama, Baby. Bei mir war es jedenfalls so. Ich bin im Laufstall groß geworden, pummelig mit roten Bäckchen, und ich lag noch am Boden, als die anderen längst liefen.

Die Senkrechtstarter schaffen den aufrechten Gang in zwölf Monaten. Ich brauchte anderthalb Jahre. Er steht endlich, frohlockte meine Oma, als ich dort zu Besuch war. Sie rief meine Mutter an, sie kam gleich mit dem Auto, das Weltwunder zu bestaunen.

Wie alle anderen hatte ich im Bauch der Mutter vier Milliarden Jahre Evolution hinter mich gebracht und war in 38 Wochen vom Einzeller zum Traumprinzen gereift. Hatte kurze Zeit Kiemen wie ein Fisch und Schwimmhäute zwischen Fingern und Zehen: Nach sieben Wochen unterschied mich wenig von einem gleichaltrigen Affen. Aber in der Folge ging es rasant weiter, nur kam ich nicht so schnell zum Stehen. So lange Anlauf genommen, und dann das. Der aufrechte Gang ist ja auch ein wahrer Balanceakt.

Vierbeiner bewegen sich sicherer und müssen nicht ständig aufs Gleichgewicht achten. Bis heute wissen wir nicht genau, warum sich die Menschen von vier auf zwei Beine stellten. Eine Theorie besagt, dass unsere Vorfahren zu klein waren, um in hohem Gras zu erkennen, was da vor ihnen lief. Also mussten sie wachsen. Und sich erheben, mit der Zeit. Es gibt auch andere Erklärungen. Dass der Körper es leid war, wie die Sonne ihm die ganze Zeit auf den Balg brannte. Also verkleinerte er die Fläche und machte sich gerade. So hatte auch der Wind besser Gelegenheit, den erhitzten Körper zu kühlen, von allen Seiten. Wer aufrecht geht, hat das Kriechen hinter sich.

Nicht nur für Kinder ist das ein Akt der Befreiung, von Fall zu Fall sicherer zu werden und Vertrauen zu entwickeln in sich und das eigene Vermögen. Der aufrechte Gang ermöglichte uns, die Welt anders wahrzunehmen. In die Ferne zu schweifen und Blicke weit werden zu lassen. Die Augen geben die Richtung vor, und die Füße richten sich danach.

Aber dieses Großwerden, es ging mir zu schnell. Ich brauchte noch Zeit, mich daran zu gewöhnen. Ich fiel immer wieder hin. Und stand immer wieder auf. Um mich aufzumuntern, wurde ich gut gefüttert. Erst Milch, dann Gries. Und Obst zum Nachtisch. Irgendwann konnte ich nicht mehr gehen, ich war zu dick. Als kleiner Junge schon Patient. Meine Mutter war verzweifelt.

Der Arzt sagte, das Kind müsse operiert werden, am Knie. Da war ich etwas über zwei. Bloß nicht, sagte mein Opa. Der nächste Doktor fragte, was denn der Junge so täglich zu sich nehme. Dieser Junge braucht mehr Bewegung und weniger Brei, sagte er. Dann legte er die Beine in eine Schiene und verschrieb hohe Schuhe, dass ich nicht umfalle. So wankte ich einen Sommer durch den Garten.

Man sagt ja, dass der Körper Erfahrungen speichert. Muskeln merken, was mal war. Wie ich jetzt so unterwegs war, dachte ich, holst du einen verlorenen Sommer nach. Es war auch an der Zeit, nach so langer Zeit.

Aus der Tiefe des Raumes den Horizont entdecken

Neugierig schaute ich in die Ferne, ob ich schon den Harz in seinen Umrissen erkennen könnte. Noch aber war es nicht so weit. Ich hatte geschafft, mich durch die verkehrsreiche Gegend zwischen Hildesheim und Braunschweig zu lavieren, fern der Straßen auf stillen Wegen. Es gelang mir zum guten Teil; längst lief ich der Nase nach oder bemühte meine Handy-Navigation. Aber diese Serviceleistung kostete viel Strom, mehr als zwei Stunden Führung waren nicht möglich.

Einmal traf ich eine Dame, sie wurde von ihrem Hund an langer Leine ausgeführt. Leider griff die Bremsfunktion der Leine nicht, und ihr Liebling schnappte aufgeregt auf mich zu.

Ich hatte mich ins Gras gesetzt und ein wenig ausgeruht. Die Sonne schien gerade so schön, ich wollte einen Augenblick genießen und sang ein Liedchen. Wem Gott will rechte Wunder weisen, den schickt er in die weite Welt. Aber nun war da dieser Hund, und sein Frauchen kam kaum hinterher. Ich blieb ganz ruhig, ich war keine Aufregung mehr gewohnt. Und stand betont lässig auf: Du bist ein ganz Braver, gut gemacht, versuchte ich die aufgeregte Kreatur zu beruhigen. Als Frauchen dann endlich auch vor mir stand, war sie erleichtert. Ach, sagte sie, und ich dachte, das sei ein Reh gewesen. Der Gedanke gefiel mir, meine Äuglein leuchteten.

Ja, ich war Teil des Ganzen geworden, ich gehörte dazu. Bruder Bussard, Schwester Lerche.

Ich durchschritt die Hildesheimer Börde, um mich sehr viel Rüben und Weizen, wenig Bäume. Hier verläuft eine Grenze, die den Menschen von heute wenig erinnerlich ist. Das norddeutsche Tiefland ist geprägt von den Vorstößen der Gletscher in den letzten Kaltzeiten.

Sie waren vor langer Zeit in diese Gegend vorgerückt und hatten jedes Leben tiefgekühlt. Die Nachrichten jener Tage wurden von Sand und Kies und Wind bestimmt; davon, ob es mal wärmer, davon, ob es wieder kälter wurde. Mehr gab es nicht zu berichten; auf Deutschland lastete anderes Gewicht als heute. Flüsse gaben den Eiszeiten ihren Namen: Im Norden waren es Elster, Saale und Weichsel, im Süden Günz, Mindel, Würm und Riss. Heute fließt hier Verkehr, und das nicht zu knapp.

Mit jedem Schritt, so war mir, eroberte ich unbekanntes Land. Rechts, links, links, rechts, ein Kommen und Stehen. Millionen von Jahren waren vergangen, seit sich die Ersten aus meiner großen Familie streckten, endlich jene schmale Linie zu Gesicht zu bekommen, wo Erde und Himmel am Horizont verschwimmen. Ich war unterwegs wie einer der Ersten meiner Art.

Dass die Welt Bewegung war, dass die Welt Bewegung ist, und alles, was fest gefügt, nur so scheint; darüber machten sich die Menschen zeit ihres Lebens Gedanken. Der Horizont markierte die Grenze zwischen dem Sichtbaren und dem, was außerhalb von Spezies und Sphäre lag. Lange konnten sich die Menschen nicht schlüssig erklären, warum Himmel und warum Erde. Warum der eine Teil niedrig, der andere hoch war.

Die Menschen haben sich dann immer Geschichten erzählt, von Anfang an, wie es im Lateinischen heißt. Von dieser Deutung haben die Aborigines in Australien ihren Namen; sie glauben daran, dass die Erde durchzogen ist von Pfaden, über die der Gesang und das Erzählte weitertragen werden von Generation zu Generation. Als es weder Sonne gab noch Sterne und sich eines Tages unter tief hängenden Wolkendecken aus einer unendlich finsteren Ebene das Leben erhob. Und sich Instinkte formten, in brennend heißem Dornenland. Das sagen die Alten den Jungen: wie die Ahnen unter einem öden leeren Klumpen geschlafen hatten und die Kraft der Träume neues Leben gebar. Phantastische Geschichten sind so entstanden wie vom Wesen der Regenbogenschlange oder von Eidechsen. Von Sternennebeln und einem Schöpfergeist, der mit einem großen Messer die Erde an vielen Stellen zerschnitten hatte, dass aus ihnen Berge und Täler wuchsen. Ich mag diese Versuche des Menschen, sich über Worte die Welt zu erschließen. Verbindung aufzunehmen, Verbindungen zu suchen. Dass alles eins war. Und aus einem alles wurde.

Es war ein Abenteurer, der ein wenig Ordnung brachte in alles Vermuten. Alfred Wegener, ein Meteorologe. Sein Name kam mir während meiner Wanderung öfter in den Sinn, wenn ich den Blick über die Landschaft schweifen ließ. Er schrieb am Nikolaustag 1911 an einen Freund: »Die außerordentliche Übereinstimmung der Flora und der Gesteine zwischen Südafrika, der Südgrenze von Afghanistan und dem westlichen Australien macht es ziemlich gewiss, dass hier in karbonischer Zeit ein gewaltiger Kontinent sich ausdehnte.«

Die einzige Bewegung, die Wegener damals bei seinen Kollegen auslöste, war Kopfschütteln. Vor ihm waren schon ganz andere Leute für ihre Beobachtungen ausgelacht worden, mal war die Welt eine Scheibe, mal war sie rund. Wegener aber war der Erste, der wissenschaftlich begründet eine Theorie von der Entstehung der Kontinente und Ozeane verfasste. Er taufte die vor wohl 200 Millionen Jahren noch fest gefügte Welt auf den Namen »Pangaea«, vom altgriechischen »pan« für ganz und »gaia« für Erde. Ehe sich dann mit der Zeit das Ganze verschob und auseinanderwuchs, was zusammengehörte.

Alfred Wegener starb Jahre später an Erschöpfung. Er hatte am Nordpol seine Kollegen in einem Gewaltmarsch mit Lebensmitteln im Schlepptau aus höchster

Not gerettet. So erlebte er nicht mehr, dass erst Jahrzehnte nach seiner Entdeckung weitere wissenschaftliche Erkenntnisse über die ständige Verschiebung der Erdplatten zur Anerkennung seiner Theorie führten.

Er war seiner Zeit weit voraus, das kann zu einem Problem werden. Viele große Menschen hatten zu Lebzeiten darunter zu leiden. Ich schreibe das für den Fall, dass, sollte eines Tages der Beweis für eine Verwandtschaft zwischen dem Wendland und Afrika, von Eichen und Elefanten geführt werden können, sich jemand dankbar meiner erinnert.

Ein Seelenverwandter

Mobilismus heißt die Denkrichtung, mit der Geophysiker Bewegung und Verschiebung in der Welt beschreiben. Ich finde, das ist ein guter Name, auch für das, was ich tue: Wo arbeiten Sie? Ach, ich bin im Mobilismus tätig.

Der Harz machte, was das angeht, in den vergangenen Jahrhunderttausenden ziemlich viel mit. Bereits von der Bildfläche verschwunden und im Innern der Welt vergraben, ergab sich durch eine abermalige Verschiebung der Erdplatten vor 85 Millionen Jahren die Gelegenheit, Wiederauferstehung zu feiern. Zurzeit hält er auf seinem Brocken zum Meeresspiegel 1141 Meter Abstand.

Die Landschaft, wie sie sich uns in Mitteleuropa zeigt, formte sich mehr oder minder vor etwas mehr als 10 000 Jahren. Oder vielleicht etwas genauer: kam da, mehr oder minder, zum Stehen. Sie entstand, als die afrikanische auf die eurasische Platte stieß, was sie auch heute noch tut, mit einer Geschwindigkeit von wenigen Zentimetern im Jahr; in vierzig Millionen Jahren, das meinen

Geologen jetzt schon zu wissen, werde Sizilien sich in die Nähe von Rom bewegt haben und Europa am Rheingraben entlang auseinanderbrechen. Dass dies nicht schon zu unseren Lebzeiten passiert, mögen weitsichtige Menschen verhindern.

Erste Erhebungen kündigten das Ende meiner Flachphase durch das doch überschaubare niedere Sachsen an. Mein Herz hüpfte. Der Harz zeigte sich plötzlich über weitem Feld. In einer noch vorsichtigen Steigung ging es sanft einen Hügel hoch. Auf halber Strecke stand einsam und von schwerem Gerät verschont eine Eiche wie eine Insel im Weizenmeer.

Ich hatte ein kleines Büchlein dabei und setzte mich auf eine Bank, es zu blättern. Lose Gedanken, gebunden in Passformat. Von Hans Jürgen von der Wense, einem eifrigen Wandersmann, der vor allem in den 1930er und 1940er Jahren durch Deutschland gezogen war und nie ohne Notizblock aus dem Haus ging. Ich mochte, wie er Werden und Wirken in wenigen Worten in einen Ausdruck brachte. Sätze wie: »Die Pflanzen wandern und auch die Worte. Als die Angelsachsen im fünften Jahrhundert abwanderten, hatte die Erbse Jütland noch nicht erreicht.« Oder: »Wandern ist so ein hinreißend erster Trieb, dass er selbst die Angst verjagt und die Feindschaft noch überwältigt: wenn die Zugvögel auf die Reise gehen, liegen die Wanderfalken mitten in den Schwärmen ihrer Feinde, der Drosseln und Finken, und tun ihnen doch nichts an und jene auch fürchten ihre Räuber nicht und fliegen gesellig.«

Der Schriftsteller und Universalgelehrte war bis zu seinem Tod 1966 mit Sommermantel und Schirmmütze unterwegs, niemals in wasserfesten Stiefeln oder mit einem Rucksack. Selten ging er ohne eine oben offene

Aktentasche los, darin eine Lupe und sein Tagesproviant aus Bitterschokolade. Er trank, wenn überhaupt, aus Bächen und Quellen.

Hans Jürgen von der Wense war ein In-den-Tag-Träumer und Landschaftsleser: »Die Erde ist ein Stern«, schrieb er, »wir leben im Himmel.« Ich lächelte; wie recht er hatte. Ich saß still auf einer Bank und genoss die Aussicht, auf all das, was kommen mochte. »Ich bestehe darauf«, schrieb Wense, »dass niemand zu einer auch nur tieferen Einsicht in das Geheimwesen von Landschaft, Erdbau und Urgeschichte gelangen kann, der nicht diese Fluren begangen und erlebt hat, Berg für Berg und Acker für Acker. Jede Beschreibung Unding, weil das Wesentliche eben ein Geistiges ist, und reich wurde ich wieder an Erkenntnissen, Einflüsterungen der Ahnen und Heroen, die mich empfingen und führten. Von der Landstraße aus ist davon nichts spürbar, man muss sich verlieren in diesen einsamen, fernsichtigen, von unserer hastigen Zeit noch völlig unberührten Fluren und Weiten.«

Wense liebte das Auf und Ab im Mittelgebirge, die Blicke von Basaltblöcken und die Gänge am Fluss. Selten blieb er über Nacht, er schlief gern zuhause im Weserbergland, aus dem er aufbrach, die Region in Tagesetappen zu erkunden. Seine Welt war groß, sein Radius eher klein, vielleicht hundert Kilometer um sein Bett herum. Noch heute lebt sein ältester Freund und Nachlassverwalter, Dieter Heim, mit weit über neunzig Jahren.

Ich habe ihn besucht, er ist ein feiner, wacher Herr, der voll Bewunderung und Wehmut über seinen verstorbenen Freund redet, die Jahre mit ihm waren die liebsten seines Lebens, dieses Wandern und Wundern und sich Verlaufen. Noch immer rollt er den Schlafsack aus, dass ein Sternenzelt seine Träume bedeckt. Ich hatte auch einen dabei, aber zog es doch vor, mir ein Zimmer zu gönnen. Mit einem großen Fenster, durch das der Mond schien. Am Himmel über Bad Gandersheim.

Das Schauspiel am Harzrand

Bad Gandersheim war der erste Ort, der mich länger hielt. Ein Wochenende lang. Das lag an Stephan Ullrich, einem Schauspieler, der Theater machte vor der Stiftskirche. Einem romanischen Dom mit hohen Säulen: Hier locken Niedersachsens größte Freiluft-Festspiele in die Stadt. Dieses Jahr gab es »Kabale und Liebe«, ein Stück über Sturm und Drang; mir gefiel es.

Ich lernte Stephan bei einem Bier kennen, nach einer seiner Proben. Ein offener, herzlicher Typ. Stephan stellte mich seinen Kollegen und dem Intendanten vor, und nach der Vorstellung sprachen wir an Stehtischen im Zelt über Gehen und die ideale Haltung. Über Spannung und Entspannung und Wohlgefühl. Wie man sich aus der Körpermitte heraus nach oben und unten strecken sollte. Dass man die Gesäßmuskeln bemüht und sein Gewicht auf die Fußballen verlagert, um die Aufrichtung der Wirbelsäule zu erhalten. Nicht in der Mitte des Rückens zusammenzufallen, um mit dem Kreuz den Schwerpunkt des Körpers in Balance zu bringen. Und sich vorstellen sollte, mit seinen Füßen Wurzeln zu schlagen, wie es auch ein Baum tut. Stephan erzählte begeistert von seinen Ausflügen in die Umgegend. Wie er im Sommer der Lerche beim Pumpen zusieht, wenn sie sich in die Lüfte schraubt. Lang und deutlich trillernd, zirpend. Von Reisekaisern, die von Pfalz zu Pfalz zogen und ihr Land aus der Bewegung heraus regierten. Als sich das Heilige Römische Reich Deutscher Nation formte, erst unter Karl, dann unter Otto dem Ersten, der oft in Gandersheim war. Einst war hier Welttheater.

Ich las abends ein wenig über Otto; er kam aus dem sächsischen Haus der Liudolfinger und hatte Italien erobert. Das wollte ich in den nächsten Monaten auch tun. Ich hatte nur kein Heer dabei. Von Gandersheim an die Grenze sollten von nun an noch sechzig Tage vergehen.

Ich mochte diesen Ort am Harzrand. Im Zentrum die jahrtausendalte Kirche, von Kaisern geweiht. Nicht weit davon ein großer Spielplatz und eine sehr gute Eisdiele mit frischer Sahne. Einen Espresso gab es auch, das war mal eine durchdachte Stadtplanung. Raum für Kinder in der Stadt, Schaukeln und Wippen statt Parkhalden für Autos: Wer diesen Einfall hatte, verdient einen Orden.

Meine Wanderung machte unter den Theaterleuten die Runde. Der Intendant meinte, ich solle durch die Schweiz laufen, da gebe es eine schöne Strecke vom höchsten Ort des Landes hinunter ins Bergell. Ich winkte ab. Ich würde gerne Triest sehen, sagte ich, und das bedeute, den Weg über die österreichischen Alpen zu nehmen. Ist trotzdem schöner durch die Schweiz, sagte der Intendant. Einer der Schauspieler meinte noch, er habe von einer Handy-App gehört, die dokumentiere, ob die Seele Schritt halte mit der Geschwindigkeit, die Menschen heute an den Tag legten. Im Flugzeug, vor allem. Ich fand den Gedanken interessant, aber nirgends diese App.

Ich hatte das Gefühl, mir durch das Gehen Respekt erlaufen zu haben. Die Menschen waren mir freundlich gesonnen, man konnte mit mir auch angeben oder mich vorzeigen und sagen, guck mal, der läuft hier allein zu Fuß herum.

Der dicke Wilfried kann das nicht mehr, der wiegt über 200 Kilo, obwohl er sich den Magen hatte verkleinern lassen. Er war gerade auf dem Weg zum Fußball, wo er immer einen Sitzplatz sicher hat, mit seinem Rollstuhl. Ich traf ihn, als ich aus der Stadt spazierte. Seinen fahrbaren Untersatz hat er selbst bezahlt, er kommt damit auf fünfzehn Stundenkilometer.

Die Kasse, sagt er, zahle nur Gehgeschwindigkeit; das ist ihm zu langsam. Wilfried machte einen zufriedenen Eindruck, trotz allem, und dann zischte er auch schon davon.

Ich hatte Wilfried nach dem Weg gefragt, mit einer alten Karte in der Hand. Eine mit Wegen und Namen aus dem Mittelalter, so wie das Land hier über Jahrhunderte ausgesehen haben muss. Als alle auf den Beinen waren, die kein Geld aufbrachten für Kutschen.

Pfade waren verzeichnet und Wüstungen, aus dem Wald geschlagen; Steinkreuze und Denkmäler, Kirchen und Kapellen. Auch Standorte von Galgen waren markiert und die von Gasthöfen, wo Kutscher Pferde wechselten. Man musste die Karte umständlich auseinanderfalten, sie maß bestimmt einen Meter in jede Richtung. Herr Denecke hatte sie mir geschickt, als ich noch in Hamburg war. Ich hatte seinen Namen im Internet entdeckt, als mich interessierte, ob es in Deutschland noch alte Wege gäbe, auf denen man dem Lauf der Geschichte folgen könnte. Alte Wege faszinierten mich seit meiner Kindheit. Bei uns am Niederrhein gab es viele Römerstraßen; als Kind dachte ich, wenn du da jetzt langgehst und immer geradeaus, bist du eines Tages in Rom, so schnurgerade, wie die gezogen waren.

Dietrich Denecke ist der Doyen der deutschen Altstraßenforschung. Ein emeritierter Professor, der zeit seines Lebens durch die Lande ging und sich auf Verbindungen verstand, über die andere längst den Mantel der Geschichte gedeckt hatten. Er kennt sich nicht nur aus mit Straßen, die nach Rom führen sollen, sondern auch mit jenen, welche sich heute unter Asphalt und Granit verstecken oder noch im Wald in Spuren zu finden sind, wenn man nach ihnen sucht.

Als historischer Geograph, diesen Job gibt es heute kaum noch, sichtete Dietrich Denecke Archive und suchte Quellen, studierte Akten und vergrub sich in Büchern. Entdeckte einstige Siedlungsstrukturen wieder und identifizierte verschwundene Dörfer. Sechs Jahre lang hatte er diese Landschaft zwischen dem westlichen Rand des Harzes und dem Weserbergland erforscht. In dieser Gegend allein, sagte Herr Denecke, können Sie so viel entdecken, dass es für ein Leben reicht.

Durch die Mitte Deutschlands mussten alle, die von Ost nach West und Nord nach Süd wollten. Hier kreuzten sich Wege und Klingen. Mal waren die Leute katholisch, mal waren die Leute evangelisch. Arm blieben die meisten. Hier zogen die Brüder Grimm durch die Wälder und sammelten Geschichten von den Alten. Von weißen Frauen und schwarzen Rittern und gestiefelten Katern. Über Burgen, von Wallringen umgeben, und Hügel wie Hufeisen. In den Städten des Landkreises spielen Laien heute die Märchen nach.

Die Landschaft hat sich rasant verändert in den fünfzig Jahren, seitdem Dietrich Denecke die Felder aufmerksam beging. Autobahnen, Bundesstraßen, Tankstellen. Gewerbegebiete und Flächenfraß. Der Professor sah noch Sand, wo heute Teer ist. Freie Fläche, die nun das Kreiskrankenhaus bedeckt. Aber dann begann das Wunder mit der Wirtschaft, und mit der neuen Zeit wurde abgeräumt, was über Jahrtausende langsam gewachsen war. Die große Beschleunigung hatte eingesetzt. Als für Schlachtfelder entwickelte Technik auf einen Markt drängte, der nach Konsum verlangte. 1948 begann der Boom des Öls, und damit einher ging die unaufhaltsame Landnahme. Seitdem gibt es kaum einen Ort mehr, den der Mensch nicht verändert hätte: durch Müll und Metalle, Dünger und Daten, Plastik und Pharma.

Mit Deneckes Karte in der Hand fragte ich erstaunte Autofahrer, wo denn bitte dieser Gedenkstein sei für einen auf dem Weg erschlagenen Reisenden. Oder dieser Rüttgerodt hingerichtet wurde, wohl der letzte Mann, den sie vor der Stadt Einbeck vom Leben in den Tod beförderten. Ob es noch weit sei zum Kaiserweg, der alten Verbindung von Bad Harzburg nach Süden, und wahr, dass in Bad Lauterberg der Herr Bismarck den dortigen Turm so gern mit seinem Hund besuchte. Die Leute waren freundlich bis irritiert: Das ist der Segelflugplatz sagten sie, und nicht der Galgenberg. Ein Mann stand da vor ihnen, der sich nicht im Ton, wohl aber im Jahrhundert vergriffen hatte. Eine Freundin meinte mal, ich habe eine »alte Seele«. Die wanderte jetzt durch die Zeit.

Wenig später, als ich in Göttingen vorbeikam, lernte ich Herrn Denecke persönlich kennen. Wir kannten uns bis dahin nur über das Telefon. Herr Denecke wohnt im Göttinger Professorenviertel. In seiner Nachbarschaft lebten Werner Heisenberg und Max Planck, die beiden Großen der Quantenphysik. Die konnten richtig gut erklären, warum eins alles und alles eins ist und wie das Große im Kleinen und das Kleine im Großen zu finden ist. Was Wirklichkeit und Wahrnehmung und Wille und Vorstellung.

Mit Herrn Denecke auf alten Straßen

Herr Denecke, ganz Professor, war bestens präpariert. Auf dem Tisch im Esszimmer lag ein Faksimile des ersten gedruckten deutschen Routen-Handbuchs, des »Raißbüchlin«: Es ist über 450 Jahre alt und zeigt die Wege, die dienstreisende Kleriker und Landsknechte nahmen, sogenannte edle Herren hoch zu Ross und Knechte, die gebeugt Karren schoben. 1150 zählte man vierzig, aber 250 Jahre später bereits 3000 Städte; nie wieder in der Geschichte Deutschlands und Europas wurden in so relativ kurzer Zeit so viele Siedlungen zu Städten befördert, mit hohen Mauern und Wachtürmen und Spießbürgern.

Vorher hatte es mit einer Karte über den Weg nach Rom Versuche gegeben, Pilgern den Weg zu weisen. Die Karte war gesüdet: Rom lag am oberen rechten Bildrand, Norddeutschland weit unten. Mir gefiel das: Mich irritierte schon immer, in Richtung des ewigen Winters zu schauen. Man muss nur die Perspektive wechseln, dann sieht die Welt ganz anders aus: »Das ist der Weg nach Rom, Meile um Meile mit Punkten bezeichnet von einer Stadt zur andern durch die deutschen Lande«, so stand es da in der Gebrauchsanweisung geschrieben. Jeder Punkt bedeutete eine Meile; die entspricht heutigen 7,4 Kilometern. Erhard Etzlaub hieß der Mann, der Wanderern so den Weg wies: Sie sammelten Punkte unterwegs in den Süden.

Aus allen Teilen des Kontinents führten Wege nach Rom. Da waren Verbindungslinien von Canterbury, Calais, Paris und Toulouse im Westen, Danzig, Krakau, Budapest und Wien im Osten, von Brügge, Bremen, Wiborg, Lübeck, Rostock, Stettin und Danzig im

Norden und schließlich im Süden von Mailand, Venedig und Loreto.

Dietrich Denecke ist ein begeisternder Erzähler. Ich hörte ihm gerne zu. Erst gab es Plätzchen im Wohnzimmer, danach begann Zeitreise. Hinein ins Heilige Römische Reich Deutscher Nation, auf ins karolingische Zeitalter und noch weiter zurück zu den Römern, die lange Zeit als Weltmeister galten im Straßenbau. Die hatten den Verkehr so gut organisiert, dass eine Nachricht aus Moguntiacum, dem heutigen Mainz, seinen Empfänger im rund 1200 Kilometer entfernten Rom innerhalb von drei Tagen erreichte. Weil alle paar Meilen ausgeruhte Pferde zur Verfügung standen.

Unsere Kutsche war ein kleines Auto. Dietrich Denecke fuhr mit mir ins Feld. Ins alte Europa ein paar Kilometer nur aus der Stadt hinaus. Alte Wege gucken. Herr Denecke zeigte mir Handelsstraßen und Hohlwege, Geleitstrecken und Schleichpfade, den Hühnersteig und den Eselsstieg. Fahrrinnen und Spurrillen und Senken im Wald. Besonders beeindruckten mich die Reste der Nord-Süd-Achse von Lübeck bis Nürnberg, die sich hier im Wald unter Gebüsch verloren. Ich stand an der Schnellstraße des frühen Mittelalters und neben einem Steinbruch, aus dem man Material brach für die lange Strecke aus Muschelkalk. Sah Chausseen, nur beschottert, aber mit Obstbäumen an der Seite, dass sich Reisende mit Äpfel und Birnen versorgen konnten. Und da, schauen Sie mal, sagte Herr Denecke und verwies mich auf eine unscheinbar kleine Erhebung neben einem Acker; eine Sperre, welche die Bauern damals aus Besorgnis um ihre Früchte an den Feldern anlegten, damit die Frachtwagen nicht dorthin ausweichen konnten. Aber Diebe und Preller konnten übers Feld immer noch Zollstellen entgehen.

Während wir der alten Straße folgten, rollte wenige Meter entfernt neudeutscher Verkehr. Mit Herrn Denecke, so dachte ich, würde dieses Wissen um die Wege der alten Welt eines Tages sterben.

Herr Denecke hatte eine Tür in längst vergangene Zeiten geöffnet, ich folgte ihm. Ich sah Bauern und Soldaten mit bloßen Füßen oder bescheidenem Schuhwerk über Steine gehen. Die besseren Herren trugen Stiefel, noch bessere schaukelten in Kutschen über Land. Fahrende Sänger erzählten Märchen aus dem Morgenland, da waren Gaukler und Halunken. Tumbes Volk ergötzte sich an einem Menschen, der am Wegrand baumelte, Fässer rollten durch den Wald. Viehhirten und Händler waren unterwegs, Köhler und Kumpel, im nahen Harz Stollen in den Berg zu treiben.

Die erste Chaussee in Norddeutschland, sagte Denecke, sei 1780 angelegt worden, sie führte von Hannover nach Göttingen. Heute folgen fast alle Bundesstraßen alten Trassen. Unser Land, dachte ich, ist durchzogen von Erinnerung; nur hält die sich unter Teer bedeckt.

Herr Denecke war gut zu Fuß, das möchte ich mit 83 Jahren auch sein. Er zeigte mir Reste von Erdwällen, mit denen sich die Menschen damals vor Eindringlingen schützten, vor Wölfen zum Beispiel. Er erklärte mir anhand von Ortsnamen deren Geschichte: Was auf -mar oder -tun endete, war wohl germanischen Ursprungs. Es hieß so viel, wie einen Zaun zu ziehen. Im 16. Jahrhundert war die Hälfte der Siedlungen wieder verschwunden. Ein Kommen und Gehen auch hier.

Wir sprachen über Geschwindigkeit: Ein Frachtfuhrwerk bewältigte damals am Tag 23 Kilometer, ein reitender Bote, der die Pferde wechseln konnte, 106 Kilometer. Ein Pferd im Galopp kam achtzehn Kilometer in der

Stunde vorwärts, eines im Trab und einen Postwagen ziehend, ungefähr acht.

Ich erfuhr, dass Napoleons Truppen mit einem Schritt-Tempo von bis zu sechzig Kilometern täglich Europa eroberten und jede Stadt, die etwas auf sich hielt, eigene Boten beschäftigte: Ein Brief vom Papst, am 8. Dezember 1075 geschrieben, kam so am ersten Januar 1076 in Goslar an. Dass der Bau von Straßen und Brücken als gottgefällig galt und an steilen Steigungen zusätzliche Pferde geliehen werden konnten, um schwere Wagen hinaufzuziehen. Wenn man nicht gleich ganze Kutschen hob und ein paar Meter weiter im Wald auf einen neuen Weg versetzte, wenn der alte zu ausgefahren war. Wir sahen auch einen Gedenkstein, der an eine Sause im Wald erinnerte, als 300 Liter Bier schneller als bestellt den Besitzer wechselten: Was ich noch zu sagen hätte, dauert eine Zigarette und ein letztes Fass im Stehn.

Natürlich besuchten wir auch die Bierstadt Einbeck, welche im 13. Jahrhundert zwei Mönche abstellte für den Süden, damit die in Bayern ihr Bier erfinden konnten. Wilhelm Bendow, einer der größten Söhne der Stadt, hinterließ der Nachwelt einen zeitlos schönen Scherz, von Loriot später meisterhaft weiterentwickelt, den von zwei Männern auf der Rennbahn: Ja, wo laufen sie denn?

Das fragte mich Herr Denecke auch: Wie geht's weiter? In welche Richtung? Über die Alpen? Ich erzählte ihm von meiner Triest-Idee. »Ach«, sagte er, »da gehen Sie besser anders. Das obere Rheintal hinauf, auf der anderen Seite sind Sie fast schon in Italien. Nehmen Sie den Septimer-Pass, da sind die Römer rüber, das ist schöner.« Ich würde dort die Reste eines alten Hospizes sehen und römische Meilensteine und Überbleibsel eines

Tempels und einen Teil der alten gepflasterten Straße. »Von dort geht es weiter über den Comer See nach Rom, so ist Martin Luther auch gegangen. Sie können mich ja anrufen, wenn Sie so weit sind, ich erklär Ihnen dann die Strecke noch mal im Detail.«

Rom? Ich dachte nach. Warum eigentlich nicht. Und den Weg von Luther streifen, fünfhundert Jahre nach der Reformation, als Zeichen gelebter Ökumene? Könnte gehen.

Von Wegen und Menschen

Ich war bester Verfassung, der Tag war mein Freund. Ich überlegte, wie viele Wege ich schon gegangen war, vor diesem hier. In Franken verschwand ich mal hinter einer Linde rechts der Straße in einem Wald und war plötzlich auf einem Pfad, der sich Eierweg nannte und den die Bauern in alter Zeit nutzten, ihr Federvieh zum Markt zu bringen

In der Pfalz, in Deutschlands größtem Wald, 2000 Quadratkilometer groß, saß ich auf verwitterten Felsen und schaute auf ein Meer aus Holz. So ähnlich muss vor langer Zeit das ganze Land ausgesehen haben, bevor die Menschen es urbar machten und die Römer aus Furcht vor dem »Furor teutonicus« ihre Garnisonen zurückholten. Einst Kronland der deutschen Kaiser, erinnern Ruinen auf Bergrücken an längst verblichene Macht. Durch die verschwiegenen Täler liefen die alten Völkerstraßen bis hin zum Rhein. Bewehrte Felsnadeln, Schwertern gleich, hielten zwischen zerklüfteten Wänden Wacht. Wie Adlerhorste schmückten die Felsennester der Raubritter Hügel um Hügel rund um die Burg

Trifels, die einst die Kleinodien der deutschen Reisekaiser beherbergte.

Was für ein Erlebnis, als ich in dieser Wunderwelt ein Zelt aufstellte und mich wie eine Eidechse auf Mauern aus Buntsandstein wärmte. In feuchtwarmer Luft das Wetter leuchtete und in der Ferne Donner grollte. Vergangen die Zeit, Vergangenheit.

Im Thüringen streifte ich einmal durch die Hörselberge, einer der Orte, wo Frau Holle wohnen soll und wo Tannhäusers Höhle war; dort vermuteten die Kelten Götter und Geister und horchten in ihre Träume, sich die Welt mit Märchen zu erklären. Hier hat das kleine Hexenkraut Heimat gefunden und der stinkende Storchschnabel, auf feuchtem und gut durchlüftetem Boden. Ich sprach mit einem Bauern, der mir Kirschen reichte und meinte, am Klang der Krähen das Wetter deuten zu können. Im nahegelegenen Burla an der Autobahn traf ich Flüchtlinge, die alle zwei Tage die Kirchturmuhr aufziehen.

In der märkischen Heide im Südosten Brandenburgs hörte ich Geschichten von Bauern, sie füttern ihre Schweine mit selbstgemachter Kartoffelsuppe. Und von Wilddieben, die nächtens Hirsche schultern.

Da waren sumpfige Wiesen, auf Erlen saßen Silberreiher. Ich sah einen brütenden Uhu in einer Felswand, keine fünfzig Meter von Straßenbauarbeiten entfernt. Hier prachtvolles Gefieder, dort schnöde Planierraupe. Ich lernte Hubertus kennen, einen Forstarbeiter. Er kündigte seinen Job, als sein Chef ihn auf schweres Gerät umschulen wollte, den Harvester mit Ketten und Greifarmen, um in nur zwei Stunden zu erledigen, was vor wenigen Jahren noch dreißig Menschen Arbeit brachte. Jetzt verkauft er an der stillen Spree gezapftes Bier an

Wasserwanderer und erzählt ihnen Geschichten aus dem Leben von Wels und Sumpfschildkröte.

Auf einem meiner Wege traf ich Stefan, einen ehemaligen Handwerker. Als Heizungsmonteur war er ein gefragter Mann. Freundlich und zugewandt, einen wie ihn lässt man gern in seine Wohnung. Wenn man ihn rief, war er da. Auch wenn er vom einen an das andere Ende Berlins fahren musste. Durch diesen ganzen Wahnsinn, stockender Verkehr hier, stockender Verkehr da. Für einen Termin war er manchmal ewig unterwegs, und das Leben zog vorbei. Jeden Tag Lärm und schlechte Laune und abends erledigt ins Bett. Stefan war fertig, bevor er überhaupt dieses Wort kannte, Burnout. Als ein Freund anrief und sagte, hundert Kilometer weiter sei ein kleines Häuschen frei, kündigte der Handwerker auf der Stelle. Drei Tage später war er mit seiner Frau im Wald. Einen Job gab es hier nicht, aber viel Gegend. »Ich habe in den letzten fünfzehn Jahren im Forst keinen Menschen getroffen«, sagte er. Die paar Leute, die hier wohnen, sind zu alt, um in der Stadt Arbeit zu suchen. Eine Zeit lang versuchte er, Touristen in die Einsamkeit zu locken. Kilometerlange Alleen, Erlengründe, Wasser bis zum Abwinken.

Aber wer keine Geduld mitbringt, Verfolgungsjagden zwischen Hornissen und Bienen zu beobachten, nachts auf Aal zu gehen oder Seeadler zu studieren, bleibt nicht lange. Jetzt hat Stefan sich eine Kamera zugelegt und verkauft Naturaufnahmen. Bilder vom Alleinsein, beim Angeln, am Wasser, unter Bäumen. Aufnahmen von großer Kraft. Auch von der Brunft der Hirsche. Balgen sie, legt er sich auf den Waldboden und verfolgt das Schauspiel. Die Stadt kann ihm gestohlen bleiben.

Er wohnt für 350 Euro am Waldesrand und hört die Nachtigall trapsen. Dreht Filme über die schönsten

Angelgewässer des Landes und schwärmt von hellen Nächten, in denen der Vollmond sein Zauberlicht wirft auf starke, hohe Stämme und den nächtlichen Wald meisterhaft ins Licht setzt. Mit Leberblümchen um Baumstümpfe und Morgentau über Moos und Blaubeerkraut, röhrenden Hirschen im Herbst und dem Ruf des Wiedehopfs im Frühling.

Von diesen naturbegeisterten Menschen habe ich einige kennengelernt auf meinen Touren. Den Landstreicher König in der Eifel, einen ehemaligen Bergmann, der das Land radelnd auf Feldwegen erkundete. Er war mit dem Rad auch schon in Rom. Oder Bernd, den Wirt der Wimbachgrieshütte im Nationalpark Berchtesgaden. Als Schichtmeister im Stahlwerk verweigerte er seinem Vorgesetzten auf der Stelle die Gefolgschaft, als der ihn aufforderte, drei Kollegen zu nennen, auf die man im Rahmen einer Neustrukturierung verzichten könne. Er arbeitet nun in luftiger Höhe, oberhalb einer gewaltigen Senke, gefüllt mit Stein und Schotter, gesäumt von steilem Berg. Groß und gewaltig ist die Leere, kein Mensch, nirgends. Von den Wänden fällt Wasser. Hier rutscht der Berg bei Regen, mächtige Schuttströme bestimmen das Bild. Milchig weiß zerbröselt die Welt. Nichts bleibt, wie es war; von oben sinken Pflanzen in die Tiefe und fassen unten Fuß; tote Lärchen, zermalmt vom Strom und vom Wind gebeugt, zeugen von stummer Ohnmacht. An der Schneegrenze, oben am Trischübel, der Schwelle ins Steinerne Meer, beobachtete ich Murmeltiere. Sie huschten aus ihren mit Gras und Heu gepolsterten Höhlen; nach sechs Monaten Dunkelheit war es endlich an der Zeit, den Lenz zu grüßen.

Ich suchte sie nicht, ich fand sie: Typen, die sich nicht mehr vorschreiben lassen wollten, wie sie zu leben und zu arbeiten hatten, Herr waren und nicht Knecht. Die nichts gaben auf Versprechen von Wachstum und Sicherheit und auf Handy-Empfang in jedem Winkel und zu jeder Zeit pfiffen.

Einer von ihnen, Enrico, beeindruckte mich besonders. Er arbeitet am Band und baut Autos zusammen. Doch er hat sich seine Arbeit so bewusst gewählt, dass ihm bei geregeltem Feierabend und festgelegten Zeiten genug Gelegenheit bleibt, seiner Sehnsucht zu folgen: unterwegs zu sein und jeden Tag so zu nutzen, als sei es der letzte. Er zeigte mir sein Handy, auf dem er nicht Nachrichten, sondern Erlebnisse gespeichert hatte. Bilder von der Nordroute des Camino, am Meer entlang, wo er keinen einzigen Sonnenaufgang verpasste; einmal, sagte er, sei er so glücklich gewesen, dass er irgendwo hinter den Pyrenäen eine Esskastanie, bestimmt fünfhundert Jahre alt, zu umarmen versuchte. Und plötzlich habe eine Frau auf der anderen Seite des Stamms seine Hand genommen, und gemeinsam hätten sie es geschafft. »Wie viele Menschen«, sagte Enrico, »erschrecken schon, wenn du sie nur freundlich grüßt?«

An der Leine und bei Busch

Ich umging den Harz. »Auf der Chaussee wehte frische Morgenluft, und die Vögel sangen gar freudig, und auch mir wurde allmählich wieder frisch und freudig zumute. Eine solche Erquickung tat not«, schrieb Heinrich Heine in seiner »Harzreise«.

Ich ging auch mal in die entgegengesetzte Richtung, wenn mir danach war. Vorwärts immer, rückwärts nimmer: So einer war ich nicht. Dann wird dein Weg aber länger, sagten manche. Andersherum wäre es schneller. Stimmt, sagte ich dann, stimmt beides. Mäandert ein Fluss nicht auch? Ist das Leben nicht eher eine Wellenbewegung, spiralförmig und ein Schwingen? Die Natur kennt keine geraden Linien.

Ich folgte der Leine flussaufwärts, sie hatte sich im südlichen Eichsfeld auf den Weg gemacht. Sieben Quellen, mindestens, speisen ihr Wasser, das nun neben mir murmelte. Längst war nur noch Sonne, ich badete darin. Fragte ich in Hamburg nach, wie das Wetter sei, erhielt ich bescheidene Auskunft: Sei froh, dass du nicht hier bist.

Ich war auf dem Weg nach Nörten-Hardenberg, wo mich in einem Fünfsternehaus mit Gourmet und Wellness und Golfplatz eine Überraschung erwartete: Carl Graf von Hardenberg empfing mich fürstlich und lud für eine Nacht in sein Haus. Unterhalb einer einst stattlichen Felsenfestung, deren Reste heute eine stattliche Ruine abgeben. Vor fast tausend Jahren ließ der Erzbischof von Mainz die Feste errichten, um über zwei Handelswege zu wachen; als das Geld ausging, wurden vor über sieben Jahrhunderten Burg und Ländereien dem Verwalter übereignet. Der eine Teil der Familie zog sich nach einem Streit in den hinteren, der andere in den vorderen Teil der Gemäuer zurück: Das ist, was man wohl einen Burgfrieden nennt.

Die Hardenbergs sind eines der Geschlechter, welche die Geschicke des Landes seit Jahrhunderten bestimmen. Die einen schrieben Gedichte, die anderen Geschichte; hier brennen sie Korn. Deutschlands zweitgrößter Schnapsfabrikant führt das Unternehmen in neunter Generation und einen Keiler in seinem Wappen. Wir sprachen über Gott und den Wald und darüber, dass im Hotel mehr Mitarbeiter gebraucht werden als in der Landwirtschaft: Nur noch vier Angestellte sind nötig, 2000 Hektar Fläche zu bewirtschaften. Ich schenkte dem Grafen zum Dank die Karte von Dietrich Denecke, er kannte dessen Fleißarbeit noch nicht. Ich war froh, mich für eine großzügige Gastfreundschaft zumindest ein wenig revanchieren zu können. Mit einem der Hardenbergs bin ich befreundet: Er heißt Philipp und revolutioniert gerade das Bildungswesen in Thailand. Aus einer Laune heraus hatte ich ihn angerufen und gefragt, ob er mich nicht seinem Cousin im Schlosshotel ankündigen könnte. Ich mochte, mich auf meiner Wanderung bei Freunden zu melden. So durch die Gegend schlendernd, das war ein wahres mobiles Telefonieren. Am nächsten Morgen nahm ich an einem weiß gedeckten Tisch im Schatten des Felsens das Frühstück ein. Zum ersten Mal nach längerer Zeit las ich wieder Zeitung.

Die Welt war seit meinem Abgang nicht ruhiger geworden, die Nachrichten aber berührten mich nicht. Ich bin auch einer, der mit ihnen Geld verdient. Ich liefere Geschichten ab. Am liebsten welche, von denen man vorher noch nicht gelesen hat. Oder so noch nicht. Ist ja schon fast alles geschrieben, nur noch nicht von mir.

Die Welt ist Erzählung, wir leben von Erzählung. Von Geschichten, bis wir selbst Geschichte sind. Gleichnis und Vergleich. Ist so wie. Oder so ähnlich. Wir hören und geben weiter, wie wir meinen, es verstanden zu haben. Man kann nicht alles erklären, aber wir versuchen es. Manchmal wissen wir nichts, erklären aber alles. Wenn das klappt, ist es gut. Aber man weiß nie. Je älter ich werde, umso weniger traue ich mir ein Urteil zu. Komisch, dachte ich, dass dir jetzt diese Gedanken kommen.

Am Tisch neben mir führten Geschäftsleute Gespräche. Ich zog mein Handy hervor, nur um zu klären, in welche Richtung ich an diesem Tag gehen wollte. In der Hotelhalle hatte ich eine Broschüre über Sehenswürdigkeiten der Gegend gelesen. Wilhelm Busch hatte nicht sehr weit von hier wichtige Jahre seines Lebens verbracht. Gut, dachte ich, schaust mal beim Meister vorbei: »›Warum soll ich nicht beim Gehen‹ – Sprach er – ›in die Ferne sehen? Schön ist es auch anderswo, und hier bin ich sowieso.‹« Das lässt Wilhelm Busch den Mister Pief in seiner Bildergeschichte über Plisch und Plum sagen. Mister Pief stolperte kurz darauf in einen Teich und sah nichts mehr. Mir aber schien die Sonne, und der Tag nahm seinen Lauf: Ich sollte noch viel sehen.

Unterhalb der Burg ging es rechts in den Wald hinein, auf einem fußbreiten Wanderpfad. Begleitet von Buchen und Eschen und Bärlauch. Schatten im Blick und Sonne im Nacken. Erst ein Stückchen hinauf, dann ein Stückchen hinunter, über eine breite Wiese und immer wieder mit Blick auf strahlende Welt. Augenweide: Vielleicht rührt dieser Name von dem Genuss, in die Ferne zu sehen. Nur Horizont, ganz hinten. Werfen wir Blicke, dann am liebsten weit weg.

Ich lief durch das Tal des weißen Wassers in Richtung Ebergötzen, dort ging Wilhelm Busch zur Schule. Jener hoch begabte und an sich selbst verzweifelnde Künstler, dessen Verse Deutschland damals wohl nicht so recht verstand, weil man nicht wusste, ob das, was er geschrieben hatte, nun ernst oder ironisch gemeint war. Ein Mensch, reich an Schichten und Geschichten; in Erinnerung bleiben vor allem die Streiche von Max und des Moritz. Geschichten, erdacht oder selbst erlebt, als der kleine Wilhelm sich in heißen Sommern mit dem Erich anfreundete, dem Sohn des Müllermeisters Bachmann. Seine Wohnung ist liebevoll renoviert worden, und hinterm Haus rauscht der Bach wie eh und je.

Im Lauf seines Lebens kehrte Busch immer wieder hierher zurück und sann mit seinem Schulfreund über alte Zeiten. Setzte sich auf eine Bank, zog an seiner langen Pfeife, trank einen Roten und dachte sich was dabei.

Ich bückte mich durch die kleinen Räume und versuchte einen Menschen zu begreifen, dessen Bilder meine Kindheit begleitet hatten. Böse Bilder hatte er gezeichnet, es wird geprügelt und gestraft, aus Lausbuben wird Korn, aus Trinkern Asche, immerzu ist Ende. So richtig glücklich, dachte ich mir, wird der Herr Busch nicht gewesen sein in seinem Leben, eine Frau suchte er auch vergebens. Aber seine Geschichten überlebten ihn: Als Wilhelm Busch 1908 starb, erschien sein Werk »Max und Moritz«, von einem Verleger anfangs abgelehnt, bereits in der 56. Auflage.

Ich war im Bildungsurlaub. So viel zu sehen. So viel zu lernen. Über Land und Leute und heute und früher. »Lernen« leitet sich aus dem altgermanischen »liznojan« ab, was so viel bedeutet wie »einer Spur zu folgen«. Da war ich hier richtig. Hier, wo das südliche Niedersachsen, das nördliche Hessen und der Westen Thüringens die Mitte Deutschlands bilden.

Das grüne Herz der Republik. Holz und Wasser und Berge. Ich begann durch Bäche zu laufen und balancierte auf unsicherem Grund über Kies und Granit. Hockte mich ans Ufer und beobachtete, wie Wasser sich seinen Weg bahnte, mal träge, mal schnell. Vor kleinen Felsen parkten Forellen.

Ich versuchte, Eintagsfliegen zu entdecken, wie sie mit ihren winzigen Mündern Algen von Felsen bürsteten.

Zwei Jahre leben sie als Larven im Wasser, bevor sie sich in Erwachsene verwandeln und nach der Paarung und nur wenigen Tagen Fliegenleben in den Kreislauf der Natur zurückkehren. Ich patschte mit meinen Füßen im Wasser und genoss, dass mir ein wenig mehr Zeit auf der Welt vergönnt ist. Das war hier plätschernder Friede.

Wenn da Wasser ist und Bäche sind, die sich schlängeln und nicht schäumend sprudeln, dass sie uns ängstigen, fühlen wir uns wohl. Das hat zu tun mit der Erinnerung an sehr frühe Zeiten, als die Menschen auf der Jagd noch angewiesen waren auf frisches Wasser aus Quellen und sich an Tümpeln und Teichen auch Tiere einfanden. Wie es dauert, bis wir unsere Mitte finden, so brauchte das Leben hier auch eine Weile, sich zu organisieren.

All das begann vor Milliarden von Jahren, mit einem großen Hallo, den wir Urknall nennen. Irgendwie wurde aus einem alles. Raum und Zeit und Materie und Energie. Wer dafür verantwortlich ist, darüber streiten sich die Menschen, seit sie sich streiten können.

Ich bin mit Gott groß geworden, und ich finde seine Geschichte gut. Wenn es große Dinge zu erklären gibt, mag ich, wenn sie kompakt erklärt werden. Also höre ich in der Osternacht, der schönsten Nacht des Jahres, da geht es um Wiedergeburt und das Leben nach dem Tod, wer will das nicht, sehr gerne die Geschichte der Genesis. Über das Werden der Welt in nur einer Woche: Gott sprach: Es werde Licht. Und es wurde Licht. Gott sah, dass das Licht gut war. Gott schied das Licht von der Finsternis. Und Gott nannte das Licht Tag und die Finsternis nannte er Nacht. Es wurde Abend, und es wurde Morgen: erster Tag. So geht es weiter, bis zum siebten Tag.

Aus einem entstand alles; er, der nie begonnen, er, der immer war, wie es im »Sanctus« von Franz Schubert heißt. Mich erinnern diese Zeilen an meinen Opa, wir sangen sie auf seiner Beerdigung. Mein Opa, es ist noch nicht so lange her, war noch mit Pferden unterwegs. Zuletzt hatte er ein Pony, es wohnte im Stall neben dem Auto meines Onkels. Mein Opa stand jeden Tag früh auf, spannte das Pony ins Geschirr und fuhr in den Morgen hinein. Er holte Milch aus der Molkerei, in großen Kannen. Bevor er ins Dorf kam, befreite er die Räder seines Wagens vom Schmutz der Straße.

Die Leute eilten aus ihren Häusern, wenn Großvater mit einer Glocke läutete. Er fuhr auch, wenn es regnete, es machte ihm nichts aus. Mein Opa ging einfach aus dem Haus. Und kümmerte sich nicht um das, was vom Himmel fiel. Er kam aus dem Krieg, er hatte andere Dinge erlebt als das bisschen Nässe.

Als Opa sein Geschäft aufgab, war ich zwölf Jahre alt. Er war im Krieg gewesen, sechs lange Jahre, und musste nach einem Schuss in den Kiefer viel entbehren. Einmal wollte er bei einem Urlaub in der Heimat vor Weihnachten meiner Mutter und ihrer Schwester Geschenke machen. Er hatte ein Jahr gespart dafür. Dann nahm ihm jemand sein Portemonnaie weg, er weinte bitterlich. Mit solchen Geschichten wurde ich groß.

Seine Wünsche und Träume hatte er sich für den Ruhestand aufgehoben; er starb, ein halbes Jahr, nachdem er in Rente gegangen war, mit 64 Jahren. In diesem Alter fangen heute viele mit dem Leben an. Es war eine traurige Beerdigung, als das ganze Dorf noch einmal den Mann ehrte, der ihnen Milch gebracht hatte, in sauberem Kittel. Aus dieser Zeit, als mein Großvater starb, habe ich einen Gedanken in Erinnerung: dass ich, so weit mir möglich, nicht warten möchte, schöne Dinge zu tun. Die Freude, sagte Wilhelm Busch, flieht auf allen Wegen. Der Ärger kommt uns gern entgegen. Er kann kommen, ich habe auf diesem Weg genug Freude gebunkert. Einen Vorrat an Frohsinn angelegt, sollten die Zeiten mal schlechter werden.

Auf der Suche nach einer verlorenen Zeit

Nach dem nüchternen Norden mit seinen Moränenhügeln hoben die Gänge zwischen Leine, Werra und Weser meine Laune. Ich genoss, mich der Natur auszuliefern. Ich wurde weich, ich wurde leicht. Ich lief unter weitem Himmel, und wenn der sich mal schüttelte, wurde ich eben nass. Traumhaft auch, in aufgeladener Stimmung Gewitter zu erleben, war es nur weit genug weg.

Und immer wieder der Gedanke, wie früher wohl alles ausgesehen haben muss ohne Häuser und Straßen. Als das Land noch nicht malträtiert worden war, damit es schneller voranging auf den Straßen. Berge nicht eingeschnitten oder durchbohrt, Kuppen nicht abgeplattet, Brücken nicht gebaut. Als die Wege der Landschaft folgten. Einen Fluss entlang, um einen Berg herum. Wie es am Anfang wohl war. Die Menschen sich auf Märkten trafen und nicht im Internet. Der Aufgang der Sonne den Tag bestimmte, kaum erleuchtet die Nacht. Ich fühlte mich wie auf der Suche nach einer verlorenen Zeit.

Mich reizte der Gedanke, wie es gelänge, die Zeit anzuhalten. Ein Kindertraum, ich weiß. Jeden Abend bin ich erstaunt, wo der Morgen geblieben ist. Es gibt Menschen, die sich langweilen im Leben. Meine Sorge ist das nicht. Beim Wandern hatte ich das Gefühl, ohne Zeit zu sein. Die Stunden gingen dahin, ich bekam es nicht mit. Aber ich kam an Grenzen. Dann, wenn in langen Senken Wasser war oder ein Graben zu weit. Manchmal konnte ich Bäche queren, manchmal musste ich Umwege machen. So wie es früher war. Autobahnen wurden für mich zu einem Hindernis; über Kilometer strich ich an Lärmschutzwänden entlang, bis ich endlich einen Übergang fand. Straßen verbinden nicht nur, Straßen trennen auch.

Aber da war Einverständnis. Und der Gedanke: Mensch, du bist ja gerade allein. Mit dir. Und fühlst dich wohl. Fehlte was? Fehlte wer? Wäre es nicht schöner, dieses Erlebnis jetzt teilen zu können? Ich dachte nach. Über mein Bedürfnis nach Bindung. Menschen um mich. Meine Freundin. Meinen Sohn. Geschwister, Eltern, Freunde. Ich mag, sie um mich zu haben. Ich möchte nicht ohne sie sein. Aber in mir ist auch ein großes Verlangen nach Autonomie. Mich zu verbünden. Und gleichzeitig abzugrenzen. Beides in Beziehung zu bringen, ist eine große Herausforderung. Ein wenig Abstand kann manchmal der kürzeste Weg sein zwischen Menschen.

Es war an der Zeit, allein zu sein. Es machte mir nichts aus. Ich war dann mal bei mir. Bleib bei dir, du hast nur dich: Das hat mir mal Hanns Dieter Hüsch mit auf den Weg gegeben, der große Menschenkenner vom Niederrhein, sein Onkel kam aus Orsoy. Er sagte »Eulen nach Orsoy« tragen, wollte er erklären, was längst klar war. Ich hatte noch das Glück, ihn kurz vor seinem Tod länger zu sprechen. Zum Abschied meinte er: »Ich habe eine Verabredung mit dem lieben Gott: Wer kommt, der kommt.«

Dieser Gedanke, dass wir endlich sind, eines Tages geboren, um eines Tages wieder zu gehen, dieser eigentlich unerträgliche Zustand: Ist diese Vorstellung vom Verlassenwerden nicht der eigentliche Grund, dass viele sich zuschütten und die innere Welt begraben? »Unsere Heimat liegt innen«, sagte einmal der amerikanische Psychologe James Bugental. »Solange wir diese uralte Wahrheit nicht neu entdecken, und zwar jeder für sich und auf seine Weise, sind wir dazu verdammt, herumzuirren und Trost dort zu suchen, wo es keinen gibt, in der Außenwelt«.

Das Geheimnis der Kohärenz

Mein Zuhause wog zehn Kilo. Ich hatte mit, was ich brauchte. Mehr brauchte ich nicht. Ich schaffte, was an einem Tag zu machen war. Eine Uhr trug ich nicht, und mit der Zeit wurde ich ganz gut darin, diese zu schätzen. Auch irgendwie cool, so in den Himmel zu schauen und dann zu sagen, es wird wohl so halb fünf sein.

In den Tagen zuvor hatte ich mich weiter treiben lassen, ich ging in den Wald, ich kam aus dem Wald. Klatschte in die Hände, wenn ich fürchtete, in Wildschweinverstecke zu geraten. Lief Bäche entlang und Berge hoch, saß auf Steinmauern und lag im Gras. Bummelte durch Dörfer und verschwand hinter Hügeln. Mein Körper verbrannte Kalorien, aber ich spürte weder Strapaze noch Müdigkeit: Alter, dachte ich, was geht es dir gut.

Bei meinem Freund Gerald legte ich eine Rast ein. Er wohnt nicht weit von Göttingen am Oberlauf der Leine auf einem ehemaligen Rittergut, nur Schritte von der einstigen innerdeutschen Grenze entfernt.

Heute erinnern Gedenktafeln an die Teilung des Landes. Das Grün im Osten, das Grün im Westen: Ich erkannte keinen Unterschied. Es soll ja ein tiefer Graben sein zwischen Ost und West, ich habe ihn nicht entdeckt. Gerald war als junger Wissenschaftler in den Westen geflohen. Weil er einen schlauen Kopf hat, kam ihm in den Sinn, mit einem Kartoffeldruck ein Visum zu fälschen. Gerald ist Hirnforscher.

Er ermuntert und ermutigt Menschen, sich ein paar Gedanken mehr zu machen darüber, wie wir werden, was wir sein wollen. Und uns als Gemeinschaftswesen zu begreifen. Weil das Gehirn ein Beziehungsorgan ist. Gerald Hüther interessiert, wie Erfahrungen das Verhalten steuern und Probleme Lösungen produzieren. Ihn beschäftigt, dass viele Leute zu viel Vorgefertigtes konsumieren und sich zu wenige eigene Erfahrungen zutrauen. Etwas wagen.

Wie Menschen zu sich kommen und wie sie bei sich bleiben, das ist sein Thema. Rufe ich Gerald an, ist da erst mal ein herzliches Lachen und die Frage, na, was gibt's Schönes? Er lebt als Neurobiologe vor, dass gute Gedanken gute Stimmung machen.

Ich fragte Gerald, warum es mir so gut ging beim Gehen. »Vielleicht ist das die beste Art ist, sich zu bewegen«, sagte er. »Dieses Gleichmaß der Schritte synchronisiert dich mit anderen Rhythmen in deinem Körper. Dem Atem, dem Herzschlag und dem Kreislauf des Blutes. Und weil alles Lebendige ein Prozess ist und sich fortwährend entwickelt, befindest du dich beim Gehen gleichsam im Strom des Lebens. Du lässt dich treiben. Und wirst so ein Teil des großen Ganzen.« Er erklärte es mir weiter mit einem aus dem alten Latein abgeleiteten Wort: Kohärenz. Was so viel bedeutet wie »Zusammenhang«. »Du setzt dich in Beziehung zu anderen und versuchst zu begreifen, was dich umgibt. Dein Denken, Fühlen und Handeln sind eins, du machst, was du willst.«

Weil es vorangeht, fragte ich noch einmal nach, fühle ich mich wohl? »Ja«, sagte Gerald, »es kostet ja immer Kraft, gegen Gesetzmäßigkeiten zu sein. Aber wie ein guter Kanute sich die Fließbewegung des Wassers zu eigen macht, so bist auch du im Flow«.

Das Leben ist ein langer ruhiger Fluss: Diesen Satz kannte ich. Jetzt war mein Leben zu einem langen ruhigen Gang geworden. »Es könnte sein«, sagte Gerald, »dass in uns der Geist des Gehens angelegt ist, lange bevor uns überhaupt jemand gezeigt hat, wie schön das Gehen überhaupt ist.« Ich fand diesen Gedanken sehr reizvoll. »Auf jeden Fall«, meinte Gerald, »sind wir Menschen eher für das Gehen als für das Sitzen geschaffen. Unser Körper ist fürs Gehen optimiert worden, nicht fürs Sitzen. Sonst hätten wir wohl Sitzschwielen entwickelt und die Evolution dafür gesorgt, dass uns der Rücken beim Sitzen nicht so sehr schmerzt.«

Ich ließ später noch einmal vorüberziehen, was er gesagt hatte. Dass alles passt; dies ist, was wir uns wünschen. Aber es passt selten im Leben: Immer wieder können wir das eine mit dem anderen nicht in Beziehung bringen, kommt etwas dazwischen. Weil das erst mit dem Tod aufhört, empfiehlt Gerald jedem, sich im »Kohärenz-Gefühl« zu üben. »Wenn wir unglücklich sind, verbrauchen wir viel Energie. Das Gehirn aber ist so angelegt, den Energieaufwand zu minimieren; das ist der Fall, wenn mir Lösungen einfallen, statt Kraft in die Vermeidung und Verdrängung von Schwierigkeiten zu stecken.« Man könnte es auch so sagen: Bejammern wir eher Probleme, statt uns ihnen zu stellen, ist das

Hirn irgendwann müde. »Wir Menschen wachsen mit den Aufgaben«, sagte Gerald »Wenn uns was gelingt, fühlen wir uns belohnt. Und dann ist es wieder da, das Kohärenz-Gefühl.« Er sprach mir aus dem Herzen.

Burgenhopping über dem Werratal

Gerald zeigte mir noch seinen Garten, bevor ich wieder aufbrach, und schenkte mir ein paar Erdbeeren, es waren die letzten dieses Sommers. Es gab nicht viele, das Jahr war bis dahin zu dunkel und zu kalt gewesen.

Ich ging durch protestantisches Kernland, Katholiken würden sagen: Diaspora. Dass in dieser Gegend alle so schnell evangelisch wurden, hat auch damit zu tun, dass ein Hans Sittich von Berlepsch als Geheimrat der drei sächsischen Kurfürsten und Kommandant der Wartburg ebendort Martin Luther für dreihundert Tage in Schutzhaft nehmen ließ. So konnte der verängstigte Augustiner in Ruhe die Bibel übersetzen und Wörter suchen für das Wort Gottes, das sich bis dahin in Klöstern versteckt hatte.

Ich orientierte mich für den weiteren Weg am Werra-Burgen-Steig. Er führt in zwanzig Etappen von den Quellen der Werra bis zum Zusammenfluss mit der Fulda in Hannoversch Münden. Und kommt an Berlepschs Nachkommen vorbei.

Sie leben noch heute auf einem nach drei Seiten zum Werratal abfallenden Bergkegel, auf dessen Fels das Raubrittergeschlecht derer von Berlepsch vor über sechshundert Jahren eine Burg baute, die in nunmehr zwanzigster Generation immer dem Erstgeborenen übergeben worden ist.

Mit einem Stammwappen über dem Tor, das in Gold fünf rot bewehrte grüne Sittiche im Schilde führt und auch noch mit Hahnenfedern besteckte Kugeln. Es passt zu dieser ziemlich bunten Truppe. Einer der heutigen Nachfahren, Thimon, verzaubert als Magier staunendes Volk, und bei Fabian Sittich von Berlepsch darf ich im Turmzimmer wohnen, wenn ich in der Gegend bin. Ich würde auch gern Sittich heißen, ich finde, der Name schmückt.

Fabian ist der einzige Mensch, den ich kenne, der ein Schwein am Spieß wenden lässt, ohne selbst davon zu kosten. Der Freiherr ernährt sich von Rohkost und bringt sein Essen immer mit. Dann setzt er sich mit einem Tablett Gemüse an die Tafel, Hauptsache kalt, die Platte. Ich lief von Friedland kommend auf seine Burg zu, es war ein wunderschöner Abend, die Sonne hüllte das Leben in Zauberlicht. Fabian lud mich ein, eine Nacht zu bleiben.

Fabian sinnt mit bewundernswerter Energie darüber nach, wie er den Menschen der Moderne, überfordert von immer mehr Bildern, Informationen und vorgefertigtem Wissen, nicht noch mehr Meinung zumutet, sondern eigene Erlebnisse ermöglichen kann. Sein Schloss ist fahrendem Volk ein Zuhause, und Fabian organisiert Ritter-Turniere und Volksfeste im Burghof. Die Leute vom Amt hat er von seinem Tun so überzeugt, dass sie ihn und das Schloss als Sehenswürdigkeit anerkannten und ein Schild an die Straße stellten: »Das Tor zum Mittelalter«.

Kurz vor Mitternacht rief er vom Feuer aus Freunde an, er habe da gerade Besuch, und sie sollten mich kennenlernen, wir würden uns verstehen. Thorsten zum Beispiel, der einen neuen Weltrekord im Weitwandern probieren wollte, auf dem 356 Kilometer langen historischen Lutherweg von Worms auf die Wartburg in weniger als siebzig Stunden ohne Schlaf; und Selma, den Chef der Jugendburg Ludwigstein. Gut, dachte ich, mache ich jetzt Burgenhopping.

Am nächsten Morgen ging es über die Höhen weiter. Wie es sich gehört, verlief ich mich. Aber hier konnte man schwerlich verloren gehen, immer wieder waren da Burgen; ihre Bergfriede als mächtige Fingerzeige, dass mit den Herrschaften da oben nicht zu spaßen war.

Bist du zu Fuß unterwegs, siehst du den Gang der Geschichte anders. Von unten eben. Ein Fuß-Volk waren wir, bevor wir uns auf Reifen und Rollen fortbewegten. Beschwerlich war das und nicht unbedingt vergnüglich: Wer wohlhabend genug war, saß in der Kutsche und bewarf die da unten mit Steinen. Weil die da oben sich stets und immer von denen da unten abgegrenzt haben und dies in jeder Geste und mit jeder Bewegung ausdrückten, taten sie dies nicht nur in schmucken Gewändern und Palästen. Sondern auch, indem sie ihr Schuhwerk zum Symbol vermeintlicher Überlegenheit machten.

All jene, die es sich leisten konnten, nicht zu arbeiten und nicht zu Fuß zu gehen, steckten ihre Füße in schicke Schuhe. Wer etwas auf sich hielt und von den anderen nichts, zwängte seine Zehen in spitzes Leder und ging steil. Alle Last ruhte auf dem Vorderfuß, die Glieder ächzten, von oben wölbte der Bauch. Manche meinen, die Spitzen der sogenannten Schnabelschuhe seien so lang gewesen, dass sie mit einer Kette um das Knie oder am Gürtel befestigt werden mussten.

Doch war Mode, sich derart in Szene zu setzen, ohne Erbarmen mit krummen Zehen und Schwielen und Schmerzen. Schuhe wurden über einen Leisten gezogen, ganz gleich ob links, ob rechts; machte ja nichts, die Herrschaften wurden getragen. Das Einlaufen von Schuhen übernahmen Kammerdiener: Eine Einstellungsbedingung war, dass ihre Füße in den Schuhen ihres Vorgesetzten Platz fanden.

Ich stiefelte der nächsten Burg entgegen. Erst durch Wald, dann über eine Wiese, bis sie in Sicht kam. Steil war der Anstieg zum Ludwigstein; durch ein enges Tor ging es in einen gepflasterten Hof. Kinder spielten Fangen. Wie lange hatte ich das nicht mehr gesehen. Kinder nicht mit dem Kopf über kleine Geräte gebeugt, sondern laut und lustig und mit hochrotem Kopf und verschwitzt. Die Dicken schnauften wie früher hinterher, Jungs jagten die Mädchen. Hier gab es Schlafsäle und Matratzenlager und Duschen auf dem Flur und eine Feuerstelle im Speisesaal. In der Ecke standen Gitarren, in den Regalen lagen Liederhefte.

Ludwigstein, einst gebaut, Grenze zu sichern, ist heute Heimat der Zugvögel. Ein alter Fahrtenbund von Pfadfindern, einer von vielen, ein Teil der deutschen Jugendbewegung von vor über hundert Jahren, als junge Menschen aus Städten flohen, in freier Natur sich selbst neu zu erfahren. Wir wollten mal auf Großfahrt gehn, bis an das End der Welt: Mir fielen die alten Lieder wieder ein, die ich mit Jugendgruppen sang, als ich mit sechzehn Jahren Ferienlager organisierte. Von hohen Tannen, welche die Sterne wiesen, jenseits des Tales, und vom Wald als unserer Liebe und dem Himmel als unserem Zelt. Mein Neffe Jacob, vierzehn Jahre alt, zieht seit ein paar Jahren mit den Zugvögeln durchs Land. Streift umher, wie die anderen 8000 Jugendlichen, die eine große Tradition wahren. Sie wissen, wie man ein Feuer entfacht und Karten liest. Jakob könnte man im Wald aussetzen, er fände den Weg heraus.

Als die Kinder bis weit in den Abend durch die Burg tobten, kam eine erwachsene Frau und beschwerte sich, sie wolle den Blick von hier oben in Ruhe genießen; artig schlichen die Kinder davon, wir dürfen hier nicht spielen, meinte einer. Nein, rief ich, das ist eure Burg, die Großen machen sich schon genug breit. Ich mag nicht, wenn Erwachsene Kinder ermahnen, wie die sich zu benehmen haben.

Am nächsten Morgen stieg ich weiter ein in die Vergangenheit. Auf Ludwigstein lagert das Archiv der deutschen Wanderbewegung. Ich blätterte in alter Zeit und längst vergilbten Bestsellern. Las Berichte über Männer, die vor mir einfach losgegangen waren. »Ist aufs geradewohl unterwegs nach Italien gelaufen, weil er so viel davon gehört hat.« Oder: »bummelte nach Neapel«. Oder: »wollte Rom sehen«. Ich dachte, das reicht doch, muss man mehr dazu sagen, wenn man sich auf den Weg macht?

In einem Ratgeber von 1922 stand, wie der rechte Wandersmann auf seinen Touren vorzugehen habe. Früh mit oder vor der Sonne hinaus, halte er nach einer halben Stunde für wenige Minuten Rast, »doch ohne Niedersitzen«. Dann marschiere man für zwei Stunden »rüstig vorwärts«, um ein auf eine Stunde ausgedehntes Frühstück einzunehmen, auch hier weniger im Sitzen, da sonst die Glieder steif würden. Danach beginne der »Hauptmarsch«, für drei Stunden. Zwei bis drei Stunden Mittagspause seien später vergönnt, an einem »wohlgewählten Ort«, an »murmelnder Quell« oder auf »freier Bergeshöh«. Nach einem Schläfchen ging es dann wieder drei Stunden in den Nachmittag hinein, um gegen fünf oder sechs am Abend im Quartier zu sein.

Ich las, dass Soldaten in Kriegen nicht nur in Schlachten litten, sondern auch unter schlechtem Schuhwerk. In manchen Regimentern wurde jeder dritte Mann fußkrank, und wer weiß, dass Napoleons Soldaten, wie mir Herr Denecke erzählt hatte, auch schon mal sechzig Kilometer am Tag unterwegs waren, ahnt, warum es, auch in dieser Hinsicht, Gewaltmarsch hieß. Ein Heerführer sollte einmal sagen, Schlachten gewinne man nicht mit den Waffen, sondern mit den Füßen. Es gibt Armeeberichte, dass die Zahl der Fußkranken in unpassenden Stiefeln größer war als die Verluste durch Feindberührung, aber das ist eine andere Geschichte.

Auf krummen Beinen liefen Soldaten sich die Knochen wund. Sie humpelten mehr, als dass sie Gleichschritt halten konnten. Die Füße, so stand geschrieben, seien »treueste Diener, aber auch Despoten«. Ich nickte demütig, als ich das las.

In der siebten Ausgabe des »Wanderer« mit »56 Bildern und 16 Kunstdrucken« entdeckte ich ein paar Sätze darüber, wie man einem »Sitzleben« entflieht. Und in den Städten einen anderen Gang einlegen solle als auf dem Land, eher gemächlich und schlendernd. Da stand: »Das größte Übel ist der Zeitgeiz, alles gesehen haben zu wollen und ein Sklave zu sein der Kataloge.« Die »Kunst der Entsagung« müsse »planmäßig geübt werden«. Von »Frische und Anmuth« war die Rede und vom Vorteil der frischen Luft: »Für gewöhnlich atmen wir in einer Minute siebeneinhalb Liter Luft ein, aber das Siebenfache je nach Anstrengung. Da nun in den Jahren von 14 bis 18 die Lungen ihr Volumen verdoppeln, kann der Lufthunger in diesen Jahren leicht ermessen werden.«

»Lufthunger« wurde zu meinem neuen Lieblingswort.

Ich verließ die Burg nicht zu Fuß. Sondern in einem Auto. Das kam so: Als ich eines Morgens durch den Wald gestapft war, fiel mir ein, dass hier in der Nähe Deutschlands modernste Prothesenmacher arbeiteten. Einer der Weltmarktführer in technischer Orthopädie, die Firma Otto Bock in Duderstadt.

Ich bin in Ihrer Nähe, rief ich in mein Handy, kann ich vorbeikommen? »Gerne, morgen früh um elf?« Oh, sagte ich, das ist zu weit. »Wie, weit?« Ja, ich bin zu Fuß unterwegs, ich brauche von hier drei Tage. So ging es hin und her, am Ende schickte man mir einen Fahrer. Ich fand das sehr nett.

Duderstadt liegt an einer alten Fernverbindung zwischen Ost und West. Viele schöne alte Gebäude aus Gotik, Renaissance und Barock. Nach dem Ersten Weltkrieg wurde das Unternehmen mit dem Verkauf von Krücken und Prothesen aus Holz groß. Mit Otto Bock begann die Erfolgsgeschichte der orthopädischen Industrie. Und das konzentrierte Nachdenken darüber, wie man ersetzen kann, was eigentlich unersetzlich zu sein schien: Körperteile.

Heute unterstützt das Unternehmen auch viele behinderte Sportler, die unglaubliche Leistungen vollbringen. Hüpfen, springen, laufen, werfen, federnd und leicht, wie es scheint; ausgestattet mit künstlichen Gelenken und High-Tech-Material.

Martin Pusch, ein Chefentwickler bei Otto Bock, schenkte mir eine Stunde Zeit. Er ist beseelt von seiner Arbeit und fasziniert von den Möglichkeiten des Menschen und von den Wundern des Körpers. Wie unser kardiovaskuläres System den Stoffwechsel der Muskeln ermöglicht. Nervenzellen Neurotransmitter ausschütten, um Bewegung zu stimulieren. Interneuronen im Rückenmark für Stand und Schwung sorgen. Jeder Muskel sich selektiv entspannen kann. Die Welt im Inneren eines Menschen mindestens so groß sei wie die da draußen. Sein Bewusstsein, sein Unterbewusstsein, seine Seele, seine physische, psychische, emotionale und energetische Verfassung ein grenzenloses Potential böten.

Sollte das einmal erschöpft sein, beginnt seine Arbeit. Mit modernster Technik versucht er verlorene Gliedmaßen zu ersetzen und das zu erhalten, was Milliarden von Neuronen im Gehirn über ihre Verbindungen in die Muskeln möglich machen: Bewegung. Ich hörte ihm aufmerksam zu, auf Socken; meine Schuhe mussten repariert werden, der Absatz war abgelaufen.

Martin Pusch reparierte früher Fernseher und Radios. Sein Erstaunen, dass man da mit Hilfe eines Drahtes in der Luft Geräusche aus einem Kasten bekommt, reichte nicht, diese Arbeit weiterzumachen. Außerdem meckerten die Leute oft, dass ihr Fernseher zu lange in der Reparatur sei; dieser Job, auch meist nur im Sitzen, sagt Martin Pusch, sei undankbar. Heute hat er es besser, die Leute schätzen ihn sehr, weil er dauernd neue Dinge erfindet, die sie wieder in Bewegung bringen. Aus Kunststoff und aus Stahl, filigran und feinfühlig. Je mehr ich über den Körper weiß, sagte Martin Pusch, umso größer wird mein Respekt. Für den Umgang mit Gleichgewicht und Geschwindigkeit und den physikalischen Gegebenheiten.

Ich war überfordert, mir in der kurzen Zeit alles zu merken. Aber da stand ein Mensch vor mir, dem ich am liebsten eine Roadshow organisieren würde, damit er den Menschen erzählt, wie schön und aufregend es ist, dass wir uns bewegen dürfen. Kein Affe kann Walzer tanzen, kein Pinguin Schlittschuh laufen. Aber wir wissen uns zu helfen, wenn wir dabei aufs Knie fallen. Oder, falls es gar nicht mehr geht, ein neues einsetzen. Ich fragte Martin Pusch, wie er meinen Gang einschätzte. Ist ja mehr ein Schlendern meinte er, auch eine interessante Bewegung. »Sehr gelenkschonend«, ergänzte er. »Wenn Sie extrem schnell gehen, kommt jeder Schritt einem Hammerschlag gleich. Bumm, bumm. Beim langsamen Gehen aber setzen Sie viel sanfter auf. Es ist komplexer, Sie müssen sehr viel mehr balancieren und mehr Muskeln werden gefordert.«

Nach einem Bandscheibenvorfall vor drei Jahren habe ihm vor allem langsames Gehen geholfen. Ein Training, das auch Profiathleten bevorzugen: So hat das Gehirn mehr Zeit, alles, was in einem bewegten Körper passiert, besser wahrzunehmen. Sportler trainieren, indem sie sich ihre Bewegungen in Zeitlupe anschauen und diese studieren. Je langsamer wir werden, umso mehr bekommen wir mit. »Gehen ist ein Riesending«, sagt Martin Pusch. »Wir können, wenn wir wollen, unterschiedlichste Hindernisse wie selbstverständlich überwinden und uns dabei gleichzeitig den Wind durch die Haare wehen lassen. Besser geht's nicht.«

Muskelspiele

Schlendern: Das war so langsam auch die Art, wie ich meinen Gang beschreiben würde. Probier's mal mit Gemütlichkeit: Ich hatte längst meine Geschwindigkeit gedrosselt und war gemächlich unterwegs. Ich überlegte, wie das wäre, wenn ich so eine Art Wanderbewegung startete, smart walking, und alle Mann hinterher. Und Frauen erst recht. Mit einem Körper, der seine Füße dafür einsetzt, wofür sie gedacht sind. Man könnte im Land bleiben und müsste nicht nach Indien, sein Leben von bärtigen Heilsbringern neu absegnen zu lassen. Den Jüngern von Bhagwan oder Baba, Hare hier und Krishna dort: Der ganze Ashram kniet sich nieda, und preist de neue Guru Dieda. Alter Sponti-Spruch.

Ich wurde so herrlich albern, ich war so frei. War gelöst und heiter, trug bei mir, was ich brauchte. Genug Gelenke, Sehnen, Bänder, Muskeln. Jeden Morgen warteten sie auf eine Ansage, wie und wohin sie sich bewegen sollten. Besonders die Wadenmuskeln an den Fersen und die an den Hüftbeugern, sogenannte Schlüsselmuskeln. Muskeln, sagt Michael Wübke, mein Boxtrainer in Hamburg, seien die einzigen Strukturen im Körper, die der Kopf willentlich steuern kann. Wir können vielleicht kurz den Atem anhalten oder durch sehr intensive Meditation den Stoffwechsel beeinflussen. Aber Muskeln, das ist ganz einfach, die hören aufs Wort. Wenn du denen sagst, macht, dass sich meine Knochen bewegen, dann tun die das. Dafür sind sie auf der Welt.

Jeder einzelne Muskel besteht aus Tausenden von Zellen, sie speichern Eiweiß. Muskeln arbeiten, wie immer im freien Spiel der Kräfte, gegen oder miteinander: als Agonist, aus dem Griechischen für Spieler, oder Antagonist, Gegenspieler. Die sich bei Bewegungsabläufen zusammentun, nennen wir Synergisten. Das alles muss man sich nicht merken, die tun das von allein. Wir müssen nur wollen.

Mein Freund Michael ist auch Physiotherapeut. Ich kenne niemanden, der so beseelt über Bewegung spricht. Er ist einer der Lehrer, für den du dich ins Zeug legst und den Boxsack drischst, nur damit er dich lobt. Michael war mal Weltmeister im Kickboxen und mehrfacher Champ im Semi, Leicht und Vollkontakt, wie das bei Boxern heißt. Der Hamburger kennt jeden Muskel und spricht sie auch auf Latein an, er versteht ihre Sprache.

Michael sagt, wenn wir einen Muskel nicht benutzen, dann sei der beleidigt, dann wird er statisch, dann macht er zu, dann zieht er sich zurück und sagt: Du kannst mich mal, Kopf. Ich habe hier schöne Fasern und Fibrillen, und du verschwendest kaum einen Gedanken an mich. Und dann, meint Michael, verdummt so ein Muskel, er wird blöde über so viel Ignoranz.

Muskeln wollen ermuntert werden: Da sind sie nicht anders als Menschen. Bei mir lief es von selbst. Der Musculus tibialis anterior, der Musculus extenso digitorum longus, der Musculus fiburalis longus und auch brevis aus der Gruppe der Beinmuskeln, sie alle hatten gut zu tun.

Ich ging, das war mein Gefühl, wie am Schnürchen. Ich fand Gefallen, mich zu probieren, nach allen Seiten. Einfach mal nach rechts ins Moos, einem Lichteinfall folgend, dort hinten ein kleiner Weg, wie schön der war. Vorwärts, rückwärts, seitwärts, Schritt: ein Hut, ein Stück, ein Regenschirm, mir fielen die alten Kinderreime wieder ein. Ich verlagerte das Gewicht auf die linke Ferse und ließ das Bein kreisen. Übte Seitenschritte. Oder ging mit links einen Schritt zurück und hob gleichzeitig die rechte Hacke. Und umgekehrt.

Ich versuchte auch, rückwärts zu laufen, Retro-Running. Ärzte empfehlen dies als Reha-Maßnahme nach Operationen, wenn Bänder oder Sehnen gerissen sind. Ich lief, als wollte ich niemanden stören, leise rückwärts die Bäume entlang.

Rückwärts zu laufen, bedeutet, kleinere Schritte zu machen. Man geht vorsichtiger, aus Angst zu fallen. Der Körperschwerpunkt verschiebt sich, die Wade ist gefragt, der Oberschenkel hat mehr zu tun. Ich begann, dies auf geraden Strecken zu probieren, erst mal über hundert Meter. Oder beim Herunterlaufen von Hügeln und Bergen. Für Menschen mit einem Meniskusschaden ist diese Umkehrbewegung ein großartiges Training. So kann es eines Tages wieder vorwärtsgehen. Wald und Flur wurden zu einem Fitnessstudio, großzügig, die Ausstattung.

Der Wald und die Stille

Irgendwo in den Wäldern erinnerte ich mich an einen Besuch im stillsten Zimmer Deutschlands, einem schalldicht isolierten Raum, in dem die Aufnahmequalität von Mikrofonen getestet wird. Die Stille drückte aufs Trommelfell, ich hörte mein Herz schlagen, das Pegelmessgerät zeigte jeden Atemzug an. Als ich nach zehn Minuten wieder draußen war, spürte ich ein wonniges Gefühl, als habe sich mein Körper mit Wohlsein gefüllt. Das hatte ich nun täglich.

Stille von Zeit zu Zeit, sagte der russische Menschenfreund Fjodor Dostojewski, sei für den Menschen wichtiger als Essen und Trinken. Dass nicht nur ein schlauer Satz ist, was Dichter und Denker schon immer aus sich heraus und aus eigenem Erleben in Worte fassten, können Hirnforscher heute eindrucksvoll belegen. Eine ihrer fundamentalen Entdeckungen in den vergangenen Jahren war die Erkenntnis, dass unser Kopf nicht nur dafür da ist, Probleme zu lösen oder schwierige Bewegungen zu koordinieren. Sondern auch, sich Ruhe zu gönnen, in den Tag zu träumen und scheinbar nichts zu tun.

Jeder von uns kennt dieses Gefühl: Kaum haben wir keine wirkliche Aufgabe vor uns, wandern die Gedanken. Vor allem dann, wenn die äußeren Einflüsse gering sind, kein Lärm, schaltet der Kopf auf Autopilot, sich selbst überlassen. Auf die segensreiche Wirkung dieses Vorgangs können wir uns verlassen; die Fähigkeit des Abschweifens gehört zu unserer Grundausstattung und ist Teil des evolutionären Programms. Der Geist streift dann umher, ist mal hier, ist mal da. Und das ist: ziemlich gesund. Wenn wir also immer mal wieder eine Pause machen, für ein paar Minuten, eine Stunde oder einen Tag ein wenig Zeit nur mit uns allein verbringen, werden jene Regionen in unserem Kopf aktiv, die für das Vorstellungsvermögen und das selbstbezogene Denken zuständig sind. Also: Tür auf. Und raus.

Ein Waldspaziergang, das wiesen englische Forscher in einer Studie nach, bringt bereits nach fünf Minuten Entspannung. Warum das so ist, erklären Wissenschaftler mit der »Attention Restoration Theory«: Weil unser Ohr im Dauerdienst ist, zu prüfen, welches Geräusch uns gefährlich werden kann, ist in der Stadt stets Alarm. All der Lärm, all das Rauschen: Es muss erkannt und verarbeitet werden, das macht müde auf die Dauer und nervt. Der Wald aber reizt uns nicht so sehr, dass wir uns hier aufregen müssten. So kommen wir in eine Ruhe hinein, die himmlisch sein kann.

Stille war mal ein Wert für sich. Die Ägypter verglichen das Schweigen mit dem Hinabdrücken des Herzens. Horus hieß ihr Gott der Stille. Im Römischen Reich gehörte es zu den vornehmsten Aufgaben eines Stadtpräfekten, für Ruhe zu sorgen. Es war verboten, Hähne zu halten, weil ihr Krach den Schlaf störte. Im 17. Jahrhundert durften sich in Leipzig und Jena dort keine Handwerker ansiedeln, wo »Doctores« über das Leben sannen. Schopenhauer missfiel die »Barbarei« des Peitschenknalls.

Den Indianern galt voreiliges Sprechen als Ausdruck von Trunkenheit. Gesprochen wurde erst, wenn sich ein angenehmes und sicheres Grundgefühl in der Beziehung zum anderen Menschen entwickelt hatte. Vom griechischen Lehrer Pythagoras wird gesagt, dass seine Schüler fünf Jahre lang schweigend lernen mussten, ehe sie eine erste Frage an den Meister stellen durften. »Ich fürchte mich so vor der Menschen Wort«, schrieb Rilke. »Sie sprechen alles so deutlich aus: Und dieses heißt Hund und jenes heißt Haus, und hier ist Beginn und das Ende ist dort. Mich bangt auch ihr Sinn, ihr Spiel mit dem Spott, sie wissen alles, was wird und war, kein Berg ist ihnen mehr wunderbar; ihr Garten und Gut grenzt grade an Gott. Ich will immer warnen und wehren: Bleibt fern. Die Dinge singen hör ich so gern. Ihr rührt sie an: sie sind starr und stumm. Ihr bringt mir alle die Dinge um.«

Das Beste am Wald, finde ich, ist, dass er keine Wörter hat. Die Bäume ruhen dich aus, dachte ich. Wir passten zusammen: die stummen Gestalten und diese lichtliebende Art, die da auf einem guten Weg war. Über Jahrhunderte haben Dichter den Wald besungen, fremd und sonderbar und doch vertraut. Wörter, weich und zart gefunden, morgenrötlich, wunderbarst. Jetzt aber beugen sich Mediziner und Wissenschaftler über Wurzeln und Geäst und können erklären, was die Denker nur fühlten. Bäume beruhigen: Der Blutdruck sinkt, die Stimmung steigt.

Die Japaner haben daraus eine Wissenschaft gemacht; dort verordnen Ärzte gestressten Patienten Waldmedizin. Shinrin Yoku heißt so viel wie Waldbaden: Alles muss raus. Unter die Bäume und einfach mal nichts tun. Entspannung am Stamm von nebenan. Was Bäume alles können sollen: Verdauungsprobleme lösen, das Immunsystem stärken, Blockaden lösen. »Forest Therapy« ist der neueste Schrei. Wald hilft.

Wir profitieren vom unsichtbaren Saum, der sich um Bäume legt. Sogenannte Phytonziden, ätherische Duftstoffe, schützen die Macher des Waldes vor Krankheitserregern und Schädlingen. Sie regen in uns das Wachstum sogenannter Killerzellen an, die Krankheit im Körper bekämpfen. Ich sollte es später noch merken, als Zecken mit mir unterwegs sein sollten. Aber ich hatte mir viel Widerstandskraft erwandert. Man sagt, dass ein Tag im Wald uns Kräfte für eine Woche verleiht.

Land der Mitte

Ich ging weiter Richtung Thüringen und lief ein Stück durchs Eichsfeld, wo ich schon mit meinem Sohn unterwegs war. Wer Kinder nicht zum Gehen zwingt, wie es die Großen gerne machen, hat auch im Alter was davon: Mein Sohn wandert gern. Wir schliefen im Heu, und der kleine Mann gab die Richtung vor.

Das Eichsfeld ist eine bucklige Welt, wie die Einheimischen sagen. Mit in Pestzeiten errichteten steinernen Kreuzen am Wegesrand und jahrhundertealten Linden, in dankbarer Erinnerung gepflanzt an den erlösenden Frieden nach dem Dreißigjährigen Krieg. Die Landschaft zwischen Hainich, Harz und Solling ist ein Traum. Hier ist Deutschland in seiner Mitte. Die Flüsse heißen Leine, Rhume, Hahle, Frieda und Walse und eilen zu Werra und Weser. Luhne, Unstrut und Wipper drängt es in die Saale und dann in die Elbe.

Ich schlich durch Buchenwälder und an Bächen entlang mit wildem Knoblauch. Vorbei am Buchenschleimrübling, noch nie gehört, aber als Pilz so selten wie die Elsbeere als Baum; manche Pflanzen waren hier beschildert. Ich lief auf Wegen, die im Weizen mündeten, und irrte durch Gestrüpp voll Nesseln und Dornen. Kletterte auf Kirchtürme, über das Land zu schauen, immer wieder neue Verbindungen suchend zwischen Dörfern und Höfen, dort, wo keine großen Straßen die Landschaft zerfurchten.

Wir Menschen mögen es, auch was Landschaft angeht, lieber sanft und lieblich. Keine zu hohen Berge, die den Blick verstellen. Wir fühlen uns wohl, wenn sich Hügel erheben und wieder senken und Bäume zu finden sind, unter denen man Schutz findet und Schatten. Behütet wollen wir sein und nicht erschreckt werden von allzu rauer Natur. Urwald, Wildnis, Moor und Heide mögen unter Naturschutz stehen. Ich habe mal mit dem Wanderforscher Rainer Brämer darüber gesprochen. Er sagt, die meisten Wanderer gehen lieber am Waldrand entlang, dort fühlten sie sich sicher.

Auf dem sagenumwobenen Hanstein, dessen gut erhaltener Bergfried weite Sicht bis in den Thüringer Wald und über Leine und Werra gewährt, wurde ein Teil des Mittelalter-Schmökers »Der Medicus« verfilmt. Die jüngere Geschichte dokumentiert das »Grüne Band«: der ehemalige Mauerstreifen an der innerdeutschen Grenze, 1400 Kilometer lang, menschenleer. Nach dem Ende der DDR sollte eine Autobahn gebaut werden, doch die

Naturschützer setzten sich durch. Heute siedeln hier Pflanzen, die sich anderswo rargemacht haben. Orchideen wie der Frauenschuh etwa. Ich lernte, dass ich nicht in die Berge fahren muss, um Enzian zu sehen: »Wie Sterne leuchtend, wie Äuglein schön«. So dichtete Goethe. Und mahnte: »Ich wollt es brechen, da sagt es fein: Soll ich zum Welken gebrochen sein?« Also: nur angucken, nicht anfassen.

Ich lief den Plattenweg entlang, auf dem DDR-Grenzer früher Streife fuhren. Sie wachten Tag und Nacht, dass ihnen keiner entwischte. Ich kenne ein paar Leute, die es trotzdem auf die andere Seite geschafft haben. Einer von ihnen hatte drei Jahre lang in allen Klimazonen der Sowjetunion eine Ausbildung zum Einzelkämpfer durchlaufen: Zurück in Berlin erhielt er den Befehl, einen Regimegegner zu töten. Er tat dies nicht; Hals über Kopf flüchtete er aus der Hauptstadt, schmierte seinen Körper mit Teer ein, wie er es gelernt hatte, und schwamm nachts durch die Ostsee in den Westen.

Ein anderer Freiheitsheld wuchs nicht weit von hier auf. Andreas Kieling hatte sich durch den Wald langsam an die Grenze gerobbt und die Typen am Zaun bei einer Wachablösung ausgetrickst. Mit einem Mal aber gingen alle Lichter an und die Nacht war taghell. Kugeln klatschten ins Wasser, als Andreas durch die Donau in die Freiheit schwamm.

Heute zieht der Abenteurer durch die Welt und verbringt Zeit mit Bären und Gorillas. Sein Sehnen konnte niemand umzäunen. Andreas erzählte mir, wie er als Kind in Thüringen auf kleinen Inseln in der Saale Fische fing und Jack Londons »Der Ruf der Wildnis« gleich dreimal las. Er lebt nun, wovon er als Junge immer geträumt hatte: in der Natur zu sein, so oft es geht. Diese »seltsame, glückliche Sehnsucht« und »ein wildes Verlangen«, wie Jack London, der König der Streuner, einmal schrieb.

Mein Freund Andree hatte weniger Glück. Mit siebzehn Jahren gelang ihm zwar die Flucht über das Elbsandsteingebirge, aber die Jugoslawen fingen ihn und seinen Freund ein. Seinen Traum von Freiheit zahlte er mit Einzelhaft. So irre, dass viele Leute im Osten vergessen haben, wie das war, in ihrem Freiluft-Gefängnis. Und jetzt wieder nach Mauern verlangen, dass andere Menschen auf der Flucht in Deutschland keine Heimat finden.

Ich wechselte munter die Seiten und war mal im Osten, dann wieder im Westen. Es spielte keine Rolle. Ich war glücklich, von diesem Wahnsinn verschont worden zu sein. Hier und da stand noch ein wenig Zaun, als eiserne Mahnung. Mir wurde einmal mehr klar, wie sehr ich die Freiheit liebe. Aber Freiheit, dachte ich, muss man auch aushalten können.

An der Werra bis Großburschla

Als die Luft immer wärmer wurde, kamen die Gewitter. Die Sonne aber trocknete Wege und Pfade. Ich bewältigte in diesen Tagen bestimmt dreißig Kilometer am Tag. Und einmal wohl sehr viel mehr, weil ich bei Gerald mein Handy-Kabel liegen gelassen hatte und damit auf die erdumlaufbahngeschützte Tracking-Sicherheitsgarantie verzichten musste. So ging es wild durcheinander und mit großer Vorfreude auf ein kühles Weizenbier in den Abend hinein. Bis ich im ersten Haus nach viel Wald nach dem Weg in die Herberge fragte: Noch mindestens fünfzehn Kilometer, sagte ein Mann im Unterhemd. Es war sieben am Abend.

Ich war mittlerweile wieder aus Thüringen ins Hessische gelaufen, die Grenzen hier sind und waren fließend. Auf der Jugendburg Ludwigstein hatte ich mir noch einen Reim notiert: »Im Lande Hessen gibt's hohe Berge und nichts zu essen. Große Krüge und sauren Wein, wer möchte wohl in Hessen sein?«

Ich wollte dort aber die Nacht verbringen, in einem Bett. Doch statt kurz vorm Ziel wähnte ich mich fast wieder am Start. Auf einem Radweg an der Werra, wirklich erschöpft. Hätte Kirsten mich in diesem Moment gesehen, sie hätte über den Teich laut »Aus« gerufen, »Schluss jetzt«. Ich war am Wanken und am Ende meiner Kräfte, nach wahrscheinlich vierzig Kilometern ohne Pause.

Ein Hubschrauber, dachte ich, das wär's jetzt.

Ich war mal in einem Hubschrauber auf Wanderschaft. Mit Stefan. Der wollte seine Farm in Südafrika besuchen und flog von Hamburg los, sieben Wochen lang. Michael Poliza machte die Bilder, eine Riesen-Reportage. Wer Geld hat, kann sich was leisten. Was Stefan sich nicht leistet, sind Schuhe. Er geht barfuß. Auch in der Stadt. Auch in die Bank. Dort lernte er seine jetzige Frau kennen, anfangs war sie entsetzt, dass da einer mit blanken Füßen stand. Lass mal, sagte ihr Chef, das ist ein guter Kunde. Stefan wundert sich schon lange nicht mehr, dass die Leute ihn schräg angucken. Stefan ist nie krank. Barfuß hält ihn gesund.

Mir half die Erinnerung aber nicht weiter. An der Werra waren kaum Leute unterwegs. Einen leicht angeheiterten Radfahrer nötigte ich, mir sein Telefon auszuhändigen, er kam gerade von der Kirmes. Ich rief mein Hotel an und fragte, wann die Tür schloss. Ich solle mich sputen, meinte ein Mann. Er wollte noch zur Kesperkermes nach Witzenhausen, wo Ende Juni aus dem Brunnen am Markt Kirschwasser sprudelt. Es war ein schöner Abend, herrliche Wolken gaben Geleit: Allein, ich würde es nicht schaffen.

Seit meinem Aufbruch hatte ich mir eine gewisse Lässigkeit zugelegt. Aber das hier war sportlich. Mir fiel ein Lied ein, das mein Freund Kuno gerne krächzt, von Udo Jürgens: Es wird Nacht, Señorita, und ich hab kein Quartier, nimm mich mit in dein Häuschen, ich will gar nichts von dir. Etwas Ruhe vielleicht; ich bin müde vom Wandern. Und ich bin außerdem nicht so schlecht wie die andern!

In der Ferne sah ich einen Mann, der es gemütlich anging. Es war Kirschenzeit, er schaute sich nach ihnen um. Eine Weile, da hatte ich ihn eingeholt. Mein ganzer Ausdruck war: Nimm mich mit. Auch wenn du nur ein Señor bist. Um es kurz zu machen: Wir kamen ins Gespräch, es war Eberhard von Einem, ein Berliner Stadtplaner, wie sich herausstellte. Ich kann Sie fahren, sagte er, mein Auto steht im nächsten Dorf. Ich war fast zu müde, um Danke zu sagen. Was hatte ich wieder für ein Glück.

Der Herr wohnte in einem Fachwerkschloss aus dem 16. Jahrhundert. Da war ein großer Innenhof mit Rosen und Oleander und ein Kühlschrank, aus dem ich mich bedienen durfte. Dann brachte er mich ins Hotel. Ich hatte mich richtig verschätzt an diesem Tag. Aber einmal mehr in den Abend gerettet.

Immer wieder kam ich in den Genuss solcher Begegnungen: Dass die Menschen so schlecht seien, wie es in den Zeitungen stünde, das stimme doch gar nicht, meinte ein Münchener Gefäßchirurg, als er mich in einer ähnlichen Situation kurz vor Sonnenuntergang irgendwo im bayerischen Pfaffenwinkel von einem Feldweg aufgabelte und in ein Gasthaus brachte. Ich will nicht sagen, dass ich es auf diese Momente angelegt hatte; aber ich war ganz im Vertrauen, dass die Dinge am Ende des Tages gut liefen.

Meine Freundin Kerstin, eine Unternehmensberaterin, meinte mal, ich sei ein Situationist. Dieses Wort hatte ich vorher noch nie gehört. Es bedeutet, sich jederzeit auf eine neue Lage einstellen zu können. Ohne darüber zu verzweifeln. Fähig zu sein, das eine sein zu lassen, um das andere zu tun. »Dem Zufall bin ich immer gewachsen; ich muss unvorbereitet sein, um meiner Herr zu werden«: Diesen Satz fand ich später bei Friedrich Nietzsche, der noch besser als ich auf mich auf sich zu sprechen war.

Am Abend entdeckte ich in der Kniekehle eine Zecke, ich zog sie heraus. Am nächsten Tag aber war da wieder eine. Diese hatte ich wohl übersehen, sie war bestimmt schon länger da. Nette Leute wollten mich zum Arzt fahren. Aber was würde der tun, außer Antibiotika verordnen? Ich rief mit dem inzwischen wieder aufgeladenen Handy Manuela an, meine Hausärztin in Hamburg, eine unaufgeregte, coole Lady. Kannst das Ding ja fotografieren und mir das Bild schicken, sagte sie, mach erst mal nichts, wenn sich da keine Röte bildet. Bei der Gelegenheit morste ich auch Kirsten in Los Angeles an und schickte ihr Aufnahmen vom bewegten Mann. Sie müsse meinen Bewegungsablauf in totum sehen und nicht verdeckt durch eine Hose, die sich übers Knie zieht, schrieb sie zurück. Es ist wirklich abgefahren, dachte ich, über die halbe Welt im Bruchteil von Sekunden miteinander in Kontakt zu sein. Es gibt Wunder, an die wir uns gewöhnt haben; wir nennen das Technik.

In der Lokalzeitung las ich am nächsten Morgen einen interessanten Leserbrief. Von einer Frau aus Kirchhosbach, zum Thema industrielle Landwirtschaft. Es ging um Freiheit. Auch für Wald und Feld und Flur. Sie mahnte, den Pflanzen nicht zu wenig Raum zu geben. Weil so viele Leute Brennnesseln nicht mögen und irgendeine Gemeinde wohl beschlossen hatte, sogenannte Seitenmulcher anzuschaffen, mit dem man Feldränder rasieren könne. »Ohne Brennnesseln«, schrieb die Frau, »gibt es keine Schmetterlinge wie das Tagpfauenauge oder den Admiral oder den Kleinen Fuchs«. Sie forderte freies Geleit auch für Glockenblume und Johanniskraut, Margerite und Wilde Möhre.

Wie zart das Pflänzchen Freiheit ist und wie dünn der Faden, wurde mir in Großburschla bewusst. Bodo, der Ministerpräsident, ein Bekannter aus alten Tagen, als ich im Osten arbeitete, hatte mir diesen Ausflug empfohlen. Das Dorf sei im Kalten Krieg von allen Seiten eingekesselt gewesen, vierzig Jahre abgesperrt innerhalb der DDR-Grenzanlagen, ein spannender Ort mit einer 1200 Jahre alten Kirche.

Ich wollte das interessante kleine Grenzmuseum, von dem Bodo Ramelow gesprochen hatte, besuchen. Aber kein Mensch war zu sehen, den ich danach fragen konnte. Vergeblich versuchte ich, Autos zu stoppen. Irgendwann hielt ein Inder, mit einem Handy in der Brusttasche und Liefertaschen auf dem Rücksitz. Er war Kurierfahrer von »Rimini Pizza« aus dem benachbarten Wanfried. Und konnte mir auch nicht helfen.

Aber ich gab nicht auf, ich war zwanzig Kilometer hergelaufen. Weil ich weiter nichts zu tun hatte, schaute ich mir in einem Kasten die öffentlichen Bekanntmachungen an. Da stand, nicht mehr »standsichere Grabsteine«

seien »unverzüglich fachgerecht zu befestigen«. Verbunden mit der Drohung an alle »Nutzungsberechtigten«, bei einem möglichen Schaden zu haften.

Über der Tür in der Kleinen Gasse 1, wo mir von weitem ein geschmücktes Schaufenster Leben versprach, dieses sich aber nur als Auslage des örtlichen Bayern-München-Fanclubs erwies, entdeckte ich Inschriften, sie rührten mich: Dieses Haus ward errichtet »den 8. Juli 1914 von Gottfried Hossbach, dessen Ehefrau Anna Marie, geb. Rathgeber, und deren einzigem Sohn Gottfried«. Und gleich daneben eine Erinnerung »zum Gedenken des einzig geliebten Sohns Gottfried Hossbach, Ersatz-Reservist im Res.Inf.Reg. 83, geboren am ersten Juli 1890 und am 25. Oktober 1914 bei Lille in Frankreich gefallen, Ehre seinem Andenken.« Gefallen: und nicht wieder aufgestanden. Sprache tötet, hier trat sie noch mal nach. Gefallen: Nie wagten Soldaten, von Mord zu reden.

Nach einigem Irren durch den Ort machte ich Frau Luhn ausfindig, sie hatte einen Schlüssel für das Museum. Es bot auf engstem Raum einen Überblick und das Geschehen im Großen und Kleinen. Am 27. April 1920, so war zum Beispiel vermerkt, erhielt der Schüler Adam Schmidt um 10.30 Uhr acht Schläge auf das Gesäß. »Er nimmt ein Drosselnest aus und zerhackt die drei Jungen mit dem Beil.« Eines Gedenkens würdig war auch die Bitte der Gemeinde an den Rat des Kreises, Abteilung Materialversorgung, und hier »an den Kollegen Mielke in Eisenach«, um »Zuteilung eines Klosettbeckens. Der Dringlichkeit wegen bitten wir um schnellstmögliche Berücksichtigung.«

Am meisten beeindruckte mich die Geschichte von Frau Hilde Rutlandt, die mit ihren beiden Töchtern

Margret und Bärbel am 22. Mai 1973 an der Werrastraße ihren Verwandten aus dem Westen gewunken hatte. Dies war »mittels Fernglas« von Grenzsoldaten erkannt und zur Anzeige gebracht worden. Einmal in den Westen winken kostete damals »50 Mark und 0,85 Mark Auslagen.«

Ich war froh, dass diese Zeiten vorbei sind.

Ein anderer Pilgerweg

Ich ging die Werra-Auen weiter in Richtung Eisenach. Die Werra floss gemächlich dahin und gefiel sich in ihrer Bedeutungslosigkeit. Sie war nur noch ein träger Fluss und nicht mehr Grenze.

Wollte man auf die andere Seite, gab es Brücken; keinen Zaun und keinen Draht. Hier war Deutschland einig Vaterland und von der Verzweiflung vergangener Jahre wenig zu spüren. Eine Nacht zuvor war ich auf dem Hülfensberg gewesen, wo wackere Franziskaner im einstigen Sperrgebiet ein kleines Kloster bewohnen und Gastfreundschaft zelebrieren. Dort läutete ich zum Gottesdienst die Glocke in einer Kirche im Dorf unterhalb des Bergs. Neben Bruder Johannes und zwei älteren Damen war noch ein Pilger da.

Ich hatte viele leere Kirchen gesehen, dort, wo Gott wohnt oder wohnte, wenn das überhaupt alles wahr sein soll. Ich hatte mal gelesen, es gebe keinen Flecken auf der Welt, an dem weniger Menschen an einen Gott glaubten als im Osten Deutschlands. Umso mehr beeindrucken mich jene, die auf scheinbar verlorenem Posten sich mühen, frohe Botschaften zu verbreiten. Bruder Johannes schenkte mir zum Abschied ein kleines

Tau-Kreuz: ein Symbol der Vollendung; die Franziskaner tragen es als Zeichen der Verbundenheit mit Gott. Es ist ein altes Symbol, man fand es schon in Fels geritzt.

Johannes schlug vor, wenn ich es denn bis Italien schaffte, den Weg des Ordensgründers Franziskus zu nehmen, von Florenz über Assisi nach Rom. Mal sehen, sagte ich. Und nahm Kurs auf den Ökumenischen Pilgerweg, der eine prima Alternative ist für alle, die sich erst einmal in Deutschland warmlaufen wollen.

Es ist ein neuer Weg. Die Strecke orientiert sich am alten Verlauf der Via Regia, dem Weg der Könige, die Kiew, wo einst die Seidenstraße endete, mit den Messestädten Leipzig und Frankfurt verband. Aus dem Osten kamen Hölzer und Spiegel, aus dem Westen die Tücher Flanderns. Ein paar Idealisten haben den Weg vor Jahren wiederbelebt. Zimmer geräumt und Kirchen geöffnet. Kein Interesse an Kommerz und Zahlen und Werbung, alles echt und ehrlich und kaum zu glauben. Ein handliches Büchlein gibt es mit Adressen und Karten und eine überwältigende Hilfsbereitschaft, die rührt. Auf dieser Strecke sind weniger unterwegs, als dieser Weg verdient hat.

Viele denken, den Jakobsweg gebe es nur da unten in Spanien. Dort sind die Herbergen vollgestellt mit Etagenbetten. Zehntausende Deutsche qualmen jährlich auf Socken Santiago de Compostela entgegen, diesem barocken Wallfahrtsstädtchen in der spanischen Pampa, wo im Mittelalter und nur hundert Kilometer weiter das Ende der Welt vermutet wurde, ehe Kolumbus mit den Seinen über das weite Meer setzte. »Lauff nit dahin«, meinte schon der Luther Martin, »dann man waißt nit ob sant Jacob oder ain todter hund oder ein todts roß da liegt ... Laß raisen, wer da will, bleib du dahaim.«

Ich war den Ökumenischen Pilgerweg schon mal ein Stück gegangen. Er startet in Görlitz, dem letzten Stück Schlesien auf deutscher Seite und der östlichsten Stadt des Landes; in durchrenovierter Innenstadt leben vor allem Rentner, und wer es nicht nach Jerusalem schafft, findet hier hinterm Aldi-Markt einen Nachbau von Jesu Grab. Durch das Land der Sorben geht es weiter an Leipzig vorbei an die Saale und an die Werra. Die Gastfreundschaft am Weg ist beeindruckend. Oberhalb der Saale stellt ein Schlossherr für Pilger Zimmer bereit; in Königsbrück hat der Küster ein altes Armenhaus hergerichtet mit Matratzen aus Stroh. Monika in Crostwitz überwältigt mit Wohlwollen und Vacha mit reicher Geschichte. Die Diakonissen in Eisenach stellen einen Fußpflegekoffer neben das Bett. Das alles für beschämend wenig Geld.

Ich erwog kurz, die Werra entlang nach Vacha zu laufen, wo die innerdeutsche Grenze von 1989 nur die letzte war in einer langen Geschichte von Abgrenzungen in deutscher Kleinstaaterei. Ich war dort mal zu Besuch, Vacha hatte mir gut gefallen.

Unweit der steinernen Brücke aus Basalt hatte sich einst der waghalsige Fußreisende Johann Gottfried Seume, dessen Wagemut ich heute bewundere, von hessischen Werbern als Söldner für den Amerikanischen Unabhängigkeitskrieg fangen lassen.

Sein »Spaziergang nach Syrakus« ist ein Klassiker der Fußreise-Literatur. Kollege Seume, als Sitz-Redakteur des Stuhles überdrüssig, weil er für einen Verlag die Sätze Klopstocks verbessern sollte und genervt war von dessen schulmeisterlicher Penetranz beim Thema Kommasetzung, schulterte 1802 eines schönen Tages, wie er sagte, »meinen Tournister« und ging ohne Geld vom sächsischen Grimma nach Italien. »Ich halte den Gang für das Ehrenvollste und Selbstständigste in dem Manne«, schreibt Seume, »und bin der Meinung, dass alles besser gehen würde, wenn man mehr ginge. So wie man im Wagen sitzt, hat man sich sogleich einige Grade von der ursprünglichen Humanität entfernt. Man kann niemand mehr fest und rein ins Angesicht sehen. Fahren zeigt Ohnmacht, Gehen Kraft.«

Aus Vacha machte sich auch der Mönch Hermann Künig auf die lange Reise und schrieb Ende des 15. Jahrhunderts den ältesten deutschen Pilgerführer: »Die Walfart und Straß zu Sant Jacob«. Und Napoleon soll hier sein Pferd mit Fleischpastete aus der Küche des Hotels »Schwarzer Adler« verwöhnt haben. Das lernt, wer abends mit dem Wirt beim Bier sitzt und von ihm hört, dass aus dem Brot »pour Nicole«, seinem Pferd, später »Pumpernickel« wurde, das Brot für die Welt war. Andere meinen, dieser Name bedeute eher »furzender Nikolaus« weil es sich nach dem Verzehr von Roggenschrot vorzüglich blähen lässt. Die neuen Zeiten liefern wenig Aufregung in einem Ort, dessen Mittelpunkt der Netto zu sein scheint, mit einem Tisch in der Filialbäckerei und einem Parkplatz davor. Doch einen Buchladen gibt es, mit einem Kenner, der vorher Dachdecker war und viel weiß von der großen und kleinen Geschichte deutscher Lande. Er vergleicht die Verheerungen des Dreißigjährigen Kriegs mit dem Drama im Nahen Osten. Eine Apokalypse des Schreckens, in dem der Krieg sich selber nährt. Erst zwei Jahrhunderte später erreichte Vacha dieselbe Einwohnerzahl wie vor dem Gemetzel.

Vacha ist im Übrigen auch die Stadt, auf die Michael Holzach, Verfasser des legendären Fußreise-Werks »Deutschland umsonst«, im Sommer 1980 von westdeutscher Seite so sehnsüchtig blickte, als da noch Mauer und Stacheldraht waren. Und Menschen weit hinter ihren Möglichkeiten zurückblieben.

Ein Schuhmacher in Eisenach

Nach zwei bis drei Wochen Wandern, so sagt man, gewöhnt sich der Körper an die Belastung. Richtet sich ein und richtet sich aus und checkt, wie er am besten auspendelt und mitschwingt, gut reagieren kann auf das, was man so tut. Er hatte sich ja all die Jahre mit dem Sitzen arrangiert. Jetzt war er in Bewegung wie sein ganzes Leben wohl noch nicht. Es wurde Tag. Und es wurde Nacht.

Ich bin der Evolution dankbar, dass sie mir einen Körper zur Verfügung gestellt hat, mit dem ich gut vorwärtskam. Er war nicht mein Verdienst, ich weiß das, mein Leib ist eine Leihgabe. Ich muss ihn eines Tages wieder abgeben, aber das erledigen andere für mich, dieses »return to sender«.

Ich war stolz auf meine Füße, sie trugen mich. 26 Knochen, über 30 Gelenke, 60 Muskeln, über 100 Bänder und 200 Sehnen. Eine ganze Armada. Verbunden mit allem, was in meinem Leib Strang und Namen hat. Vom Standbein bis ins Stammhirn eine einzige Befehlskette. Das Buch der Rekorde: Eigentlich reicht dafür ein Körper.

Das Gehen und Rennen hat ihn zu einem Wunder gemacht. Die Füße, die Muskeln, die Sehnen: Sie alle sind, so wie sie sind, für die Bewegung bestimmt. Hinten im Fuß liegen die Knochen übereinander, in der Mitte und vorn nebeneinander. So ist innen ein Längsgewölbe entstanden und im hinteren Mittelfuß ein Quergewölbe, das von innen nach außen läuft. Bänder und Sehnen stabilisieren die Muskeln, welche die Gewölbe tragen. Wenn wir stehen, wenn wir gehen, werden alle Bereiche gleichmäßig belastet. Starke Muskeln und Fettpolster federn heftige Bewegung ab. Für den Kampf gegen die Schwerkraft braucht ein Fuß Informationen. Deswegen sind da unten auch so viele Nerven, sie melden pausenlos den Stand der Dinge.

Ein Gang besteht aus acht verschiedenen Phasen, vom kurzen Moment, in dem die Ferse den Boden berührt, über die Stoßdämpfungsphase und die mittlere Standphase über Vorschwung und Abheben des Beins bis zum »terminal swing«, wie die Amerikaner sagen. Ein Geschehen im Bruchteil von Sekunden, man muss sich das in Zeitlupe anschauen, will man es richtig verstehen.

Bewegungsexperten haben 43 der am häufigsten beobachteten Gangabweichungen definiert, die zu Schmerzen führen. Am Sprunggelenk, den Zehen, den Knien, der Hüfte, dem Rumpf und dem Becken. Aber wie sich das Hirn über Beziehung und Erfahrungen entwickelt und das eine mit dem anderen in Verbindung bringt, herrscht auch im Körper das Prinzip von Aktion und Reaktion. Schmerzen zu beschreiben, wo Ursache, wo Wirkung, das fällt schwer. Dort, wo es wehtut, ist oft nicht, wo der Schmerz seinen Anfang nimmt. Auch Schmerzen wandern.

So ein Körper will beschäftigt werden. Und man muss die Aufgaben gleichmäßig verteilen. Ich muss nur dafür sorgen, dass niemand zu kurz kommt. Wie ein Trainer, der auf seine Spieler achten sollte. Warum darf nur der was tun? Und warum nicht ich? So stelle ich es mir vor, wenn achthundert Muskeln miteinander reden könnten. Sie sind Teamplayer. Lässt man einen Spieler auf der Bank, wird der sauer. Zieht sich zurück. Macht dicht.

Nicht mehr mit. Wenn man weiß, dass wir Menschen nur fünf Prozent unseres Potentials abrufen, dann ist da, vorsichtig gesagt, ziemlich viel Konfliktpotential.

Wir aber betrachten die Welt immer nur von oben. Vom Kopf aus. Der hat gut denken und gut reden: Ihn tragen müssen andere. Muskeln und Sehnen und Wirbel, die entlang einer Säule für Haltung sorgen. Obenauf thront der Kopf, und dieser Säulen-Heilige bildet sich ziemlich viel darauf ein. Er hat seine eigenen Vorstellungen und Annahmen, und das ganze Leben ist ein einziges Erwartungsmanagement. Da oben ist so viel los, dass die da unten schnell in Vergessenheit geraten. Der Kopf tut so, als gingen ihn seine Füße nichts an. Diese 70 000 Nervenenden, die da unten zusammenlaufen.

In erster Linie ist der Körper ein Dienstleister. Was der Kopf allzeit will, das tut er gern, das tut er still. Manchmal aber will er auch mit uns reden. Auf ein Problem hinweisen. Dann meldet sich der Körper, mal laut, mal leise. Doch nicht immer hören wir hin. Oder denken, ach, der vergisst bestimmt wieder. Aber da täuschen wir uns. So ein Körper, der vergisst nicht. Der hat ein Elefantengedächtnis. Und wir sind es, die sich benehmen wie in einem Porzellanladen.

So kam ich mir vor, als ich eines Morgens im Geschäft von Herrn Triebstein in Eisenach stand. Unterm Nikolaitor, ein paar Straßen von der Georgenkirche entfernt. Johann Sebastian Bach wurde dort getauft, Martin Luther diente hier die Messe. Ich war auch Ministrant, aber blieb katholisch.

Luther war gut zu Fuß. Er ging im Herbst 1510 in 54 Tagen von Erfurt nach Rom, dort was zu regeln. Probleme im Orden, eine blöde Bulle vom Papst, das Übliche damals. Die Gespräche liefen nicht, wie Luther sich das vorgestellt hatte. Und fromm waren sie da auch nicht. Also wieder zu Fuß zurück. Mit jedem Kilometer wuchs seine Wut auf das, was er in der Caput mundi gesehen hatte. Wie das ausging wissen wir ja. Er reformierte sich und sein Land gründlich durch. Das kommt davon, wenn man Leute allein laufen lässt. Sie kommen auf Gedanken.

Ich war jetzt auch in Richtung Süden unterwegs und musste fit sein. Gut, dass mir da Herr Triebstein über den Weg lief. Oder besser: ich ihm ins Haus fiel.

Im Schaufenster versprach ein Schild ein »Intelligentes Ganganalyse-System«, abgekürzt »InGasys«. Mit dem Versprechen, nach Ursachen von Schmerzen in Schulter, Nacken und Rücken zu suchen.

Meine Füße waren jetzt über Wochen auf der Walz, ich erhoffte eine Inspektion. Einen Zwischenbericht. Wolfgang Triebstein ist orthopädischer Schuhmachermeister. Er fertigt, was eigentlich alle brauchen: Schuhe nach Maß. Man muss aber erst krank genug sein, soll die Kasse dafür zahlen.

Herr Triebstein bot mir eine Bank an. »Setzen Sie sich«, sagte er. »Sie haben Schmerzen, nicht wahr?« Nein, sagte ich, nicht so richtig. »Mich interessiert, was Sie hier tun«. Ich war nicht wegen Schmerzen hier, sondern aus Neugier.

Wenn es so direkt so persönlich wird, gehe ich in Deckung. Nee, geht gut, muss ja, so kenne ich das von zuhause.

Bei so einem wie Herrn Triebstein war ich noch nie; man muss schon sehr gebrechlich sein, wenn man da landet. Sanitätshaus: Vom Gefühl her stand ich mit einem Fuß im Grab.

In Eisenach hatte ich ein Symposium besucht, es ging um Spaziergang-Forschung und Literatur-Wege und ob

Gehen nun ein Trend sei oder nicht. Wir waren ein paar Wanderer und sprachen darüber, dass die Leute selbst im Zug nicht mehr aus dem Fenster, sondern nur noch auf ihr Handy schauen. Von Humboldt, der seine Entdeckungen über Tausende von Kilometern zu Fuß machte, war die Rede und von Heidegger, der lange vor dem Wahnsinn von heute meinte, die Verhältnisse seien nur noch technisch; im Grunde funktionierten Menschen nur noch. Goethe kam wie immer auch zur Sprache, für den ging früher schon alles viel zu schnell.

Ich erfuhr, Singles aufgepasst, dass die Alpenquerung von Oberstdorf nach Meran vor allem bei alleinstehenden Frauen sehr beliebt ist, und natürlich wurde darüber geredet, dass die letzte Strecke des Jakobswegs in Spanien der neue Hippie-Trail sei, total überlaufen.

Und nun saß ich bei Herrn Triebstein. Er sagte: »Ziehen Sie mal Ihre Schuhe aus.« Er tastete sie von innen ab. Gutes Leder, okay. »Aber die sind schiefgelaufen. Die Zehen wühlen sich hinein, sehen Sie, diese kleinen Ausbuchtungen, rechts und links? Der Schuh ist mindestens zwei Nummern zu klein. Sie stoßen auch vorn an.«

Ich blieb ruhig. Da will dir einer deine schönen Schuhe abnehmen, dachte ich, was die schon alles erlebt haben. Auf der Jugendburg Ludwigstein waren meine Schuhe auch ein paar Leuten aufgefallen. Die sind bei uns angesagt, hatte man mir gesagt. Von Hanwag, Leder, Schaft und Boden durch zwei Nähte miteinander verbunden, wunderbar. Seit 1921 am Markt, Zugvögel-proved. Meine waren schon sehr zerknautscht und abgetragen, aber ich mochte sie. Sie adelten mich als Naturburschen.

Ich fühle mich wohl darin, sagte ich. Ich bin ein harmonischer Typ. Neben HWS habe ich auch noch ein Helfer-

Syndrom. Wird einer ungerecht behandelt, schreite ich ein. Auf meine Schuhe ließ ich nichts kommen.

Wer Wolfgang Triebstein aufsucht, hat oft schon einige Ärzte hinter sich. Herr Doktor, ich hab da was. Und der Herr Doktor, er hat keine Zeit. Das ist das eine. Viele Ärzte aber, sagte er, wollten auch gar nicht ergründen, dass Schmerzen häufig von falschen Schuhen kommen. Die Leute malträtierten darin ihre Füße. Triebstein weiß zu viel über Ursache und Wirkung, als dass er sich mit simplen Sätzen abfindet. Solche beim Doktor, zum Beispiel, wenn der sagt, die Gelenke sind verschlissen. Sie haben Arthrose. Kann man ja gut erklären, was da passiert. Weil im Knorpelgewebe keine Nerven sind, werden Probleme auch nicht nach oben gemeldet. Der Kopf bekommt nichts mit davon, dass der Knorpel weniger elastisch wird und sich das Gelenk mit der Zeit nicht mehr oder nur noch unter Schmerzen bewegen lässt.

In Deutschland leiden fünf Millionen Menschen unter Arthrose. Es ist kein Trost, dass auch andere Wirbeltiere an Arthrose erkranken, zum Beispiel Wale. Bei denen liegt es aber nicht am Bewegungsmangel. Bei Arthrose sollten Stöße auf Asphalt oder Beton vermieden werden. Schuhe mit weicher Sohle helfen dabei. Das ist gut, wenn gar nichts mehr geht. Und schlecht, wenn noch was geht.

Wolfgang Triebstein, wie ich ihn verstehe, möchte, dass die Leute begreifen, warum sie Probleme haben. Er ist kein Arzt, er stellt kein Attest aus. Er will genau wissen, warum was nicht funktioniert. Oder noch besser, wie es funktionieren könnte. Jahrelang kamen die Leute in seinen Laden und klagten ihr Leid. Triebstein hörte sich das an. Und meinte irgendwann, so kann es nicht weitergehen. Er hatte Maschinenbau studiert, er dachte analytisch. So setzte er sich mit anderen Technikern zusammen und überlegte. Und gründete ein »Gang-Analyse-Labor«.

Er wollte wissen, ob es möglich sei, eine Art Frühwarnsystem zu entwickeln, für zu erwartende Schmerzen. Wenn sich unmerklich eine Kraft aufbaut, die am Ende zerstört. Und die größte Sünde sei, eine kleine zu übergehen.

Ich wurde Forschungsgegenstand und zog die Socken aus. Stellte meine Füße in einen kleinen Kasten und ließ sie stempeln. Ein klassischer Blauabdruck. Das war jetzt erst einmal nichts Neues. So erkennt man, welche Fläche des Fußes den Boden berührt und mit welchem Druck dies geschieht.

Man sagt ja, dass auf einen Fuß Tonnen wirken, ich weiß es nicht, ich wog um die neunzig Kilo. Ich hatte mir nur manchmal beim Wandern die Ohren zugehalten, um mich auf das Geräusch konzentrieren zu können, mit welcher Kraft der Fuß auf die Erde rummst. Man erschrickt, jedes Mal ein dumpfer Schlag. »Der linke Fuß ist in Ordnung«, sagte Herr Triebstein, »ein sogenannter Hohlfuß. Ein Leistungsfuß, sehr gut geeignet für lange Strecken. Die beiden kleinen Zehen sind ein wenig gekrümmt, wohl wegen der Enge.« Doch der rechte, Herr Triebstein schaute streng über den Brillenrand, sei auf dem Weg zu einem Senkfuß. Und habe einen gehörigen Rechtsdrall.

Wolfgang Triebstein zog eine Schublade auf. »Folterwerkzeuge«, sagte er. »Die hier machen Leute krank.« Es waren Schuhe in leuchtenden Farben. Sneaker vor allem, mit seitlich abgerundeter Sohle und flach gehaltener Spitze. Da steckt viel Werbung drin. Fußball-Weltmeisterschaft 2006; das war der Durchbruch. Seitdem laufen fast alle in Sneakern herum, übersetzt: in Schleichern. Fragt man Leute, wie sie sich darin fühlen, sagen sie prima. Angenehm, vor allem auf Asphalt. Davon hat Deutschland viel. Triebstein verbindet diese Schuhe eher mit Wadenkrämpfen und Muskelrissen. Bandscheibenvorfällen. Nach der Weltmeisterschaft, sagt er, seien Mütter mit ihren Kindern gekommen, weil die plötzlich so apathisch waren. Nehmen sie ihnen die Schuhe ab, hat Triebstein da gesagt.

Wolfgang Triebstein ist schon richtig in Eisenach. Wie sich dem Martin Luther die Dinge erst nach und nach erschlossen, durch Bewegung und Beobachtung, lernte auch er mit den Jahren, immer mutiger zu werden und das zu sagen, was er denkt. »Ich behaupte«, sagt er, »dass die Schuhindustrie mittlerweile weltweit für mehr Erkrankungen verantwortlich ist als die Zuckerindustrie.«

Was nun folgte, war eine einzige Klage, so hatte ich es noch nie gehört. Vor dreißig Jahren habe die Industrie damit begonnen, statt Leder und Gummi für Schuhsohlen vor allem Schaumstoffe wie Polyurethan zu verwenden. Und Schuhe, einst Schutz vor Schmutz und Nässe, zu einem Lifestyle-Produkt aufzupumpen, im wahrsten Sinn des Wortes. »Die meisten Schuhe bestehen aus aufgeblähtem Plastik. Gepresstem Schaum. Mit jeder falschen Bewegung verformen sich die Sohlen.«

Ich gehe nicht gern in Schuhgeschäfte, sie nerven mich. Aus Wegwerfdiscountern weht der Geruch von Kleber und legt sich auf die Schleimhäute. Grässlich auch diese Sneaker-Stores, grell und hell und schnell dekoriert. Schuhe schreien dich an: Nimm mich mit! Und neue Wörter verwirren. Lauflernschuhe, zum Beispiel. Was soll das heißen? Dass Füße bei Schuhen in die Schule gehen? Nach Millionen von Jahren, in denen sie von selbst lernten? Barfußschuhe: Schuhe, in denen man barfuß läuft?

Und, schließlich, das Fußbett. Keine Werbung ohne dieses Versprechen. Kaum aufgestanden, sollen Füße wieder ins Bett? Sich flauschig weich herumlümmeln, stillgelegt. Zur Bewegungslosigkeit verdammt. »Der Spreizfuß«, sagte Triebstein in einer Denkpause, »ist keine Krankheit. Der wird hergestellt, von klein an. Weil schon Kinder an schlechte Schuhe gewöhnt werden.«

Die Schuhe von heute sind gestützt, geführt und gedämpft. Aber das Gegenteil von gut ist: gut gemeint. Muskeln, nicht benutzt, bilden sich zurück. Sind zu schwach, sich ihrer Aufgabe zu stellen. Sie verkümmern. »Der Urvater aller gefährlichen Schuhe«, sagte Triebstein, »ist die »Tieffußbett-Sandale« wie etwa die von Birkenstock. Das vorgefertigte Fußbett scheint nur am Anfang bequem. Aber die Nervenenden stoßen in diesem Korsett wie gegen eine Wand, Kopfschmerz und Müdigkeit sind die Folge. Man kämpft unbewusst den ganzen Tag gegen diese Schuhe an. Und fällt abends fertig ins Bett.«

Wolfgang Triebstein hatte sich warmgeredet. Die Erschöpfung von Krankenschwestern habe unter anderem eine Ursache in vermeintlich bequemem Schuhwerk. Eine Sohlenkonstruktion wie beim »Nike free« sei auch problematisch. »Ich kenne viele Kunden«, sagte er, »bei denen sich nach ein paar Tagen der Körper komplett verkrampft. Trägt man diese Schuhe ständig, dauert es sechs Wochen, bis der Rücken so wehtut, dass man zum Arzt muss. Leider ist diese Sohle jetzt Kult. Ich kenne kaum noch Jugendliche ohne Rückenschmerzen.«

Ich wurde ein bisschen unruhig. »Stehen Sie mal auf«,

sagte Wolfgang Triebstein, »und gehen Sie ein bisschen.« Er hatte mich zwar hereinkommen sehen, aber erst mal nichts gesagt.

Barfuß lief ich durch sein Geschäft. Triebstein nickte wissend mit dem Kopf. O Gott, dachte ich. Ich kenne das, Menschen beim Gehen beobachten. Im Büro mache ich das auch mit Kollegen. Schaue mir ihre Bewegungen an und versuche sie zu imitieren. Die anderen müssen dann raten, wen ich meine. Manche lachen darüber, andere nicht. Es gibt welche, die rammen ihre Füße mit weit nach vorn gebeugtem Oberkörper in den Teppich. Andere wippen eher. Den besten Gang, finde ich, hat Obama, so locker und lässig. Aber den sieht man jetzt ja nicht mehr so oft im Fernsehen.

»Sie hinken«, sagte Herr Triebstein. »Mich wundert, dass Sie überhaupt noch eine Hüfte haben«. Ich atmete tief durch. Mein guter Körper, mein alter Freund: Sollte ich mich so in mir getäuscht haben? Ich dachte an die Oma meines Sohnes, sie wurde mit künstlichen Hüften noch Weltmeisterin im Tennis.

Ich sagte, bislang sei meine Tour gut gelaufen. Manchmal sei ich zwar müde, aber wer sei das nicht, nach einer langen Wanderung. Wolfgang Triebstein lächelte. »Einer wie Sie hat das Talent, sich Schmerzen wegzudenken.« So etwas gibt es ja, das wusste ich. Biofeedback. Jeder Gedanke hat eine körperliche Reaktion zur Folge, Gedanken erzeugen Gefühle. Und wie wir uns fühlen, so verhalten wir uns. Denken wir an etwas Schlechtes, reagieren die Stresshormone. Denken wir an Schönes, fühlen wir uns stark und gut. Ich dachte seit zwanzig Tagen nur an Schönes.

Ich saß wieder auf dem Stuhl. »Wollen Sie noch etwas trinken?«, fragte Frau Triebstein. Ihr Mann zählte nun auf, welch große Folgen selbst die kleinste Fehlhaltung auf Dauer haben könne: Arthrose und Achillodynie, Meniskopathie, Patellasehnenansatz-Syndrom, Gon- und Coxarthrose, Bandscheibenvorfall im Lenden- und Nackenwirbelbereich, diffuse Rückenschmerzen, Fibromyalgie, Osteoporose. Lateraler Druck im Zehenbereich, eine anfangs geringe Irritation, könne bei fortdauerndem Einengen der Schuhe verantwortlich sein für das Restless-Legs-Syndrom. Bewegt man seinen Körper nicht bei Tag, tut er dies von selbst in der Nacht.

Einen Herzinfarkt, weil sportlicher Typ, erwartete Triebstein bei mir aber erst einmal nicht. Ein ganz kleiner Buckel sei da noch, aber der sei nicht schlimm. Es kam immer dicker. Ich bin ein Wrack, dachte es in mir, ich muss hier raus.

Herr Triebstein meinte, eigentlich müsste ich Sie hier behalten, wir brauchen ein bisschen mehr Zeit. Er bietet mittlerweile Kurzreisen in seinen Laden an, der ist jetzt so eine Art Kurbetrieb mit Reha-Abteilung. Er hat mal versucht, ein Buch zu schreiben, in dem er genau auflistet, welche Belastung am Fuß zu was führt. Wie man dieses filigrane Wunderwerk mit minimalen Eingriffen manipuliert. »Ich kann Ihnen auch Kopfschmerzschuhe machen«, sagte er. Lass mal, dachte ich.

Wolfgang Triebstein empfahl, grundsätzlich keine mit Luft gepolsterten Schuhe zu kaufen und auch keine mit sieben Millimeter Polyester-Schaum gefüllte »PUR«-Sohlen. Eigentlich gehört Herr Triebstein ins Fernsehen, in eine Gesundheitssendung. Aber er hat keine Kapazitäten, sich um Vermarktung zu kümmern. Seine Wahrheit ist eine unbequeme und nicht populär. Kirsten Götz-Neumann geht es ähnlich.

»Wenn Sie mögen, können wir noch was versuchen«,

sagte Herr Triebstein. Ich hatte mich wieder gefasst. »Das hier«, sagte er, »ist meine Erfindung.« Wolfgang Triebstein schob mir Einlagen in die Schuhe und versenkte in vorbereitete Mulden zwei kreisrunde Stücke. Mit Sensoren, die den Winkel messen, in welchem der Fuß beim Auftritt die Erde berührt. Eine Software, die mögliche Belastungen erkennt; eine Idee, gemeinsam entwickelt mit Experten der Technischen Hochschule Mittelhessen und gefördert vom Bundesministerium für Wirtschaft und Technologie. Seit Jahren bemüht Triebstein sich vergeblich, einen Geldgeber zu finden, der seine Entwicklung weiter vorantreibt. Er würde gerne eine Applikation fürs Handy anbieten, eine Art Fuß-App.

Meine Kult-Treter waren jetzt High-Tech. Ich trug in einer Sohle aus Kork ein Auge unterm Fuß. Das achtete auf jeden Schritt. Mit welchem Druck ich den Fuß belastete. Innenrotation, Außenrotation. Ballenwinkel, Bodenkontakt: die Vermessung der Quanten, mal eine ganz andere Physik, über neunzig Minuten.

Gehen Sie damit mal ein wenig durch die Stadt, sagte Triebstein. Ich schlenderte hinüber ins Bachhaus.

Ich wollte nachschauen, ob Bach eine Ähnlichkeit hat mit meinem Freund Hardy. Der sagt, er sei über mehrere Ecken mit diesem Weltgeist verwandt. In einer Vitrine war da die Maske von Bach. Ich verglich seine Gesichtszüge mit denen von Hardy. Könnte hinkommen, dachte ich. Hardy ist auch ein barocker Typ.

Über Johann Sebastian Bach konnte ich auch eine Verbindung nach Lüneburg ziehen, von wo ich losgelaufen war. Bach wanderte 1700 im Alter von fünfzehn Jahren mit seinem Schulfreund Georg Erdmann 350 Kilometer von Eisenach dorthin und bat um eine Chorschüler-Freistelle für »armer Leute Kinder«. Später eilten seine Füße vor allem »hurtig über Tasten«, wie ich lesen konnte. Nach seinem Tod stellte ein Leipziger Anatomieprofessor Verknöcherungen an den Sehnenansätzen von Becken, Lendenwirbeln und Fersenbeinen fest. Die Diagnose: Organistenkrankheit.

Ich war auf eine ähnlich schlechte Nachricht vorbereitet, als ich nach knapp zwei Stunden zu Herrn Triebstein zurückkehrte. Wie immer das Ergebnis ausfallen sollte, ich würde mich stellen. Der Meister begann mit der guten Nachricht. »Ihr linker Fuß«, sagte er, »der geht prima. Geradeaus, wunderbar«. Jetzt kommt rechts, dachte ich, damit ist bestimmt was. Ich war bereit, den Fuß hierzulassen, sollte es schlimm werden.

»Der rechte Fuß, sehen Sie«, Herr Triebstein zeigte auf Farben und Zahlen, »der bewegt sich mit jedem Schritt mindestens zehn Grad nach rechts. Und dreht ihre Hüfte nach außen, die Schmerzen wandern Richtung Po.« Auf einem Bildschirm an der Wand waren auch meine Muskeln zu erkennen, in mir hatte sich ziemliche Spannung aufgebaut. »Einzig wenn Sie sich bewegen, fällt Ihnen der Schmerz nicht so sehr auf«, meinte Wolfgang Triebstein.

Damit hatte ich nicht gerechnet. Wenn das stimmte, was Triebstein mir da gerade sagte, dann war ein jeder Gang ein Kampf. Ein Gegeneinander. Ich wusste wohl, dass ich einen originellen Gang habe. Meine Freundin meinte mal, ich stampfe mit den Fersen, schraube mit dem Becken und schaufele mit den Armen. Boah, was ist das für ein Gang, das war ihr Gedanke, als sie mich zum ersten Mal sah. Gott sei Dank habe ich blaue Augen und zierliche Knie. Damit muss sie nun zurechtkommen.

Was tun? Herr Triebstein bot mir eine Notlösung an. Sie wollen ja unbedingt Ihren Schuh behalten, sagte er.

Dann ging er in seine Werkstatt und fräste mir eine Einlage. Mit einer Krümmung, welche die meines Gangs ausgleichen sollte. Versuchen Sie es mal damit, sagte Herr Triebstein.

In der Thüringeti

Mir ist bis heute nicht klar, warum ich in Eisenach nicht einfach meine Schuhe wechselte. Ich bin sonst nicht so, ich habe schon mal ein Auto an Ort und Stelle verschrottet. Ich weiß, wie das geht, Loslassen. Aber viele bleiben, das ist denn nun auch wahr, bei ihren Partnern, nicht weil sie sich noch lieben, sondern weil sie sich aneinander gewöhnt haben.

In Eisenach aber hatte ich noch mehr zu tun. Meine Hose musste geflickt werden und eine Zecke raus. Schwester Ursula vom Mutterhaus der Diakonissen empfahl mir nach der Morgenandacht, Doktor Sänger zu konsultieren. Der hatte gleich Zeit und einen guten Rat: Ich solle nicht mehr kreuz und quer laufen und wenn, einen Esel oder ein Pferd mit mir führen, damit wären Zecken auch zufrieden. Er machte einen Streuner-Spezial-Preis und meinte, Borreliose sei der Clown unter den Infektionskrankheiten. Man solle sie nicht zu ernst nehmen, aber auch nicht unterschätzen. Bei mir sei so weit alles in Ordnung.

Auch Frau Meisel von der Schneiderei und Schwester Ursula meinten, ach, Zecken, die seien immer da, bei der einen waren sie letztens zwischen den Brüsten, bei der anderen hinterm Ohr. Führt man Zecken mit sich, kommt man gut ins Gespräch mit Menschen, wie andere eben über Hunde reden. Wozu Zecken überhaupt auf der

Welt sind, wollte ich noch vom Doktor wissen: zu gar nichts, meinte er.

Ich verließ Eisenach, Bodo hatte mich eingeladen, ihn bei einer Wanderung auf dem Rennsteig zu begleiten. Der Rennsteig ist einer dieser alten Wege, auf dem Nachrichten sehr schnell den Besitzer wechselten. Es geht fast schnurstracks durch den Wald, und irgendwo am Ende, auf dem 861 Meter hohen Kickelberg bei Ilmenau, waren mal einem berühmten Wandersmann berühmte Verse eingefallen. Jenem Johann Wolfgang Goethe, der nach einem für ihn anstrengenden Tag am sechsten September des Jahres 1780 dem »Wuste des Städgens, den Klagen, den Verlangen, der unverbesserlichen Verworrenheit der Menschen«, wie er seiner Frau von Stein schrieb, mit der Kutsche in die Natur entflohen war.

Dort saß er auf einer Bank und genoss die Stille des Abends: »Aussicht gros aber einfach«. So »rein und ruhig, und so uninteressant als eine grose schöne Seele, wenn sie sich am wohlsten befindet«. Seine Stimmung übersetzte er in 24 weltbekannte Wörter, er schrieb sie mit Bleistift an die Holzwand der Jagdaufseherhütte: »Ueber allen Gipfeln/ist Ruh'/In allen Wipfeln/Spürest du/Kaum einen Hauch;/Die Vögelein schweigen im Walde./Warte nur, balde/Ruhest du auch.«

Bodo wanderte in der Nähe und lief den Schneekopf hoch, durch nieselnden Regen. Die Vögelein schwiegen im Walde, es war kalt und nass. Bodo geht gern spazieren und lädt dann Leute ein, es ihm gleichzutun. Wir plauderten ein wenig. »Wenn du nach Rom gehst«, sagte Bodo, »dann besuche bitte Cesare, den Chef der christlichen Gemeinschaft Sant'Egidio in Trastevere, und grüße ihn von mir.« Von dieser Gemeinschaft hatte ich schon oft gehört, sie kümmert sich um Menschen am Rand der Gesellschaft, um Arme und Obdachlose und geflüchtete Menschen. Eine Frau in unserer Gruppe gab mir Adressen, sollte ich über die Via Francigena, den Frankenweg, nach Rom laufen. Als einer der Ersten ging diesen ein Bischof von Canterbury, kurz vor dem Ende des ersten Jahrtausends nach Christus.

Oben auf dem Berg gab es Thüringer Würstchen mit Musik. Bodo war Schirmherr des 19. Gipfeltreffens auf Thüringens einzigem Tausender, rechnet man den Aussichtsturm mit. Die Besucher erwartete ein umfangreiches Bühnenprogramm mit den »Waldspitzbuben« und den »Randfichten«, der Jagdhornbläsergruppe des Landesjagdverbands. Es war auch noch die Rede von den »Grauen Rebellen«, das waren nun nicht wir, der Bodo und ich.

Von hier aus wollte ich dorthin, wo Goethe weilte. Der Mensch braucht Vorbilder. Aber Bodo meinte, ich solle lieber die Thüringeti besuchen und hier, der Heinz, würde mich bestimmt mitnehmen. Ist so eine Art Safaripark, nur besser, meinte Bodo.

Heinz stand wie ich im Regen, in seiner waldgrünen Steppjacke sah er aus wie Lord Landlust. Wir stapften durch den Matsch zu seinem Auto, ich war wieder mal im Begriff, die Richtung zu wechseln. Heinz drehte die Heizung auf, mein Körper trocknete in den Kurven des Thüringer Waldes, die sich da Richtung Oberhof zogen.

Heinz fragte mich, ob ich den Ministerpräsidenten schon lange kenne. Ja, sagte ich, als der noch klein war und Gewerkschaftssekretär. Ein guter Typ, sagte Heinz, umgänglich, mit dem könne man arbeiten, auch wenn er bei den Linken sei. Heinz ist CDU-Mann. Und hat Migrationshintergrund: Er kommt aus Oldenburg.

Dort führte er einen Hof mit 1000 Schweinen und 100 Kühen im Gülle-Gürtel Deutschlands. Nach der Wende zog es ihn in den wilden Osten, sich nach neuen Geschäften umzuschauen. Er hatte sich in eine Thüringerin verliebt und auch in die Landschaft. Und ersteigerte aus einer Laune einen ehemals volkseigenen Betrieb mit einem großen Kuhstall. 1997, mit BSE-Skandal und Rinderwahnsinn, gab er seine Tiere ab und versuchte sich in der Vermarktung von Klärschlamm und Hühnerkot. In Zeiten der Massentierhaltung kann man damit Geld verdienen; aber das Land, das er für diesen Zweck gekauft hatte, ertrug die Scheiße nicht. Es waren Wiesen und Felder und Äcker, die sich durch eigenwilliges Verhalten industrieller Nutzung entzogen. Mal kam der Frost zu früh, mal sehr spät: Nie war Heinz zufrieden mit dem, was Mutter Erde ihm bot. Sie sollte gefälligst funktionieren, aber die Erträge waren gering.

Heinz hatte nun viel Land, aber keine Ideen mehr. Sein Glück war, dass eines Tages Geologen und Vogelschützer aus dem Umweltministerium vorbeikamen, und Heinz hörte sich an, was sie zu sagen hatten. Du hast hier Halbtrockenrasen und Kalkäcker, Bergmähwiesen und Bachtäler, Nasswiesen und Zwischenmoore, Auen und Hecken. Komm, wir zeigen dir mal, was da alles wächst. Wenn du das in Ruhe lässt, kümmern wir uns darum, dass die Europäische Union dir Geld gibt dafür, Naturschutz kann sich lohnen.

Ich saß da und hörte vergnügt zu. Mir fielen die Strophen eines altes Liedes ein, das ich früher auf dem Fahrrad sang, auf dem Weg zu Demos gegen Atomkraft und für die Umwelt, so hieß das damals: »Alle die im Hirn nicht nach Deospray stinken, sollen aufstehen. Alle die noch wissen, was Leben ist und dass Nehmen ganz genau so gut wie Geben ist, alle, die den ganzen alten Mist nicht mehr wolln, sollen aufstehen.« Morgenrot, von Georg Danzer.

Heinz überschlief den Vorschlag eine Nacht und legte dann die Fläche still. Er hatte immer schon die Ahnung, dass seine neue Heimat sehr besonders sei, dies hier war ein Angebot des Himmels.

Ich mag solche Geschichten. Wenn Menschen sich wandeln. Hinter einer Kurve im Wald lenkte Heinz seinen Wagen nach links, in einen schmalen Weg hinein, und stellte sein Getriebe auf Gelände. Von Onroad auf Offroad.

»Pass auf«, sagte er, »gleich öffnet sich ein Vorhang.« Zwischen den Bäumen war da plötzlich ein weiter Blick. Heinz hielt und drehte das Fenster runter. »Das ist mein Land«, sagte er und streckte seinen Arm aus. Ich blickte auf eine Senke und in der Ferne auf einen Höhenzug. »Die Reinsberge«, sagte er. Von hier oben sah es so aus, als schaute ich in den Ngorongoro-Krater in der Serengeti. Ich war da mal zu Fuß unterwegs, ich hatte den Vergleich.

Heinz nickte zufrieden. »Wenn ich Wolf wäre, würde ich hier oben stehen und mir in Ruhe meine Beute aussuchen.« Das hier war Wilder Osten: Pferde und Rinder so weit das Auge reichte. Ich sah Galloway und Scottish Highland, Deutsch Angus und Hereford und Heckrind. Koniks und Warmblutpferde, Schafe und Ziegen. Und mittendrin Heinz, der König der Wildnis.

Über Stunden kurvten wir durch sein Reich. In kleinen Tümpeln schwammen Enten, aus Buschwerk flohen Vögel. Braunkehlchen, Goldammer, Neuntöter: Ich fühlte mich wie ein Volkszähler, der kurz mal in die Menge fragte, ob alle Vöglein schon da sind. Wer hier mit der Roten Liste anrückt, kann ein seltenes Gefieder nach dem anderen abhaken; weil hier so schöne Disteln wachsen, kehrte auch der Distelfink zurück. Ich fragte Heinz, wo die Vögel alle herkommen. »Weiß nicht«, sagte er, »wir haben hier 2500 Tier- und Pflanzenarten, ich kann mir das alles gar nicht merken. Aber unser sozialer Wohnungsbau hat sich herumgesprochen.« Er grinste. Über Jahre hatte er sein Land mit Stickstoff gequält, jetzt ist auch der Steinkauz zurück mit seinen schwefelgelben Augen; ihm gefällt die reiche Auswahl an Insekten. Dreißig Jahre war er in dieser Gegend nicht mehr gesichtet worden.

Das Anstrengendste an seinem Job sei, nichts mehr zu tun zu haben, sagte Heinz. Laufen zu lassen. Ich nickte. Wie wohl ich mich fühlte unter all diesen Freigeistern, die nur draußen sein wollten. All diesen anspruchsvollen Exemplaren. Heinz' Liebling ist der Ameisenbläuling. Der Schmetterling braucht zum Leben den Großen Wiesenknopf, dessen Blüten ihn nähren.

Ich nahm meinen Rucksack und kletterte über Zäune. Dann lief ich durch eine Rinderherde und an bestimmt zwanzig Pferden vorbei. Die stolzen Tiere trotteten mir hinterher; ich flüsterte Goodbye und stiefelte weiter Richtung Friedrichsroda.

Hohe Rhön

Natürlich streunen in der Thüringeti auch Wölfe. Nicht weit davon zeugte ein namenloser schwarzer Labradormischling mit einer Wölfin sechs Junge. Auf Aufnahmen von Fotofallen nahe der Kleinstadt Ohrdruf waren die Kinder zweifelsfrei als Mischlinge identifiziert worden. Jetzt reißen sie munter Schafe. Hunde an die Leine, kann ich da nur sagen.

Der Mitteldeutsche Rundfunk startete gleich eine Umfrage mit vorgegebenen Antworten: »Sollen die sechs Wolfswelpen getötet werden? 67 Prozent meinten, das sei Mord, 16 Prozent waren genau dafür. 17 Prozent sagten, die Tiere gehören in einen Park und eingesperrt. Und keiner antwortete auf die Möglichkeit: Mir doch egal. Ich bin Großstädter.

Dieses mittlere Deutschland, ich kann es jedem nur empfehlen. Der Boden karg, das Klima rau, die Menschen herzlich. Und Geschichte, auf Schritt und Tritt. Im Jonastal östlich der Thüringeti hatten in den letzten Kriegsmonaten Häftlinge aus Buchenwald Stollen in den Berg treiben müssen, hier wollte Hitler wohl ein neues Hauptquartier errichten. Ich kehrte dieser Geschichte aber den Rücken, ich wollte in die Rhön.

Und war nach einem strammen Marsch abends wieder zu spät dran, als ich im Wald einen Wagen anhielt, nach dem weiteren Weg zu fragen. »Ach«, sagte der Fahrer, »ich fahre dich ein bisschen hoch, ich hole uns nur mal ein Feierabendbier aus dem Kühlschrank«. Er war Musiker und wohnte am Waldrand, dort konnte er in Ruhe laut sein. Gemütlich zuckelten wir durch den Forst, zu Fuß wäre ich schneller gewesen.

An einem Wegweiser setzte er mich ab, links wartete Gestrüpp auf mich, das sich dann lichtete und über eine Wiese in den nächsten Ort führte. Ich war mit mir zum Abendessen verabredet, in der »Grünen Kutte« in Bernshausen bei Urnshausen. Ich wollte ein bisschen vom berühmten Rhönschaf probieren.

Ich schaffte es vor der Dunkelheit, die Chefin des Hauses machte ein Foto. Ein Streuner ist eine vorübergehende Erscheinung, hier hielt man mich fest. Machst du das wegen Gott?, fragte eine Kellnerin. Oder wollen

Sie entschleunigen?, ihre Kollegin. Das war lustig. Ich habe über dieses Modewort mal einen Aufsatz geschrieben, vor vielen Jahren, bevor diese Umschreibung einer Sehnsucht Fahrt aufnahm und Einzug fand ins Wohlfühlvokabular. Der Geschichte hatte ich ein Zitat vorangestellt: »Fahr er langsam, ich habe es eilig.« So soll der Alte Fritz seinen Kutscher ermahnt haben, wenn der zu hastig um die Ecke bog. Oder nervös wurde, weil er den Weg nicht fand. Wochen später bedankte sich ein Leser für diesen Satz. Es war der Ichweißnichtwieoft-Ur-Enkel dieses Kutschers, und er sagte, diese Worte seien in seiner Familie von Generation zu Generation weitergereicht worden.

Mir war auch gar nicht danach, wirklich langsam zu werden. Ich mag schnelles Denken und Begreifen und auch Ärzte, die rasch verstehen. Sollte ein Notarzt entschleunigen, bist du tot. Und Tempo beim Fußball ist ein Genuss.

Ich dachte an Herrn Denecke in Göttingen. Ich hatte ihn gefragt, welchen Namen er meiner Unternehmung geben würde: Spaziergang, Wanderung, Pilgern? Ich suchte nach einem Titel, weil mich auf dem Weg ab und an Menschen fragten, warum ich unterwegs sei. Wenn ich sagte, ich wolle frische Luft, dann war das nicht so spannend. Herr Denecke hatte ein bisschen überlegt und meinte dann: »Für mich sind Sie ein Tramp«. Tramps, das waren in Amerika Wanderarbeiter, Umherziehende, heute hier und morgen dort und kaum da, auch schon fort. Tramp, das fand ich gut: Die dürfen auch mal den Daumen raushalten.

Sonnenschein lockte mich am nächsten Morgen zu einem Spaziergang noch vor dem Frühstück. Nicht weit von diesem gemütlichen Landgasthof mit hausgemachten

Thüringer Klößen lag ein Teich unter Bäumen, die sogenannte Bernshäuser Kutte; ein 45 Meter tief in Buntsandstein versenkter See, den Geologen als Erdfallweiher bezeichnen. Dieses Wasser verdankt seine Existenz einem Einbruch von Hohlräumen unter der Erde; das muss in der Zechstein-Zeit gewesen sein, vor wahrscheinlich 257 bis 251 Millionen Jahren, so genau kann ich mich nicht mehr erinnern.

An diesem Weiher hatte ich eine Erscheinung. Wie ich dazu kam, muss ich kurz erklären. Ich habe mich ein wenig mit Mystik befasst, als Katholik kommt man da nicht herum. Mystiker sind Menschen, die sich mühen, in sich zu ruhen, und so zu verstehen versuchen, was die Welt im Innersten zusammenhält. Ich kann das hier jetzt nicht weiter ausführen, aber helles Licht spielt oft eine Rolle und Himmel, der sich plötzlich öffnet. Meine Mutter kommt aus der Nähe von Kevelaer, das ist einer der größten Marienwallfahrtsorte der Welt. Wie es die Überlieferung will, war einem Händler an der Kreuzung der Handelsstraßen von Amsterdam nach Köln und von Münster nach Brüssel kurz vor Weihnachten 1641 die Muttergottes erschienen. Als seine Frau in der Nacht auch noch ein großes glänzendes Licht zu sehen glaubte, bauten die beiden an dieser Stelle vorsichtshalber ein Heiligenhäuschen mit einem Andachtsbild. Dort pilgerten wir als Kinder einmal im Jahr hin, zur Trösterin der Betrübten. Für uns war das Wunderland: In der sogenannten Gnadenkapelle hingen Krücken von Menschen, die nach innigem Gebet offenbar wieder laufen konnten.

Was ich an diesem Morgen über den Wassern sah, war wie ein flackerndes, huschendes Licht. Ich dachte erst, da springen Fische, aber die hielten sich bedeckt. Ein paar Minuten ging das so, immer wieder kleine Blitze,

Glühwürmchen ähnlich, die konnten es aber auch nicht sein. Mir war sehr wunderlich, und ich hoffte, keine Stimme zu hören, ich wollte weiter.

Wenn man so groß geworden ist wie ich, mit Himmelfahrt und »Maria, breit den Mantel aus« und dem heiligen Antonius, zu dem man beten sollte, wenn man etwas verloren hatte, hält man vieles für möglich. Es gibt zwei Arten von Täuschung, sagte Søren Kierkegaard: Die eine ist, zu glauben, was nicht wahr ist. Die andere, nicht zu glauben, was wahr ist.

Später suchte ich im Internet nach Aufklärung: Da war in einem Abschlussbericht für den Umweltforschungsplan des Bundesministeriums für Umwelt, Naturschutz und Reaktorsicherheit über die schönsten Seen Deutschlands die Rede davon, dass hier kleine Organismen am Werk seien, mit etwas umständlichen Namen: Cryptomonas ovata/erosa und Rhodomonas minuta sowie Synechocystis spec. und Chlorophyceae Eutetramoris fottii. Ich weiß bis heute nicht, was das nun genau sein soll, ich bin in Biologie nicht gut bewandert.

Vielleicht sind die es gewesen mit dem Licht.

Manchmal ist es besser, wenn man nicht zu viel weiß. Und die Wunder der Natur einfach auf sich wirken lässt. Dieser Tag war erst recht einer zum Herumtreiben, in der Rhön, einem der schönsten deutschen Streunergebiete. Ich lief über Kegel erloschener Vulkane und verwöhnte das Auge mit unverstellten Blicken.

Es war hier so schön, dass ich wieder vom Weg abkam. Der sogenannte Hochrhöner ist zwar eine ausgezeichnete Wanderstrecke; doch als ich links von ihm eine kleine Leiter entdeckte, wohl für den Jäger, dass er sich nicht die Hose aufreißt am Stacheldraht, dachte ich, ach, da kannst du ja mal hinübersteigen und schauen, wie es von dort weitergeht. Ich querte ein flach abfallendes Waldstück mit knorrigen Bäumen. Von einer Anhöhe blickte ich auf das kahle Plateau der Wasserkuppe, wo Aufwinde Segelflieger steigen ließen.

Von der Rhön sagt man, es sei das Land der offenen Ferne. Es steht unter besonderem Schutz der Weltgemeinschaft, auch die Leute von der Unesco schätzen, dass man in dichtbesiedelter Republik noch Räume findet, wo man bei gutem Wetter hundert Kilometer weit gucken kann. Ein Viertel der Landesfläche, welch eine erstaunliche Zahl, definiert das Bundesamt für den Naturschutz immer noch als »unzerschnittenen verkehrsarmen Raum.« Als solcher gilt ein Gebiet von »mindestens hundert Quadratkilometern«, in dem, wie es heißt, »Tageswanderungen unternommen werden können, die vom Verkehr weder akustisch noch visuell beeinträchtigt werden«. Von diesen Freiräumen, in denen keine Bahnstrecken, Bundesstraßen oder Schifffahrtskanäle das Land teilen, gibt es derzeit noch sechshundert. Über die Hälfte der Fläche von Brandenburg und Mecklenburg-Vorpommern zählt dazu, Thüringen und die Gegend, in der ich unterwegs war.

Pflanzenkenner lieben die Rhön. Hier wohnt, was selten wächst. Auf Goldhaferwiesen tun dies Acker-Rittersporn, Milchlattich, Wohlverleih, Flockenblume und Platterbse. Besenheide und Blutwurz bevorzugen Borstgrasrasen, auf Blockhalden versteckt sich die Deutsche Hundszunge mit aufrecht stehenden Stängeln und hängenden braunroten Blüten.

Vorsichtig schlich ich durch dieses Meer aus Farben; ich leuchtete von innen. Ich befand mich, wie Mystiker sagen würden, in der Apotheke Gottes. Um mich flirrte und summte es. Ich versuchte, all das Leben um mich herum auf Fotos zu bannen. Und meine, später den Echten Alant erkannt zu haben, mit seinen gelben Blüten, die Erdhummeln so gut gefallen; dann war da wohl auch das Gefleckte Johanniskraut. Zerreibt man die Blüte zwischen den Fingern, kommt roter Farbstoff heraus, in alter Zeit wurde dieser zum Färben von Stoffen verwendet. Dieses Kraut soll gegen Muskelschmerzen wachsen, bewirkt aber auch erhöhte Lichtempfindlichkeit. Die konnte ich nun auch ohne große Vorkenntnisse feststellen: Ich war geblendet von so viel Schönheit.

Wie in einem Traum war mir, ich konnte mich nicht sattsehen. Und nirgends ein Hinweis, dass der Herr Geheimrat Goethe auch schon mal hier unterwegs war, ich war seinem Namen schon sehr oft begegnet bisher.

Dafür entdeckte ich, als ich nach Stunden wieder aus dem Wunderland ausreiste, ein großes weißes Schild auf der anderen Seite: Bitte nicht betreten, streng geschützt, wertvolles Kulturgut. Und abends in Tann vorm Schlafengehen schon wieder Zecken.

Zecken sind Wegelagerer. Und haben Geduld ohne Ende. Sie kommen bis zu zwei Jahre ohne Nahrung aus. Die meiste Zeit ihres Lebens warten sie auf Essen. Als Parasit kannst du dir nicht aussuchen, wer gerade in deiner Nähe ist. Aber wenn, dann brauchst du eine ausgeklügelte Strategie. Mit meinem stumpfen Auftritt war ich schon von weitem zu hören. Ich gehe wirklich nicht leise. Das sagen die Leute unter unserer Wohnung, das sagt auch Kirsten. Weil ich nicht alle Muskelgruppen im Einsatz habe, so hatte sie mir erklärt, legte ich in jeden meiner Schritte maximale Kraft.

Ich versuchte zu rekonstruieren, was passiert war: Die Zecken müssen mit feinem Sinn registriert haben, dass da jemand unterwegs war. In Bruchteilen von Sekunden haben sie meinen Körper geentert, sie krallten sich mit Widerhaken fest und suchten nach einer geeigneten Stelle, ihren Stechrüssel hineinzuwühlen. In dieser Zeit war ich mit Staunen beschäftigt, ich bekam die Attacke nicht mit. Zecken betäuben und spritzen Gift, in kleinen Dosen, dass sie Zeit gewinnen. Und sich in Ruhe umsehen können.

Wir sollten Mücken und Bremsen dankbar sein, dass sie sich beizeiten bemerkbar machen. Aber Zecken, alle Achtung.

Gut, dass später im Gasthaus ein Arzt mit seinen Freunden saß, sie kannten sich aus. Man muss schon viel Humor mitbringen, sich von wildfremden Männern in der Rhön in den Schritt fassen zu lassen. Vertrauen ist gut, Kontrolle ist besser.

Zur Sicherheit ließ ich nach meiner Rückkehr das Blut untersuchen, zweimal, das Ergebnis war beide Male das gleiche. Die Menschen aus dem Labor schrieben, mein »Immunoblot«-Muster passe zu einer »spontan ausgeheilten beziehungsweise ausreichend therapierten Borrelien-Infektion«; es bestehe kein Anlass zu einer Therapie. Mein Körper hatte von sich aus die Dinge erledigt, still und heimlich, wie es seine Art ist.

Ich war auch in der Rhön, weil es dort nachts so schön ist. Es gibt wenige Flecken in Deutschland, wo der Himmel dann noch so ist, wie er sein sollte: dunkel. Dass man von unten schauen kann, wie viel Sternlein stehen. Und mit Sabine Frank lebt hier eine Frau, die wohl eine der skurrilsten Berufsbezeichnungen hat, welche das Land zu vergeben hat: Sie ist Nachtschutz-Beauftragte.

Derartige Titel, dachte ich, würden eher auf dem Hamburger Kiez verliehen. Aber dort ist die Nacht zu hell für Sabine. Sie ist maßgeblich mitverantwortlich dafür, dass die »International Dark-Sky Association« die Rhön in den Rang eines »Sternenparks« erhob. Eine Art Naturschutzgebiet für den Himmel. Sabine kämpft gegen Lichtverschmutzung. Strahler und Leuchten machen die Nacht zum Tage und vor allem Zugvögeln zu schaffen. Werden sie geblendet, kommen sie vom Weg ab; nur weil zum Beispiel eine Kirchengemeinde beschlossen hat, ihr schmuckes Gotteshaus mit Scheinwerfern in rechtes Licht zu rücken.

Sabine holte mich eine Stunde vor Mitternacht in Tann mit ihrem Auto ab. Das Städtchen im mittleren Tal der Ulster war von Wanderern gegründet worden. Umherziehenden Mönchen aus Irland, die lange vor Bonifatius gekommen waren, Buchonia, das Buchenland, zu kolonisieren. Heute gibt es hier eine Federkern-Waschanlage und am Markt gleich zwei Metzgereien mit angeschlossenen Wirtshäusern, auch das selten geworden im Lande.

Sie fuhr auf einen Hügel, mir den Himmel über der Rhön zu erklären. Ich hatte Sabine von Bernshausen aus angerufen, aus einem Wohnwagen mit einem Glasdach, durch das man bei sehr gutem Wetter den Andromeda-Nebel erkennen kann.

Sabine kam bestens vorbereitet: mit Keksen und einer Karte mit den wichtigsten Sternen und Planeten. Bei sehr dunklem Himmel kann man hier von unbewaldeten Kuppen mit dem Teleskop in eine Zeit schauen, die schon nicht mehr wahr ist. In Millionen Lichtjahre entfernte Galaxienhaufen und schwarze Löcher. Licht, das sich vor fünf Milliarden Jahren zu uns auf den Weg machte. Um bei diesen Dimensionen überhaupt eine Vorstellung zu bekommen: Wissenschaftler und Künstler haben gerade eine interstellare Botschaft an einen neu entdeckten Planeten geschickt, den sogenannten Ross 128b im Umfeld eines Roten Zwergs im Sternbild Kleiner Hund. Mit einer Antwort wird frühestens 2042 gerechnet.

Sabine hatte auch die Erdumlaufbahn auf Tasche. Aus ihrem Picknickkorb zog sie eine maßstabgetreue Darstellung des Universums. Damit die Verhältnisse klar sind: Wir auf der Erde denken ja immer, wir seien die Größten. Ach, sagte Sabine, die Erde sei nur ein kosmischer Rülpser, und dann zählte sie die Milliarden von Jahren seit dem Urknall auf. Es war schon sehr spät, mir fielen fast die Augen zu. Ich wurde schlagartig wach, als Sabine meinte, jederzeit könne ein Komet einschlagen. Ich hatte nicht mal Regenzeug dabei.

In der Ferne brannte Licht. Sabine sagte, sie werde morgen in das Dorf fahren und den Leuten sagen, sie sollten es ausmachen. Wegen der Vögel.

Langsame Zeit

In der Hohen Rhön finden sich hier und da noch Stundensteine. Sie zeigen nicht Kilometer an, sondern die Zeit, die man braucht, von hier nach Frankfurt, zum Beispiel. Um die Wende vom 18. zum 19. Jahrhundert bemaß die Post eine Poststunde mit einer halben Meile, das bedeutet etwa 3,75 Kilometer. Im Großherzogtum Hessen entsprachen 2000 Klafter fünf Kilometern: Das war die Entfernung, die ein beladenes Fahrwerk in einer Zeitstunde schaffte.

Ich rechnete auch in Stunden: In einer kam ich ungefähr dreieinhalb Kilometer vorwärts. Das Gehen ist ein sparsames Vergnügen, es verbraucht im Gegensatz zu anderem körperlichen Tun fast keine Energie. Die kann ins Denken gehen, und das Hirn nimmt es dankbar an.

Ich habe mal versucht, beim Boxen zu denken. Geht nicht. Du bist die ganze Zeit damit beschäftigt, dich vor Schlägen zu schützen. Oder beim Tischtennis: zu viel Bewegung. Oder beim Skifahren: Da bin ich froh, nicht zu stürzen.

Ich glaube, dass dieses Spazieren auch so ein Widerstandsakt ist gegen eine Form von Ungeduld und Geschwindigkeit, die mir zunehmend auf den Geist geht. Bei mir und bei anderen. Dieses »mal eben schnell«, was ich ja auch draufhabe. Und alles gleichzeitig. Das geht beim Gehen nicht. Der rechte Fuß kann nur los, wenn der linke das Gewicht hält. Jeder Schritt schafft eine Grundlage für den nächsten. In jeder Phase hast du Kontakt mit der Erde. Ich fühlte mich: geerdet. Und Gehen wurde für mich zu: Heimat.

Die Menschen kamen noch zu keiner Zeit so richtig zurecht mit dem, was wir Geschwindigkeit nennen. Immer schon gab es Leute, die nicht Schritt hielten. Vor 2000 Jahren wetterte der römische Komödiendichter Plautus: »Die Stadt ist voll von diesen verwünschten Uhren. Die Götter verwünschen den Mann, der als Erster entdeckt hat, wie man Stunden unterteilt. Verwünsch ihn auch, ihn, der an dieser Stelle eine Sonnenuhr aufgestellt hat, um meine Tage so scheußlich zu zerschneiden und in kleine Stücke zu hacken.«

Als das Sonnenlicht noch den Lauf der Dinge bestimmte, durfte nach der Dämmerung nicht mehr gearbeitet und kein Brot gebacken werden; wer es trotzdem tat, war des Teufels. Die industrielle Revolution wirbelte die Beziehungen durcheinander. Zu Zeit und Raum. Und Mensch und Tier. Historiker sind sicher, dass die Anforderungen der Industrialisierung die Menschen erschütterten. Nur unter großen Schmerzen gewöhnten sie sich an die neue Zeit, sie wurde für viele zu einem Albtraum, aus dem sie nicht mehr erwachten.

Später verbanden die Menschen mit dem Begriff Tempo ein Gefühl für die rechte Zeit und das rechte Maß. Ein Tagwerk war, was man in einem Tag schaffte. Und nicht auch noch die Nacht dazu nahm. Benjamin Franklin, der Erfinder des Blitzableiters, brauchte drei Wörter, die neuen Verhältnisse zu beschreiben: Zeit ist Geld. Mit der Industrialisierung hatte sich das protestantische Arbeitsethos der beiden Reformatoren Zwingli und Calvin der Menschen bemächtigt: Sie lehrten nicht zufällig in Genf, dem Zentrum der Uhrenindustrie. Und verfluchten alle unnütze Tätigkeit: »Man darf überall nie müßiggehen, sondern soll beständig thätig sein.«

Von nun an wurde jeder Bewegung eine Dauer zugeordnet. Sekundenzeiger waren das Instrument, die Leute vom Land zu disziplinieren. Sie wurden in Fabriken geprügelt. Bauern, die bis dahin nach dem Rhythmus der Natur gelebt hatten, mit den Hühnern aufstanden und sich nach ihnen schlafen legten, mussten lernen, sich dem Takt von Maschinen zu fügen. Heinrich Heine beklagte sich über Dampfmaschinen: »Durch die Eisenbahnen wird der Raum getötet, es bleibt nur noch die Zeit übrig.«

Aber die Entwicklung war nicht aufzuhalten. Die Menschen staunten, ungläubig wie heute, verwundert wie fasziniert, über das, was möglich war. Mitarbeiter des amerikanischen Telegraphen-Unternehmens Western Union befanden 1876, das Telephon habe zu viele Schwächen, »als dass man es ernsthaft für die Kommunikation in Erwägung ziehen kann«. Der deutsche Kaiser Wilhelm (»Ich glaube an das Pferd«) meinte Jahrzehnte später, das »Automobil ist eine vorübergehende Erscheinung«.

Thomas Watson, Chef von IBM, schätzte 1943, »weltweit« gebe es einen »Markt für vielleicht fünf Computer«. Filmproduzenten glaubten 1946, die Menschen würden »sehr bald müde« sein, »jeden Abend auf eine Sperrholzkiste zu starren«. Sie meinten das Fernsehen.

Wir wissen, was passiert ist seitdem. »Schöpferische Zerstörung« nannte der österreichische Ökonom Joseph Schumpeter das, was technische Revolutionen auslösen. Noch gibt es Völker, für die Höchstgeschwindigkeit ein Frevel ist. Die Kapauku, Jäger und Sammler auf Papua, sind überzeugt, es schicke sich nicht, an zwei aufeinanderfolgenden Tagen zu arbeiten. Die Kabylen in Algerien betrachten Eile als »Mangel an Anstand«. Und Uhren sind für sie »Mühlen des Teufels«.

Eine Uhr trage ich schon lange nicht mehr. Meine Mutter meint, ich hätte als Kind schon immer Uhren verlegt. Meine Zeit war jetzt.

Zeichen und Wunder im Frankenland

Auf hohen weiten Flächen wanderte ich weiter in den Süden. Ich verlor das Gefühl für Tage. Sie teilten sich in Aufbruch und Ankunft. Die Welt am Morgen und die Stimmung am Abend. Der Ruf der Lerchen und der Duft der Linden: und eine wohlige Gewissheit, aus eigener Anstrengung vorangekommen zu sein.

Die Landschaft war mein Gastgeber, fröhlich nahm ich die Einladung an. Am Wegrand pflückten Männer Kirschen; weite Netze über den Bäumen hatten die Ernte gerettet. Ein Bauer lud mich ein, mir ein wenig Proviant zu sichern. Er fuhr seinen Traktor unter einen Baum, hieß mich, in die Schaukel zu steigen und hob mich ins

Kirschenparadies. Ich pflückte einen Eimer voll und zehrte einen ganzen Tag von meiner Beute.

Ich ging ein Stück des Rennwegs entlang, ein sehr alter Weg, gemacht für Reiter und Boten und Depeschen. Und einen wackeren Wandersmann, dem in Köslau unterhalb der Haßberge eine Wanne mit heißem Wasser gereicht wurde, unaufgefordert, die strapazierten Füße ein wenig zu pflegen. Das war in Alexandras Gartencafé, einem kleinen Paradies mit selbstgemachtem Obstkuchen und bester Sahne. Ich hätte hier tagelang sitzen können. Heidelbeertorte, Erdbeertorte, Baiser-Stachelbeertorte.

Im ersten Job pflegt die Chefin Alte und Kranke, mit dem Café hat sie sich einen Traum erfüllt. Wie ein Freund von ihr, der nach Jerusalem gewandert war und über Wochen nicht mehr gehen konnte, weil er sich zu viel zugemutet hatte. Marschfraktur, Ermüdungsbruch, so viel kann passieren auf langer Strecke. So weit war ich nicht, aber ich hätte jetzt meinen Zustand auch nicht exakt beschreiben können. Ich machte weiter dreißig Kilometer am Tag.

Eisenach lag schon eine ganze Weile hinter mir. Mit jedem Schritt drückte die Behelfseinlage meinen Fuß nach links. Ich wusste nicht zu sagen, ob dies hilfreich war oder nicht, ich experimentierte. Ich vertraute Herrn Triebstein und seiner Expertise.

An den Augenblick, als ich wirklich zum ersten Mal aufmerksam meine Füße betrachtete, kann ich mich gut erinnern. Ich lag im Gras und schaute ins Blaue. Der Himmel war hell und ohne Wolken. Ich lag da so wie diese Leute in der Werbung, nur hatte ich kein Bier in der Hand. Die Beine gekreuzt, die rechte Hand unter den Kopf geschoben. Gegenüber war der Kreuzberg mit seinem Kloster; dort lassen Franziskaner Bier brauen, auf dem heiligen Berg der Franken, wie sie hier sagen.

Als ich meinen Blick über die Knie in Richtung Ferse wandern ließ, begriff ich plötzlich, warum ich mich bis dahin mit meinen Füßen nicht wirklich beschäftigt hatte: Sie waren zu weit weg. Ich reichte mit meinen Händen nicht an sie heran. Ich war einfacher mit dem Finger in der Nase als mit der Hand unter dem Fuß. Meinen Mund und meine Augen bekomme ich einfacher zu Gesicht als das herrliche Gewölbe unter meiner Ferse.

Ich bewegte eine Zehe nach der anderen, mal die großen, mal die kleinen. Ließ sie von der Sonne streicheln und versprach ihnen, mich fortan ein bisschen mehr zu kümmern. Sie mehr zu achten und zu beachten. Was ich nicht wusste war, dass mein kleiner Zeh da schon seine Geduld verloren hatte.

Aber noch erreichte mich kein Schmerz. Ich war mehr damit beschäftigt, Landschaft zu begreifen. In ihrer Vielfalt, in ihrer Struktur. Wie die Wege liefen und sich ein Dorf von weitem zeigte, wo die Baumreihen waren, in welche Richtung das Wasser floss und warum da eine Burg den Hügel krönte. Ich sah Licht huschen über Felder und den Wind Wolken schieben. Wie Wattebäusche.

Ich suchte nach Blicken und Perspektiven und einem guten Gefühl auch auf lange Sicht. Herr Denecke hatte mir beigebracht, auf alte Wege zu achten, es gibt davon immer noch Tausende von Kilometern. Ich wurde gut darin, sie nicht zu suchen, sondern zu finden, ich freute mich, konnten meine Füße dort Tritt fassen. Waren da Flüsse, waren die Wege meistens am Hang, etwas höher: Hellwege, im Licht angelegt. In der Breite einer langen Lanze waren diese dauerhaft von Bewuchs frei zu halten, drei Meter etwa; Straßen für Könige und ihre Heere, von denen man sich besser fernhielt, wollte man Hab und Gut retten. Straßen sind schön, wenn einer in friedlicher Absicht kommt; und ein Horror, führt einer was im Schilde.

Ich kam durch Unterdörfer, Mitteldörfer, Oberdörfer. Sah Angerdörfer, Straßendörfer, Zeilendörfer. Darin Haken, Haufen, Streckgehöft. Einhaus, Dreiseit-, Vierseit-Gehöft. Errichtet aus in Steinbrüchen herausgeschlagenem Sandstein, Kalkstein, Grauwacke. Granit, Basalt und Tuff aus dem Inneren der Erde und durch Druck verwandeltes Gestein wie Quarzit und Marmor.

Bauerngärten entdeckte ich nur noch wenige. In früheren Zeiten wuchsen hier Amarant und Dill. Sellerie und Karotten, Erdbeeren, Erbse, Attich, Senf, Feldsalat, Portulak, Pastinake, Pferdebohne, Linse, Knoblauch, Kohl, Kichererbse. Feige und Bockshornklee. Koriander und Petersilie, Tausendgüldenkraut. Bilsenkraut, Judenkirsche. Schlafmohn, Färber-Reseda und Hanf. Blühende Landschaft, ein Feuerwerk in allen Farben.

Heute bewachen Hortensien und Rhododendren Gartenlauben und Grillplätze; vielleicht noch Fuchsien, Oleander und Jasmin. Ich sah nur wenige Menschen gärtnern und harken.

Einmal saß ich auf einem Trecker. Als ich aus der Rhön in die fränkische Schweiz einbog. Alles, was in Deutschland ein paar Meter über dem Meeresspiegel liegt, heißt Schweiz. Deutschland hat weltweit die meisten Schweizen, 130 an der Zahl. Aber mit das beste Bier trinkt man wohl in der fränkischen; hier finden sich auf engstem Raum die meisten Brauereien.

Nach einem langen Tag hatte ich mich gefreut auf ofenfrische Schäuferla mit Sauerkraut und Kartoffelkloß oder umgekehrt; ich kam mal wieder sehr spät aus dem

Wald, als an seinem Rand in Stublang am Staffelstein in feiner Schrift das Ziel des Tages markiert war: die Familienbrauerei Dinkel.

In froher Erwartung eines zünftigen Mahls lief ich ums Gehöft und bog in einen begrünten Innenhof mit einer mächtigen Linde in der Mitte. Allein die Bierbänke fehlten. Dafür hockten in der Ecke drei gutgelaunte Männer, sie kicherten wie Kinder. Komm, sagte einer, setz dich zu uns, ich hol dir ein Bier. Das war Hubert, der Braumeister. Wo kommst du her?, fragte der Dicke. Das war Philipp, der Steinmetz. Wo willst du hin?, meinte der Nächste: Das war Simon, der Maurer. Ist nicht weit zu unserem Gasthof, den macht mein Bruder, sagte Hubert, ich bring dich da gleich mit dem Trecker hin. Da hatte ich schon das zweite Bier in der Hand. Bockbier, süffig und würzig, aus Roggen gebraut, mal was anderes. Huberts Traktor, ein 16-PS-Hanomag aus dem Jahr 1954, kam allerdings nicht ins Laufen. Die Männer beugten sich über die Maschine, einer nach dem anderen, das gute Stück bewegte sich nicht. Huberts Frau machte mir ein Spiegelei, die Küche im Gasthof hatte längst geschlossen.

Es war ein vergnüglicher Abend. Oberfranken sind gemütlich, gemütvoll, geduldig. Mittlerweile wusste ich, es waren nur dreihundert Meter zum Gasthof, wo ein Bett auf mich wartete. Hubert aber wollte mich unbedingt mit dem Trecker fahren, also trank ich weiter sein köstliches Bier.

Unterdessen hatten sich sechs Männer um den Traktor versammelt. Als ich meinte, jetzt fehlt nur noch die Freiwillige Feuerwehr, riefen alle: Wir sind die Freiwillige Feuerwehr!

Nach gut drei Stunden sprang Huberts Liebling endlich an, und wir ratterten los. Es stellte sich heraus, dass die

Jungs Trecker sammelten. Philipp hatte einen Fendt Farmer 2 aus dem Jahr 1963 mit 35 PS und Simon einen Deutz D30, Baujahr 1965 mit Doppelkupplung. Alle Trecker schön grün, mit roten Felgen. Wir fuhren Konvoi, nahmen aber nicht den direkten Weg. Die Sonne hatte sich längst verabschiedet, aber es war noch herrlich warm. Es ging einen Bach entlang und einen Berg hoch, von dem ich einen wehmütigen Blick werfen konnte auf die Rhön und den Staffelberg rechts von uns, den Nationalfels der Franken. Joseph Victor von Scheffel dichtete hier sein Frankenlied: »Wohlauf, die Luft geht frisch und rein, wer lange sitzt, muss rosten. Den allerschönsten Sonnenschein lässt uns der Himmel kosten. Jetzt reicht mir Stab und Ordenskleid, der fahrenden Scholaren. Ich will zur schönen Sommerzeit, ins Land der Franken fahren.« Als ich Hubert fragte, ob sich denn keiner beschwere, dass wir hier nachts im Kreis knatterten, meinte er, dies würde wohl keinen stören. Man sei schließlich mit dem Trecker unterwegs.

Ich liebte sie, die unverhofften Begegnungen. Wie, du gehst ganz allein, hatten mich Freunde in Hamburg vor dem Abmarsch gefragt. Ist das nicht langweilig? Meine Freundin lachte und sagte, der wird nicht allein sein, das geht gar nicht. Und so war es. Niemand hatte auf mich gewartet; aber war ich da, fühlte ich mich wie zuhause. Vertraut und verbunden, erkannt und geschätzt. Ich kam von weit her, aber da war keine Distanz. In der Stadt gibt es Linien, bitte halten Sie Abstand. Bist du auf dem Weg, ist da nur Nähe. Sagen wir Hallo, dann heiligen wir einen Menschen. Entbieten Respekt. Dieses »Hallo« bedeutet sprachgeschichtlich heil, ganz, gesund. Im Englischen sind »hello« und »holy« nicht weit voneinander entfernt.

Ich musste keinen Anlauf nehmen, mit Leuten ins

Gespräch zu kommen. Da waren keine Umstände, die ich machen konnte. Ich war der, der aus dem Wald kam. Da ist es nicht wichtig, ob die Schuhe geputzt sind. Oder die Krawatte sitzt. Kleider machen Leute, sind aber auch ein prima Versteck.

In Oberfranken gesellte sich mein Freund Jörg zu mir. Er wollte wandern und gutes Bier trinken. An der Wiesent entlang, einem munteren Flüsschen, haben verkaufstüchtige Menschen eine »Bier-Route« gelegt, dass man keine der kleinen Brauereien am Wegesrand verpasst.

Als wir uns den ersten Abend trafen, kam Jörg überdreht aus Frankfurt angereist und erzählte mir alle möglichen Dinge aus seinem Job. Jörg ist Marketing-Mann. Ich hatte zehn Fußstunden hinter mir und war wie aufgeweicht: Jörg redete durch mich hindurch. Ich ließ es, glücklich erschöpft, geschehen. Saß stumm da und nickte.

Wir folgten dem Fluss. Manche Brauer hatten Kühlschränke auf ihren Hof gestellt, für den kleinen Schluck unterwegs. Am Abend quartierten wir uns im Gasthof zur Post ein, einer traditionsreichen Herberge in Egloffstein. Von hier ist es nicht weit nach Bayreuth und nach Bamberg, ich wollte beide Städte sehen. Aber dafür würde ich erneut einen Bogen schlagen müssen; ich entschied mich gegen Richard Wagner. Und traf Jessie.

Wir saßen abends rechtschaffen müde im holzgetäfelten Gastraum, als da plötzlich ein Lied zu uns wehte. Jemand sang »Killing me softly«, diese Superschnulze von Roberta Flack, eins meiner Lieblingslieder. Ich dachte erst, die Musik kommt aus einer Box, aber ich entdeckte keine. Da sang eine Frau, und sie sang sehr gut. Ich stimmte mit ein.

Jörg saß da mit leuchtenden Augen. Er hockte zwischen den Tönen. Wir rätselten, von wo sie kamen. Ich stand auf und ging durchs Haus. Durch eine halboffene Tür entdeckte ich Jessie, die Juniorchefin, wie sie versonnen Rechnungen sortierte. Ich setzte mich wieder an meinen Platz, und wir gaben Jörg noch ein Konzert mit zwei Stimmen. Ich glaube, wir sangen Lieder von Simon und Garfunkel.

Der Jörg und ich, wir strahlten uns an. Nach dem langen Wandertag waren wir sehr empfänglich für schöne Melodien. Und ich dachte, wie es wäre, wenn. Wir jetzt jeden Abend hier hinter dem Kachelofen sitzen und einfach nur singen würden: Zeit, zu bleiben und nun was ganz anderes zu tun. In Egloffstein im Trubachtal, mit Jessie und ihrem Softly-Song.

Aber plötzlich war Jessie weg. Wir hörten nur noch Tschüss. Kaum zusammen, schon getrennt. Am nächsten Tag sagte Jessie, sie gehe fort von hier. Sie werde den Gasthof nicht übernehmen. Es lohne sich nicht mehr, kein Personal, viel Arbeit, zu wenige zu Fuß. Über hundert Jahre hat das Haus auf dem Buckel. Bald wird es Erinnerung sein. Mich aber beschäftigte dieser Abend noch eine Weile. Was genau war so schön? Lieder kenne ich, ich sang im Chor. Aber hier war ich im Einklang mit mir. Und Jörg ging es offenbar auch so. Den Moment müssen wir uns merken, sagte er. Bitte, mein Gutster, gern geschehen.

Am nächsten Tag brachte Jessie Jörg zum Bahnhof, er musste wieder in sein Büro. Mich setzte sie in einem Dorf aus, nach wenigen Metern verschwand ich wieder im Wald.

Ich war schon eine Weile unterwegs, als es plötzlich heftig zu regnen begann. In diesem Moment kam ich auf eine große Straße, du kommst wie gerufen, sagte ich. Ich hielt den Daumen raus. Ein Laster hielt. Er fuhr Heizöl. »Komm rein«, sagte der Fahrer«, »das wird zu nass für dich.«

Ich reichte ihm die Hand. »Ich bin der Willi«, sagte der Mann. Früher fuhr er zur See. Ein angenehmer Mensch. »Freut mich«, sagte er, »dir helfen zu können. Ich habe so viel Schönes erlebt, ich bin froh, wenn ich zurückgeben darf.«

Wir fuhren eine Weile über leere Straßen, Sonne und Regen konnten sich nicht einigen. Ich mag Momente der Unentschiedenheit, setzt sich mal keiner durch. Wenn die Welt im Ungefähren bleibt: Es muss nicht immer alles klar sein.

Wir sprachen über meine Idee mit Rom. Willi überlegte. »Ich würde«, sagte er, »am liebsten mitkommen. Aber meine Knie machen nicht mehr mit.« Trau dich, sagte ich. »Bin zu alt dafür«, sagte Willi. »Ich fahre lieber durch die Gegend.« Links und rechts war viel Schweiz. In Franken.

Als wir in eine Kurve bogen, beugte sich Willi über das Steuer und meinte, schau mal, da oben, das ist die Burg der Stauffenbergs. Sie erhob sich über dichtem Wald auf einem Felsen.

Es war wenige Tage vor meinem Geburtstag am 20. Juli. Der Tag, als Claus Schenk Graf von Stauffenberg Hitler töten und damit den Krieg beenden wollte. Mich beschäftigt diese Geschichte bis heute. Wenn mir alte Menschen begegnen, rechne ich immer rasch im Kopf nach, wie alt sie damals waren.

Stauffenbergs Attentat war der wohl letzte vieler misslungener Versuche, Hitler umzubringen. Einen Mann aus dem Widerstand habe ich noch treffen dürfen, Karl

Konrad Wilhelm Alexander Graf von der Groeben. Er kannte die Verschwörer. Und erzählte mir die abenteuerliche Geschichte seines Freundes Axel von dem Bussche.

Der Major wollte Hitler Ende 1943 in die Luft jagen. Als er, Prototyp eines nordischen Offiziers, groß und gut aussehend, wie Groeben ihn beschrieb, Hitler in der Wolfsschanze die neuen Winteruniformen der Wehrmacht für den Russlandkrieg vorführen sollte. Bussche hasste Hitler, seit er in der Ukraine Augenzeuge geworden war, wie SS-Leute Juden erschossen. Er hatte Kontakt zu Stauffenberg, gemeinsam suchten sie nach einer Gelegenheit, den Tyrannen zu stellen. Bussche war bereit, sich zu opfern. Er nahm sich vor, eine in der Uniform versteckte Bombe zu zünden, das Zündgeräusch mit einem Räuspern zu überspielen und Hitler zu umarmen. Ein Selbstmordattentat, das war der Plan.

Es kam nicht dazu, der Zug mit den Uniformen wurde vor Berlin von alliierten Fliegern angegriffen, der Termin platzte. Wochen später wollte Bussche es noch einmal wagen, aber sein Vorgesetzter ließ ihn nicht ziehen; er war in die Umsturzpläne nicht eingeweiht und sagte, seine Männer seien keine Mannequins. Bussche kämpfte in Russland weiter und verlor ein Bein, das war sein Glück; den 20. Juli und die Verfolgung der Verschwörer überlebte er in einem Lazarett.

Von der Groeben besuchte ihn dort. Gut, dass du kommst, sagte Bussche, in meinem Koffer unter dem Bett liegt noch die Bombe. Er hatte keine Gelegenheit gehabt, sie verschwinden zu lassen. Das tat dann von der Groeben: Er warf sie nachts um zwei in einen See. Keine große Sache, sagte er.

Mich hatte dieser Mann sehr beeindruckt. Seine Ruhe, seine Entschlossenheit. Wie er ohne Pathos erzählte. Ich war nicht richtig dabei, sagte er, ich war zu jung, wenn, dann habe ich Nachrichten überbracht. Nach dem Krieg unterstützte er mit seinen Stiftungen Werke für den Frieden und vor allem im Osten des Landes Initiativen für Zivilcourage. Es ist keine Schande, reich zu sein, sagte er; es ist eine Schande, reich zu sterben.

Ihm fehlte seit Kindertagen nach einem Unfall der rechte Arm, so wurde er nicht zum Krieg eingezogen. Im Januar 1945 sattelte von der Groeben sein Pferd und ritt mit seiner Frau von Ostpreußen Richtung Westen, um sich vor den Russen zu retten.

Willi fuhr mich auf den Berg. Schloss Greifenstein liegt auf einem Granitmassiv. Große Waffensammlung, Ritter und Rüstung. Herrscher über Jahrhunderte. Claus Schenk Graf von Stauffenberg war hier oft zu Gast. Anfang Juni 1944 schrieb er in das Gästebuch die Namen seiner Kinder und seiner Frau und setzte hinter seinen eine Klammer: »(Oberst?)«. Am ersten Juli wurde er dann tatsächlich noch zum Oberst befördert und zwanzig Tage später erschossen.

Von Greifenstein mit seinem tiefen Brunnen lief ich über eine beeindruckende Lindenallee Bamberg entgegen. Mich hatte der Besuch auf der Burg beglückt, mit seinen steinernen Löwen am Eingang und ein wenig mehr Wissen um den Mann, der achtzehn Jahre vor meinem Geburtstag all seinen Mut zusammennahm. Ich bin dankbar, dass wir in einer anderen Zeit leben dürfen, wir haben sie uns ja nicht ausgesucht. Aber ein jeder muss sich in seinen Tagen bewähren, und Bangemachen gilt nicht. In der Schlosskapelle fand ich auf Latein einen Satz aus dem Lukas-Evangelium: »Es ging eine Kraft von ihm aus und heilte alle«, so könnte man übersetzen.

Ich habe keine Ahnung, ob ich mich verständlich machen kann, es ist mir kaum möglich zu beschreiben, was in mir vorging. Ich kam immer, so schien mir, an die richtigen Orte. Jemand nahm mich an die Hand, und ich ließ mich führen. Ich fühlte mich als Teil eines größeren Ganzen, in dem alles Geschehen zu allem anderen in Beziehung steht.

Humpelnd hinter Bamberg

Ich schickte meiner Freundin immer wieder Bilder. Ihr Mann zu Wasser, zu Lande und mit Füßen in der Luft. Jahrelang nicht um sie gekümmert, dachte ich, und jetzt machst du aus ihnen einen Pirelli-Kalender und jeden Zeh zum Starschnitt, es war schon grotesk. Eines Abends schrieb meine Freundin zurück: Du siehst müde aus, alles in Ordnung? Klar, bestens, alles chicco. Ich war jetzt sechs Wochen auf den Beinen, meine Welt war prima. Die Einlage drückte ein wenig, ich würde mich daran gewöhnen, dachte ich. Ich stellte mir es so vor: Da schob mich jemand mit jedem Schritt sachte zur Seite, hey, lauf mal gerade. Es beschäftigte mich nicht weiter. Ich stand vor einer Entscheidung: von Bamberg über Regensburg nach Landshut und von dort nach München. Oder durch den Steigerwald mit seinen alten Bäumen und seltenen Goldkäfern und Steinkäuzen und später dem Jakobsweg folgend die Tauber entlang über Augsburg an die Grenze. Interessante Orte würden auf der Strecke liegen.

Rothenburg ob der Tauber, wo sich sechs Wege kreuzen und das immer noch mittelalterlich daherkommt. Oder Nördlingen, das seine Existenz einer Urkatastrophe

Europas verdankt, einem Meteoriteneinschlag vor fast fünfzehn Millionen Jahren, mit einer Geschwindigkeit, wie man später errechnen konnte, von 70 000 Kilometern in der Stunde.

Mich aber zog es Richtung Landshut, wo die Bürger der Stadt alle vier Jahre eine Hochzeit aus dem späten Mittelalter feiern. Mir gefiel der Gedanke, dort zu Fuß einzulaufen, wie damals.

Ich erreichte das Maintal. Ich war in der Spargelzeit losgelaufen, nach den Erdbeeren kamen die Kirschen. Bald würde Wein gelesen. Am Abend kehrte ich bei einem Winzer ein. Um nach einer kurzen Nacht in aller Früh den Fluss entlang nach Bamberg zu gehen. Ein entspannter Spaziergang im Frieden des Morgens, hinein in eine wunderbare Stadt mit reicher Altbausubstanz, unzerstört im Krieg, wie sie sich sonst kaum noch findet in Deutschland. Ich kam so früh an, dass ich lange nach einer Bäckerei suchte, die geöffnet war. Später hockte ich mich auf die Stufen des Doms und sah dem Bischof zu, wie er hinter farbenfrohem Gefolge im Freien die Gläubigen segnete. Eine katholische Messe ist immer auch ein Theater: festlich kostümiert Priester und Messdiener, während ihr Herr nackt am Kreuz hängt. Später besuchte ich die Residenz der Bamberger Fürstbischöfe und befleckte gebohnerten Boden mit meinen schmutzigen Stiefeln.

Am Nachmittag nahm ich ein Bad in der Regnitz, die da gemächlich von Bäumen und Hecken gesäumt am Stadtpark entlangfloss.

In der Altstadt erstand ich für drei Euro ein Buch: »Führer durch Rom«. Den Gläubigen der Stadt und des Weltkreises am Feste Christi Himmelfahrt 1949 verabreicht von Dr. Eduard Stommel, dem Vizerektor am Campo Santo Teutonico unterhalb des Petersdoms im

Vatikan. Das handliche Werk fand noch passgenau Platz in meiner Hosentasche und überzeugte mich sogleich durch forschen Ton: »Unerläßlich notwendig ist eine gründliche Vorbereitung der Romfahrt schon zu Hause. Sonst wird der Pilger bei dem unübersehbaren Reichtum Roms (...) schon nach wenigen Tagen geblendet und verwirrt, abgehetzt und ermüdet, nicht jene Früchte der Romreise gewinnen, die er sich erhoffte.«

Abgehetzt und müde aber waren schon jetzt, Tausende Kilometer von Rom entfernt, meine Füße, ich sollte es langsam spüren. Zum ersten Mal merkte ich es, als ich auf der Fränkischen Alb Alex und Max und Franz traf; sie spielten Fußball vor der Kirche und luden mich ein, ein wenig mit ihnen zu kicken. Ich liebe Fußball; aber trat ich nun gegen den Ball, tat es weh. Aha, dachte ich, jetzt ist es so weit, was Kirsten Götz-Neumann in Hamburg und Wolfgang Triebstein in Eisenach mir vorhergesagt hatten: dass ich Schmerzen haben würde. Einer der Jungs bot mir noch ein Butterbrot an und geleitete mich aus dem Dorf. Es war nicht mehr weit ins nächste, dort war Kirchweih. Die Kirwamoidla und Kirwaboum stiegen über Bierbänke und zogen mit einem Akkordeon durchs Dorf. Nach dem Essen ging ich in die Küche und bat um Quark. Darin wickelte ich den rechten Fuß, er war geschwollen. Wird schon, dachte ich.

Wurde aber nicht. Der nächste Tag war ein Schleppen, eine einzige Kraftanstrengung. Ich hatte Barfußschuhe dabei, ich versuchte es in ihnen: Besser lief es nicht. Die schweren Bergschuhe baumelten am Rucksack, und lange musste ich nach einem Gasthof suchen, der nicht allzu weit entfernt war.

Gasthöfe zu finden, wurde zunehmend schwieriger. Ich war an der Grenze zur Oberpfalz. Ich überredete eine

Wirtsfrau, mir ein Zimmer zu geben. Aber Frühstück bekommen Sie nicht, sagte sie, wir sind fertig, wir brauchen Urlaub, wir haben kein Personal. So oft hatte ich Mitleid mit meinen Gastgebern, sie packten den Alltag kaum noch. Ein Streuner ist darauf angewiesen, irgendwann Unterschlupf zu finden. Das Unterwegssein funktioniert nur, wenn du auch ankommen darfst. Dort, wo man das Gefühl hat, dass es sich für die Leute lohnt, dageblieben zu sein. Weil da Heimat ist. Ein Platz zum Wohlfühlen.

Ich zahlte schon am Abend und war mit dem Aufgang der Sonne draußen. Der Himmel schimmerte rötlich. Schnurgerade ging es durch einen Forst, der Weg wollte nicht enden. Ich querte eine Autobahn und eine Bundesstraße, als ich an einer Weggabelung eine junge Frau in ihrem Auto anhielt. Sie war Krankenschwester bei der Caritas und unterwegs zu Leuten, die nicht mehr aus dem Haus kamen. Ich schaute sie so an, dass sie mich hätte fragen können, ob sie etwas für mich tun dürfe, aber wagte nicht, sie zu bitten, mich ein Stückchen mitzunehmen. Hätte sie mich eingeladen, ich wäre eingestiegen. So blieben mir nur ihr Wunsch nach einem guten Weg und der Wald.

Nach fast fünf Stunden erreichte ich ein kleines Dorf mit einer großen Kirche, gegenüber war ein Gasthof. An der Tür ein Schild, dass mit dem heutigen Tag die Betriebsferien begannen. Ich war kurz enttäuscht, doch dann merkte ich, dass die Tür nur angelehnt war. Ich platzte hinein in ein Frühstück der Landfrauen, es gab sogar Sekt. Eine halbe Stunde später, und all die Köstlichkeiten wären abgeräumt gewesen. Ich saß still in einer Ecke und zog die Schuhe aus. Am liebsten hätte ich sie auch nicht mehr angezogen.

Aber ich brach wieder auf. Mein rechtes Bein war dicker geworden, jede Bewegung tat weh. Vorsichtig setzte ich jeden Schritt. Es ging wieder durch einen Wald, bis ich eine Bundesstraße erreichte, sie war meine Rettung. Über Kilometer humpelte ich über Asphalt und hielt gleichzeitig den Daumen raus: Bitte, Auto, nimm mich mit.

Man erbarmte sich meiner. So lernte ich die Kundenparkplätze von Rewe in Velburg und später den von Aldi in Parsberg kennen, dort setzte man mich ab. Hier gab es günstig Franzbranntwein zum Einreiben und Arnika-Salbe. Mit dem Bus rollte ich in Regensburg ein.

Am Fluss nahm ich ein Schiff auf Ausflugsfahrt zur Walhalla, wo die Bayern berühmter Persönlichkeiten »teutscher Zunge« gedenken; ich lehnte meine Beine über die Reling und hielt sie hoch. Hier also würde mein Weg zu Ende sein, dachte ich, ziemlich unrühmlich.

Auf dem Weg zum Bahnhof wankte ich einmal um das Schloss derer von Thurn und Taxis. Dann setzte ich mich in den Zug. Es war kein gutes Gefühl, ich tat es nicht gern.

Landshut und seine Hochzeit

Für Landshut hatte ich mir einen besseren Auftritt vorgestellt. Ich kam nicht zu Fuß, ich kam mit der Bahn. Aber die Stadt war geschmückt, es war ein schönes Ankommen. Die Menschen saßen am Abend beisammen, es war herrlich lau. Sie tranken Wein und sangen Lieder, eine heitere Stimmung erfüllte die Stadt.

Hier wollte ich mich erholen. Am nächsten Morgen hatte ich Geburtstag, ich war ziemlich lädiert. Ich schenkte mir Schmerztabletten. Ich fragte eine Apothekerin, wie lange ich wohl eine Pause machen müsse. Sie gehen am besten zum Arzt, sagte sie, der ist gleich gegenüber. Ich wollte nicht, aber ich bin auch vernünftig, auf eine Art.

Der Doktor war überfragt. Er beendete seine Schau mit dem Hinweis, er sei verpflichtet, eine Thrombose auszuschließen; er glaube nicht daran, aber sicher sei das nicht. Thrombose, die kannte ich bisher nur von meiner Mutter. Wie, dachte ich, wäre es, wenn du jetzt hier abbrechen müsstest und eben auch nur einer von denen bist, die nicht auf ihren Körper hören, einen Marathon unter Schmerzen laufen und spitze Schuhe tragen?

Der Doktor gab mir ein Rezept für Antibiotika und überwies mich zum nächsten Arzt. Ich versuchte Kirsten anzurufen: Sie war gerade in irgendeinem Valley und schickte mir eine Sprachbotschaft, ich solle mich endlich mehr um meinen Gluteus maximus kümmern und die Waden trainieren und am besten die Füße hochlegen. Eine Pause machen. Sonst kenne sie noch einen guten Chefarzt, der setze ihr »Gehen verstehen«-Programm um. Sie eröffnete gleich eine neue WhatsApp-Gruppe, ich war jetzt über Kalifornien mit einem Doktor in Oberbayern verbunden.

Im Wartezimmer beim zweiten Arzt saß eine alte Dame, die sehr krank war und fast weinte und Angst hatte; ich schämte mich, dass ich so viel Aufhebens um meine Füße machte; andererseits dachte ich, was warst du ignorant. Was sollten deine Zehen denn sonst machen, als genervt die Entzündung nach oben weiterzureichen, dass sie endlich jemand registrierte? Der Doktor schloss eine Thrombose aus.

Ich hinkte ins Hotel zurück, widerwillig sesshaft geworden, und versenkte meine Füße in Badesalz. Zum Geburtstag bekamen sie auch noch Schaum obendrauf.

Ich las den Untersuchungsbericht: »Geht zu Fuß von Lüneburg nach Rom. Hat in Eisenach Einlagen bekommen. Danach wohl Schmerzen im Rist. Seit zwei Tagen barfuß unterwegs. Kein Anhalt für tiefe Beinvenenthrombose. Überlastung nach tagelangem Fußmarsch. Entzündung Sehnenscheide, Faszie oder Ähnliches. Schonung, Kühlung, Salbe.«

In diesen Wochen spielte ganz Landshut eine Hochzeit nach, zu der im Herbst 1475 alles anrückte, was im europäischen Hochadel Bedeutung hatte. Die Welt war schon damals in Unordnung: Die Osmanen hatten Konstantinopel erobert, es gab Ärger. Das christliche Abendland rückte zusammen; und so ließ der Polenkönig Kasimir seine Tochter nach Landshut karren, dass sie sich dort mit dem Sohn des bayerischen Herrschers Georg dem Reichen vermähle.

Jede Landshuterin und jeder Landshuter durfte sich online oder persönlich für eine Rolle bewerben; wer was wurde, entschied der sogenannte Besetzungsausschuss. Man konnte bei Fürstens an langen Tischen landen oder bei fahrendem Volk am Feuer.

Wer dabei war, sollte sich über Monate nicht die Haare schneiden lassen; die Stadt war voll mit Althippies, nur älter. In maßgeschneiderten Kostümen, dreifach gelagertem Geschmeide und Schuhen mit vierfach übereinandergestapelten Einlagen. Was das Humpeln anging, war ich nicht allein.

Es war ein Fest, so detailverliebt aus der Zeit gefallen, dass angereiste amerikanische Zuschauer erstaunt fragten, wie lange man denn hier am Aufbau all der »impressive houses« gearbeitet habe und wann die Kulisse wieder verschwinde. Das spätgotische Landshut, im Zweiten Weltkrieg durch List und Glück vor allzu großer Zerstörung bewahrt, bietet Geschichtsinteressierten seit Jahrhunderten unverstellte Blicke in alte Zeiten. Fast alles ist noch da wie vor über fünfhundert Jahren, die Martinskirche mit ihrem 130-Meter-Turm, die Residenz, die Burg.

Seit mehr als hundert Jahren ziehen sie alle vier Jahre durch die Stadt, Bischöfe auf hohen Rössern und Ritter in Rüstungen, Pferde und Esel und Falken und Fürsten. Auch ich durfte mitmachen und verkleidete mich. Ich zwängte mich in kleine Schuhe, sie drückten sehr. Unter den Komparsen waren viele Ärzte, mein Beraterstab erweiterte sich mit jedem Tag. Der eine meinte, ich solle meine Füße in die Isar halten, der andere empfahl Salben, deren Namen ich mir nicht merken konnte.

Neben meiner Herberge lag eine Apotheke, nur eine Minute entfernt »Happy Nails« für die Fußpflege und gegenüber der »Alpenstrand«, ein Fachgeschäft für das Leben draußen. Hier schaute ich mich nach neuen Schuhen um und traf einen Notarzt, er hieß Armin und war Chef des Geschäfts. Ihm gefiel mein Outfit nicht: Der Rucksack war für Kinder und oben zerschlissen, die Leinenhose mehrfach geflickt, und meine Schuhe, sagte er ungerührt, seien »tot«. Wiederbelebungsversuche schloss er aus, auch in eigenem Interesse: Im Regal stapelten sich neue Schuhe, sie harrten meiner.

In seinem Laden ließ ich das Geld, das ich in Hamburg durch Nichtanschaffung gespart hatte. Ich besaß nun einen doppelt großen Rucksack, mit dem ich locker den Himalaja queren könnte, und Bergschuhe, welche die natürliche Abrollbewegung über den Vorfuß stützen sollten. Armins Kollegin Katie brachte mir bei, wie man diese regelgerecht schnürt, und rieb die Schuhe mit Fett ein. Sie schenkte mir Stützstrümpfe zur Förderung der

Durchblutung, Sportler würden die auch tragen, sagte sie. Ich kannte sie bisher nur aus Altersheimen.

Armin packte meine alten Schuhe in einen Karton und schickte sie nach Hamburg. Meinen Abschiedsschmerz zu mildern, lud er mich zum Essen ein. Ich fragte ihn, wie man als Notarzt dazu kommt, einen Klamottenladen zu übernehmen. Eines Tages, sagte Armin, sei er mit seinem Leben nicht mehr zufrieden gewesen. Aus dem Traumberuf, andere Menschen umsorgen und ihnen zu helfen zu können, sei ein Horrorjob geworden. Keine Zeit, sich wirklich zu kümmern. Menschen nur noch Nummern. Er sei am Ende gebeugt gegangen, sagte Armin, eine große Last habe ihn gedrückt. Er war gerne Arzt, aber hielt es nicht mehr aus, weil es nur mehr um Kosten und weniger um Mitgefühl ging.

Mit dem Entschluss, das System zu verlassen, habe sich auch seine Körperhaltung verändert, er habe sich gerade gemacht und sei wieder aufrecht gelaufen. Armin meinte, ich sei nicht der Einzige, der schief läuft, sieben von zehn Kunden würden so unterwegs sein. »Die Leute haben verlernt, richtig zu gehen.«

Ich dachte nach, warum sich so viele so wenig bewegen. Das fängt früh an. Allein Schule: ein Graus. Diese Tische, diese Stühle, diese Zimmer. Sitzen bleiben, was für ein Wort. Einsitzen, das kennt man später nur noch aus dem Gefängnis. Zeitig werden wir daran gewöhnt, die Bedürfnisse unseres Körpers zu übergehen. Ich kenne eine Mutter, die mit ihrem Jungen bis tief in die Nacht in der Küche hockte, eine einfache Rechenaufgabe zu lösen. Es war zum Verzweifeln; der Doktor verschrieb Pillen, das Gemüt zu dimmen und die Bewegungslust zu stoppen. Bis eines Tages eine neue Lehrerin den Jungen fragte, was sein Liebstes sei. Mich bewegen, sagte der

Junge. Gut, sagte die Lehrerin, dann renn los und rechne dabei. Der Junge kam schwitzend und strahlend zurück und präsentierte die Lösung. Würde in der Schule im Laufen gelernt, unser Land sähe anders aus. Raus mit den Stühlen, her mit Hockern und mehr Sport, zumindest das.

»Warum lernt man im Schulturnen nicht heben, tragen, ziehen, schieben, graben, schippen, drehen, reiben? Ist es weniger lebenswichtig als lesen und schreiben?« Das fragte vor über achtzig Jahren Dore Jacobs, die große Dame der Bewegungskunde. 1925 gründete sie in Essen eine Bundeschule für Körperbildung und rhythmische Erziehung. In ihrem 1932 erstmals niedergeschriebenen und während des Krieges mehrfach veränderten Lebenswerk »Die menschliche Bewegung« schilderte sie, wie wir erst durch körperliche Handlungen Gestalt annehmen, von wegen ich denke, also bin ich. »Der moderne Mensch«, schrieb sie »hat das Gehen verlernt. Mehr noch: Er weiß kaum mehr, dass Gehen eine Bewegung ist; für ihn ist es nicht mehr als ein Transport. In Wirklichkeit ist Gehen Ausdruck wie kaum eine andere Bewegung. In ihm verkörpert sich die Individualität eines Menschen, sein leiblicher und seelischer Zustand.« Das waren mutige Sätze in Gleichschrittzeiten. 1944 konnte sie sich vor der Verfolgung durch die Nationalsozialisten in ein Versteck am Bodensee retten.

Die Tänzerin, ja auch das, war empört, dass die Leute ihr Startkapital, mit dem sie auf die Welt gekommen waren, so schnell verbrauchten. Das Talent für Bewegung. Die Gabe, Balance zu halten zwischen Beinen und Becken und Brustkorb.

Jacobs' Beobachtungen von damals könnten von heute sein: »Was haben die Menschen aus ihrem Leibe gemacht, von dem sie doch bekennen, er sei das Ebenbild Gottes. Sie rennen, den Kopf voran, den Körper steif, die Beine wie Stöcke unterschiebend und die Arme an Bindfadengelenken schlendernd, sie schieben sich lustlos, müde voran, das Gesicht starr und unbeteiligt. Kleinzügig, ängstlich, gehemmt trippeln sie mit zusammengebundenen Knien und angepressten Armen, oder sie schieben forsch, mit unechtem Selbstgefühl den Unterkörper voran und ziehen den Oberkörper nach; selbst beim Laufen bringen sie es nicht bis zum Vorlegen der Brust: ein Bild der Stumpfheit, der Kraft und Ausdruckslosigkeit, ein wahrhaft unmenschliches Bild.«

Ich lernte in Landshut sehr viele nette Menschen kennen. Armin hielt mir zum Abschied noch eine Hose vor die Nase und sagte, die ist gut für dich. Ich kaufte sie ihm ab, mit der Hose rutschte ich später Berge herunter, ohne dass sie riss. Die Verstärkung am Hinterteil zahlte sich aus.

Ruh dich noch ein wenig aus, meinte Armin, deine Verletzung kann sich hinziehen; Kopf hoch, Nordländer.

Ich blieb fast eine Woche, lernte die Stadt kennen, die Landshuter sind sehr in Ordnung. Mich verband auch das Scheitern mit ihnen. Denn die Hochzeit von damals war, mit Abstand betrachtet, trotz all dem Geschmeide, vorsichtig formuliert, ein Flop: Hedwig gebar ihrem Georg zwar Söhne, aber die hielten nicht lange. Als Georg dann, der Zeit weit voraus, testamentarisch verfügte, nunmehr solle eine Tochter ran, begannen andere Edelmänner aus München einen Krieg um die Erbfolge, und Landshut, auf gutem Weg zur mittelalterlichen Metropole, versank, daran gemessen, in Bedeutungslosigkeit.

Am Ende reichte es nur zur Hauptstadt des Bezirks Niederbayern, aber dafür lässt es sich hier, die Letzten werden die Ersten sein, deutlich besser leben: Das Eis ist billiger, die Mieten sind noch nicht unbezahlbar, und der wöchentliche Markt in der Neustadt mit Trüffeln und Pferdewurst ist ein Traum. Hier hat man Zeit, über Vergangenes zu sinnen. Um alle Anstrengung darauf zu verwenden, dass dieses historische Dokumentarspiel eines Tages als Unesco-Weltkulturerbe anerkannt wird. Das will Klaus organisieren, Professor Dr. Klaus Timmer. Er ist einer der Chefs der Landshuter Hochzeit und bindet sein Haar auch außerhalb der Festspielzeit zu einem Zopf. Als Facharzt baute er eine Fachklinik für geriatrische Rehabilitation auf. »Wenn du magst«, sagte er, »zeige ich dir, was wir da tun.«

Was sollte mir noch passieren, dachte ich, und hinkte zu seinem Wagen.

In der Geriatrie

Ich war bereit, meinen Traum aufzugeben. Loszulassen. Nach Rom, dachte ich, gehen ja auch Züge. Ich lief wie ein alter Mann, und nun war ich unter alten Männern. Freundlich grüßten sie mich aus Rollstühlen in der Schlossklinik Rottenburg.

Klaus hat hier ein Kreiskrankenhaus auf Vordermann gebracht, klein und gemütlich mit Kuchen am Nachmittag und einem Vier-Sterne-Service, für den man anderswo ein Vermögen hinlegt. Günstige Umstände, gute Leute, sagt Klaus; sein Haus zählt zu den Top-Kliniken des Landes. Nach einer Runde durch den Park ließ er sich auf eine Selbstgedrehte in einem Teehäuschen nieder. Ja, Gehen, sagte er, ein sehr komplexer Vorgang. Dafür brauchst du Lokomotion und posturale Kontrolle:

die Bewegung nach vorn und den Dauer-Check, wie und wo du stehst.

Wir sprachen über »standardisierte Gehgeschwindigkeit« und »Perfomance«-Tests, darüber, wie lange Patienten brauchen, bei Grün die Ampel zu queren, zum Beispiel. Oder den »Timed up to go«-Test: ein Stuhl, eine Uhr, aufstehen, gehen, drei Meter hin, drei Meter her, am besten unter zehn Sekunden. Die Krankenkassen brauchen Zahlen, damit fehlende Mobilität in Gehhilfe umgerechnet werden kann. »Aber man kann sich auch einen Wolf messen«, sagte Klaus.

In seinem Haus sitzen die Patienten im Trainingsanzug beim Frühstück. Sie trainieren, wie sie mit ihrem Rollator schnell die Straße überqueren. Oder weiter als zum nächsten Schaufenster kommen, weil sich ihre Muskeln so langsam erholen. Schaufenster-Krankheit nennt Klaus das, wenn man nur ein paar Schritte schafft und dann stehenbleibt und in Auslagen guckt, weil es sonst peinlich wird. Er bringt den Leuten bei, wie sie in jedem Alter ihren Oberschenkel lieber mit Maximalkraft belasten, als Pillen zu nehmen.

»Mit Reparaturmedizin«, sagte er, »kannst du viel Geld verdienen«; aber preiswerter sei es, die Menschen wieder in Bewegung zu bringen. Auf die Heilkraft des Körpers zu vertrauen. Verloren gegangene Beweglichkeit zu reaktivieren. Durch ein bereits leichtes Krafttraining den Rollator überflüssig zu machen.

»Ich möchte nicht jede Krankheit so behandeln, wie es im Lehrbuch steht«, meinte Klaus. »Wir wollen Menschen ermuntern, wieder mit ihrem Körper befreundet zu sein«.

Ich machte noch ein paar Bilder in Lauflernapparaten, als Mahnung an mich und auch an Freunde, und bedankte mich für das Gespräch. Danke, Klaus, mir ging es gleich besser. Er brachte mich zum Bahnhof, ich rollte nach München. »Bass auf deine Fiass auf«, sagte er zum Abschied.

Ein Fußleser in München

Zehn Tage hatten meine Füße nun geruht. Das sesshafte Leben war eine Zeit lang schön. Aber hast du ein Zimmer, breitest du dich aus. Ein Rucksack zwingt zur Ordnung. Sesshaft zu sein, heißt, wahllos zu werden. Ich musste weiter. Und durch die Stadt. München, Hauptstadt mit Schmerz. Hier sollte man mir mein Portemonnaie nehmen, Pass und Führerschein, alles. Ich hatte in der Post ein Paket mit Geschenken verschicken wollen, mein Neffe war Vater geworden. Kurz war ich nicht aufmerksam, da war die Börse weg. Gerd, ein alter Freund, den ich danach traf, schenkte mir hundert Euro.

Vorher war ich bei Carsten Stark gewesen, einem Heilpraktiker und Fußexperten. Ich hatte ihn im Fernsehen erlebt, in einer Talkshow, und mich mit ihm verabredet. Wenn Sie in München sind, sagte er, dann kommen Sie doch vorbei. Wir sprachen über meine Erfahrungen auf der Strecke, er sprach über seine Erfahrungen in der Praxis. Über Mütter, zum Beispiel, die ihrem Kind in sehr frühen Jahren schon vom Arzt Einlagen verschreiben lassen wollen, weil es angeblich X-Beine habe. Statt zu warten, bis sich der Fuß mit sechs oder sieben Jahren endgültig aufrichtet, dass die Achse gerade ist. »Schwachsinn« sei das und der Fuß ein Knorpel und kein Knochen. »Die Kinder tragen Einlagen, weil Mama das so will, und der Fuß fällt nach innen. Das gibt Hallux-Probleme, das gibt Rückenprobleme. Und mit zwanzig, fünfundzwanzig Jahren rennen die groß gewordenen Kinder zum Orthopäden. Der verschreibt neue Einlagen. Das kostet ihn fünf Minuten und bringt 250 Euro. Und der orthopädische Schuhtechniker gibt dem Arzt jeden Monat 500 Euro privat hinzu, dass seine Ehefrau auch was davon hat. So läuft das Geschäft.«

Carsten Stark hatte etwas Zeit, sich mit mir zu beschäftigen. Zu ihm kommen die Leute mittlerweile von weit her angereist und zeigen ihm ihre Füße. Bei mir kam es gar nicht so weit. Schauen Sie, sagte er, Ihre Schuhe sind zu klein. Ich war perplex. Jetzt rannte ich seit Wochen durch die Gegend und tat so, als hätte ich vom Gehen Ahnung; und war nicht einmal in der Lage, einen Schuh in meiner Größe zu finden. Ich fühlte mich wie nackt. Dann laufe ich eben barfuß, sagte ich. Nein, sagte Herr Stark, das tun Sie lieber nicht, dafür brauchen Sie sehr lange, der Fuß muss sich erst einmal gewöhnen. Er hüpfte in eine Kiste mit Steinen. »Wenn Sie das schaffen, können Sie auch barfuß laufen.«

Schaffte ich aber nicht. Die Steine schmerzten unter meiner Ferse. Carsten Stark schaute sich meine Füße genauer an. »Sie haben weder einen Hohlfuß noch einen Senkfuß noch einen Plattfuß. Wenn dann vielleicht einen leichten Knickfuß.« Seine Diagnose: Ich bewegte mich unter meinen Möglichkeiten. Vierter und fünfter Zeh waren mit Schmerz beschäftigt, der enge Schuh bot keinen Raum zum Arbeiten. Ganze Muskelketten konnten so nicht aktiviert werden, sie nahmen übel. Statt alle Zehen ins Spiel zu bringen, belastete ich nur einige. Ich fiel in jeden Schritt, statt alle Muskeln mitzunehmen und elegant über die Zehen abzurollen. »Sie beugen den Fuß«, sagte Carsten Stark, »statt mit ihm zu gehen.«

Er sprach aus Erfahrung. Mit dreißig Jahren hatte er unter so großen Rückenschmerzen gelitten, dass er morgens den Wecker stellte, die Einnahme einer Tablette nicht zu vergessen. Kein Arzt, keine Spritze, keine Einlage half, die Operation an der Bandscheibe verschaffte nur kurze Erlösung. Er war verzweifelt; beim Skifahren, das er so sehr liebte, tat alles weh. Der Kopf, der Rücken, die Augen tränten. Als er seine Skischuhe zurückbrachte und dem Verkäufer sein Leid klagte, meinte der: Zeigen Sie doch mal Ihre Füße. Kein Wunder, Sie haben einen Knickfuß, der macht Probleme, nicht der Schuh. Diese Begegnung ging Stark nicht aus dem Sinn. Enttäuscht und auch ein bisschen wütend fuhr er nach Hause, als ihm einfiel, Mensch, da hat sich einer zum ersten Mal meine Füße angeschaut. Kein Orthopäde, kein Physiotherapeut, kein Osteopath hatte dies vorher getan. Carsten Stark wendete seinen Wagen und fuhr zurück. Er wollte mehr wissen. Von da an begann er ernsthaft, nach der Ursache für seine Schmerzen zu suchen und sich nicht auf seine Ärzte zu verlassen.

Er bat mich, ein paar Übungen zu machen. Erst sollte ich die Großzehe heben und die anderen vier nach hinten drücken, keine leichte Sache. Dann die Zehen spreizen. Ich sollte die Muskeln aktivieren da unten. Es tat sich nicht viel. »Vielleicht sollten Sie statt zu boxen öfter mal Ihre Zehen in Bewegung setzen«, sagte er. »Sie haben eine extrem hohe Belastung auf dem Vorfuß, der kleine Zeh ist leicht geschwollen und sie lassen sich zu sehr in den Schritt hineinfallen.«

Das hörte sich anstrengend an. Er hätte auch sagen können: Sie schleppen sich durch die Gegend. Diese Gefühl aber hatte ich eigentlich nicht: Sensationell, wie unterschiedlich Wahrnehmung sein kann. Ich sollte später meinem Freund Hubertus, der mich besuchte, Ähnliches sagen. Er strengte sich auch sehr an beim Gehen, aber wurde richtig sauer, als ich ihn darauf ansprach, nach all meinen Erfahrungen. Er habe ein sehr gutes Gefühl beim Gehen, meinte mein Freund, und ich solle mir jetzt bloß nichts darauf einbilden, dass ich so lange Zeit unterwegs sei, ich hätte doch auch keine Ahnung.

Kirsten, die ich wieder einmal angefunkt hatte, meinte nur, sehr tapfer, dass du ohne große Vorbereitung los bist, du mutest deinem Körper schon viel zu. Aber sie habe gemerkt, ich wollte mich unbedingt in Bewegung setzen, ihr stehe nicht zu, mich aufzuhalten. Carsten Stark war ähnlich pragmatisch. Versuchen Sie, sagte er, einfach öfter mal rückwärts zu gehen. Das entlaste die Gelenke. Das hatte ich schon probiert. »Und gehen Sie in Bächen. Und auf Gras. Spüren in Ihren Körper hinein.«

Vorher aber wollte ich noch die Fabrik besichtigen, in der meine schweren Bergstiefel gefertigt worden waren. Sie lag außerhalb der Stadt, in einem Gewerbegebiet, ich fuhr mit der S-Bahn raus. Nach all der Zeit im Wald war es eine ungewohnte Tour; ich mochte mich nicht gewöhnen an all die Autos und Hallen, die vor dem S-Bahn-Fenster vorbeihuschten.

Über Wochen hatte ich vergeblich versucht, in der Hanwag-Zentrale jemanden zu erreichen. Ich dachte, durch den Wald laufend, die sind so sehr Kult, die gehen nicht mal ans Telefon. Mir gelang es schließlich doch noch, die Macher meiner verstorbenen Bergschuhe zu besuchen. Dank Katie in Landshut. Sie rief kurzerhand den Hanwag-Chef an, mit dem war sie befreundet, und reichte mir das Telefon: »Hier ist der Jürgen, sag ihm, was du willst.« Jürgen Siegwarth lud mich in seine Fabrik ein.

Ein Meister, sehr jung noch, aber mit seinen 33 Jahren sehr erfahren, ich habe leider seinen Namen vergessen, ich glaube, er hieß Jens, führte mich durch die Produktion, wir sprachen über Zwicken und Nägel und Kleber aus Hirschknochen, riecht bestialisch, aber hält. Er erzählte, dass mit einem Schuh von der Entwicklung bis zur Fertigung 25 Menschen zu tun hätten. Ich roch an Klebern und sprach mit einem Arbeiter, der abends müde ins Bett fällt, »mein Kopf fliegen, wie Drogen«, sagte er. »Aber ich muss verdienen Brot.«

Mich interessierte, was falsch gelaufen war mit meinem Schuh. »Sie hätten ihn besser pflegen sollen«, sagte der Meister. Das Innenfutter sei porös geworden vom Schweiß, brüchig und rissig und schließlich aufgeplatzt; hätte ich den Schuh mit Bienenwachs eingerieben, wäre dies so rasch nicht passiert. Innen hätte Penatencreme gereicht.

Ich nickte schuldbewusst. Doch dann fiel mein Blick auf die Schuhe meines Gegenübers. Mein Kult-Schuh-Macher trug »Nike Air Max«, die Style-Revolution, mit bewusster Dämpfung, eine Legende in Neuauflage, der Schuh, mit dem alles begann. Das waren die Worte, die ich im Internet gefunden hatte.

Ich wunderte mich doch sehr. »Ja«, sagte der Meister, ausgebildet bei orthopädischen Schuhmachern und Schuhtechnikern in der Fachrichtung Modellgestaltung, »das sind meine Ausgehschuhe«. Und? »Leider machen die krank. Ich hatte im linken großen Zeh zehn Tage lang kein Gefühl. Ich konnte eine Nadel hineinstechen und habe nichts gespürt. Und der Arzt hat meine Wirbelsäule geröntgt und mich dann gefragt, welche Schuhe ich trage. Dann sagte er, die sind zu spitz vorne«.

Ich atmete tief durch, ich ließ es mir nicht anmerken.

Ich fühlte, Verzeihung, eine gewisse Erleichterung, ich war nicht allein. Vor mir ein Mann, der es besser wissen müsste, der jetzt von einem Schuh mit »Fuß-kaputt-Garantie« sprach, für den er 130 Euro bezahlt hatte und ihn trotz besseren Wissens trug. »Ihre übrigens«, sagte er und zeigte auf meine neuen, »müssten mindestens eine Nummer größer sein, ihr kleiner Zeh findet keinen Platz.«

Das wusste ich nun schon. Und fragte ihn, ob er mir auf die Schnelle helfen und die Schuhe vielleicht dehnen könne. »Ich versuche es«, sagte er, und spannte meine neuen Schuhe über Nacht in eine Art Schraubstock.

Und Jürgen, der Chef, brachte sie mir am nächsten Mittag persönlich vorbei.

Neustart

Siebenhundert Kilometer nach Hamburg war ich bereit für einen Neustart. Ich hatte mich nun genug verlaufen, ich hatte viel erlebt, ich wollte es ruhiger angehen lassen. So dachte ich es mir. Und orientierte mich an dem Münchener Jakobsweg, der aus der Stadt in Richtung Bodensee und darüber hinaus nach Einsiedeln in die Schweiz führt. Ich war früher schon einmal ein Teilstück gelaufen und kannte die Gegend auch von vielen Ausflügen auf dem Fahrrad. Ich mochte dieses Land, wie es sich den großen Bergen entgegenstreckte. Und abseits der großen Ausflugsziele genug Platz und Stille bot für Wanderer wie mich.

Bei Tutzing am Starnberger See watete ich barfuß durch weiches Gras. Hier waren die Wiesen in der hügeligen Landschaft auch im Sommer feucht und nicht alle Moore von Menschen trockengelegt.

Im Moos machte ich Pause. Moos ist fast so alt wie die Welt. Ich strich meinen Finger über weiches Polster; mit Moos füllten Bauern früher Kopfkissen und stopften Ritzen in ihren Häusern. Es hilft auch gegen Angina und Bronchitis, aber ich brauchte es nicht.

Für meine Füße waren die Wiesen eine Wohltat. Ich kam kaum vorwärts, ich patschte wie ein kleiner Junge in Wasserpfützen. Versuchen Sie, so viele Muskeln wie möglich anzusprechen, sorgen Sie für viel Ausgleich: Ich hatte nicht vergessen, was Carsten Stark mir in München geraten hatte.

Es war ein exklusives Vergnügen. Ich traf kaum Leute, die zu Fuß unterwegs waren. My way, fast nur für mich. Unglaublich. Die Seen im Alpenvorland waren überlaufen, auf Parkplätzen drängten sich Busse; aber kaum war der Rummel umgangen, war die Welt still. An der Wieskirche, wo jährlich eine Million Touristen mit einer Verweildauer von zwölf Minuten, im Schnitt, die weltberühmte Rokoko-Pracht der Hauptkuppel des Johann Baptist Zimmermann zu begreifen versuchen, wollte ich den Pfarrer besuchen.

Das Gotteshaus ist ein Traum. In eine Ecke des Deckenfreskos ist das Tor zum Paradies gemalt, dort liegt ein erschöpfter Zeitgott Chronos, dem Sense und Stundenglas entglitten sind: Dieses Bild machte man sich Mitte des 18. Jahrhunderts vom ewigen Leben. Ausgerechnet hier, wo Zeit nicht mehr sein soll, »tempus non erit amplius«, war ich bei einer Wanderung ein Jahr zuvor Gefahr gelaufen, ohne Bleibe zu sein. Doch der Pfarrer richtete kurz vor Mitternacht hinter der Sakristei ein Matratzenlager. Nach der Messe am nächsten Morgen lud er zum Frühstück, mit selbstgemachtem Hefezopf von der Haushälterin und Schnupftabak unterm Herrgottswinkel. Meinen

Dank für all die Liebenswürdigkeit erwiderte er auf Latein. Mit Worten aus dem ersten Brief des Petrus: »Hospitales invitem sine murmuratione«: Seid untereinander gastfreundlich, ohne zu murren.

Ich wollte mich noch einmal bedanken. Seine Haushälterin ließ ihn entschuldigen, der Herr Pfarrer habe es mit dem Kreuz, Bandscheibe. Ich bat, ihn herzlich zu grüßen. Durch die Wiesen ging es weiter nach Steingaden, wo es ein Zimmer gab im Gasthof Graf, einem stattlichen alten Haus mit Metzgerei. Im Dorf war Spektakel: Feuerwerker aus ganz Deutschland legten über freiem Feld eine atemberaubend beeindruckende Show hin.

Von Füssen in die USA

Irgendwann war ich in Füssen, ich wollte eigentlich nicht dorthin. Füssen hat ein Problem: Es ist zu schön. Das liegt auch an einer Kalksteinfassade über steiler Felswand: Schloss Neuschwanstein. Bayerns menschenscheuer König Ludwig der Zweite mochte dort oben sein Märchen gelebt haben, aber nach seinem Tod sollte sein Refugium abgerissen werden, so wünschte es Ludwig. Jetzt wollen im Jahr 1,4 Millionen Menschen besichtigen, was ein Größenwahnsinniger für sich allein bauen ließ.

Diesen Rummel wollte ich umgehen, aber es gelang mir nicht. Ich war in ein heftiges Gewitter geraten. Der Himmel machte dicht und schickte Blitze; erst weit weg, kamen sie immer näher. Ich fand keinen Unterschlupf, im donnernden Dunkel war da nur eine Felsgrotte mit einer Madonna und dem ewigen Licht davor, die Kerze flackerte auch schon im Wind. Bitte nicht, bat ich, ich brauch mich noch.

Ich hatte mir noch keine Herberge organisiert. Und Füssen war der nächstgelegene Ort, nur wenige Kilometer entfernt. Ich rannte, so schnell ich konnte, in dieser Nacht starben Menschen. Vor der Stadt war ein Kloster, die Tür war auf, ich warf mich hinein, es war halb neun am Abend. Da stand ein Telefon, 66, die Nummer des Pförtners. Grüß Gott und guten Abend: Leider sei kein Zimmer mehr frei und man auf Notfälle nicht vorbereitet. Ich war so nass, man konnte mich auswringen.

Ich rief unter einem gewaltigen Kreuz fünf Hotels an, die hielt der globale Mittelstand besetzt. Chinesen und Japaner und neuerdings auch Mexikaner mit üppigem Budget. Eine Spa-Suite war noch frei, für eine Nacht, heruntergesetzt auf 180 Euro, zehn Kilometer entfernt und mit einem malerischen Blick auf einen See. Es war schon sehr dunkel.

Ich beschloss in die Stadt zu laufen; ich würde mich einfach an den Bahnhof setzen und einschlafen.

Nach so langer Zeit hatte sich in mir Selbstgewissheit gesammelt; Ruhe, Gleichmut. Wird schon, dachte ich. Das Handy hatte noch ein wenig Saft, da kam eine Nachricht. Hallo Uli, hier Thorsten aus Erfurt. Ich habe meine Weitwanderung nach nonstop 217 Kilometern abgebrochen, heftiges Gewitter. Bin grad in Füssen, schrieb ich. Da kenne ich den Tourismusdirektor, kam es zurück. Ich rief Thorsten an: Schön, dass du dich meldest, schade mit dem Gewitter, aber du kommst wie gerufen. Thorsten Hoyer war mir während der Wanderung zu einem Freund geworden, obwohl ich ihn in Eisenach gerade einmal für zwei Stunden getroffen hatte. Ein sehr empathischer Typ, hilfsbereit und herausfordernd: Er läuft auch schon mal nonstop über die Alpen oder bis zur Erschöpfung durch Island oder brennend heiße Wüste.

Ich glaube, er hätte mich, bei meinem Tempo, huckepack genommen.

Aber nun reichte ein Anruf. Eine halbe Stunde später hockte ich mit Tourismuschef Stefan Fredlmeier in einem 70er-Jahre-Kasten, den Chinesen in Beschlag genommen hatten. Der Hotelchef meinte, vier Touristen würden gerade vermisst, man suche nach ihnen. Ich saß im Trockenen bei einem Bier. Wenn Thorsten sagt, ich solle helfen, mache ich das sofort, sagte Stefan Fredlmeier, Sie sind eingeladen.

Dann referierte er über Marketingstrategien und die Sehnsucht der Menschen nach Bewegung und die nächste Kundschaft der Bergwacht: muntere Senioren, die sich auf einem E-Bike in die Berge schwingen und ihre Kräfte überschätzen. Von hier kommen Sie übrigens auch gut nach Rom, sagte er, über die Via Claudia Augusta, einfach aus der Stadt heraus und geradeaus. Ja, vielleicht, warum nicht, sagte ich. Zum Septimer-Pass meldete mein Handy Hunderte Kilometer mehr. Luftlinie.

In der Stadt blätterte ich später Infomaterial; als ich las, dass die Strecke auch mit Auto, Camper, Bus zu machen und ein Stück Identität sei und von der Bevölkerung als Achse der Begegnung, des Austausches und der Zusammenarbeit gelebt werde und ich mich davon überzeugen lassen sollte, wusste ich, dies war nichts für mich.

Nachdem ich Füssen eigentlich hatte umgehen wollen, blieb ich dann doch noch einen Tag. Und begegnete im Telekom-Shop am Bahnhof der guten Gamze.

Sie hat den Laden gepachtet, Franchise. Ich ging in ihr Geschäft, weil nach den Füßen das Handy überfordert war. Es wusste nicht mehr, wohin mit all den Bildern und den kleinen Filmchen. Ich hatte mir angewöhnt, im Wald Kurznachrichten aufs Band zu sprechen, manche

Gespräche nahm ich auf. Das Navi verbrauchte ebenfalls Energie. Andere hätten diesen Spaziergang anders organisiert, mir war das klar: Aber ich beschränkte mich eben auch mit meinem Telefon, was zu viel war, wurde gelöscht.

Gamze lud zwei Stunden lang Daten auf einen Stick, ich versorgte sie mit Pralinen. Auf der Rechnung aus dem Computer stand: Es bediente sie Nummer 66. Ich: Wer? Sie: Ja, das können wir nicht ändern, das ist das System. Ich: Du bist doch keine Nummer. Und Silvio neben ihr, die beiden schmeißen den Laden, interessanter Typ, sehr schick: Ja, das stimmt eigentlich. Ich wieder: Wen muss ich anrufen, dass ich euch loben kann? Beide: Das geht nicht, Sie können sich nur beschweren. Oder wenn, dann eine Mail schreiben. Ich: Das System ist nicht gut. Beide nickten.

Das mit Zahlen und Ziffern, wenn es um Menschen geht: Ich hasse es. Begegnet einem ja ständig. Habe ich auch erlebt, als ich nach dem Diebstahl meines Portemonnaies und damit auch der Kreditkarte eine Service-Hotline anrief und die Mitarbeiterin fragte, ob der Räuber auf meine Kosten schon einkaufen war. Frau Lampioni war sehr freundlich, ich wollte sie loben, und sie sagte, bleiben Sie in der Leitung. Dann sollte ich Ziffern drücken auf dem Handy und Schulnoten verteilen von eins bis sechs, um zu zeigen, wie zufrieden ich war. Auch mit der Wartezeit in der Warteschleife.

Typen wie ich sind für Algorithmen-Macher und System-Relevante ein Graus, die machen analog Ärger, wo es so schön digital sein könnte.

Da fällt mir noch eine Geschichte ein: Als ich in der Post im schweizerischen Thusis im Rheintal in der leeren Schalterhalle kein Ticket gezogen hatte. Ich bat die freundliche Dame hinter der Scheibe einfach direkt um Frankierung meines Päckchens und legte Geld in die Mulde unter dem Glaskasten. Sie bediente mich trotzdem. Auf meine Frage, ob sie deswegen Ärger bekomme, sagte die Dame, naja, wenn das alle tun, würde ihr Chef am Abend oder am Ende eines Arbeitsjahres vielleicht sagen, sie habe zu wenig gearbeitet.

Von Füssen ging ich weiter über hügelige Wiesen, immer die Berge im Blick. Hoch und mächtig, dahinter war Süden. Sehnsucht. Wärme. Licht. Und das Essen erst, ich freute mich so.

Ich hatte bis jetzt viele tolle Wege hinter mir. Mit jedem Tag verschoben sich meine persönlichen Top drei der erfreulichsten abendlichen Angänge auf Dörfer und Städte. Lag lange Zeit Bad Bodenteich vorn, gleich hinterm Wendland, wo mich Frösche in feuchten Wiesen in die Stadt begleiteten, konnte ich mich jetzt nicht mehr entscheiden. War es das Trusetal bei Breitingen? Maria Ebenbild mit Blitz und Donner in der Nacht und Zauberlicht am Morgen? Die Strecke von Hollfeld nach Aufseß? So viel hatte ich erlebt, so viel erfahren. Einmal traf ich in der Rhön, im Holzberghof, einem Jagdschloss mit Kamin und Petroleumlampen, einen Gastwirt, der aus dem Landleben plauderte. Selten habe ich so kompakt einen Einblick in das Leben in der Provinz erhalten. Dass Stiere, aus dem Stall entlassen, bereits nach fünf Tagen verwildern. Ein kräftiges Geweih einem Rehbock fünf ruhige Jahre bringt, bis er dann als Trophäe endet. Ein Wildschwein zwischen dreißig und vierzig Kilo wiegen sollte, dann schmecke es besonders gut. Und ein Keiler möglichst vor der Rausche zur Strecke gebracht werden müsse; nach der Tollerei verliert er ein Viertel seines Fetts.

Ich hörte auch, wie Akademiker die hohen Kosten einer privaten Krankenkasse umgehen: Sie schaffen sich ein paar Ziegen an, sind somit Bauern und können dann in die günstigere landwirtschaftliche Krankenkasse wechseln. Auch eine Art von Agrarsubvention. Das alles waren spannende Themen. Ich ließ sie hinter mir, ich wollte nur noch gehen. Ich achtete mehr auf meinen Körper, propriozeptive Wahrnehmung, wie man heute sagt. Und übte mich darin. Das sah dann so aus: Ich hob das linke Bein. Ging in die Hocke. Streckte in der Hocke das rechte Bein. Pendelte hin, pendelte her. Mein Balanceboard war die grüne Wiese.

Ich sorgte für meine Füße. Arnika aus der Apotheke. Weihrauch-Aktiv-Gel aus Österreich, Kamille aus der Schweiz. Und Carsten Stark hatte mir noch ein Öl für die Durchblutung geschenkt.

Ich versuchte es nun so oft wie möglich barfuß. Die Füße kamen raus aus dem Käfig. War da ein Bach, ich stieg hinein. Eiskalt. Wasser umgurgelte meine Zehen. Ferse, Ballen, Vorfuß plantschten munter über Steine. Ich folgte dem Lauf des Wassers. Kein Brunnen, in dem ich meine Füße nicht kühlte. Kirsten murmelte aus der Ferne, ah, sehr gut, barfuß ist am besten, weiter so.

Irgendwann war ich in den USA. Unser schönes Allgäu. So sagen die Leute hier. Ich kenne das Allgäu, hier wohnt Antje. In einem kleinen Weiler. Hinter Wangen geht es links in eine Senke und von dort durch den Wald. Eine kleine Straße teilt ihr Gehöft. Abends sitzt sie vor dem Haus mit einem Glas Wein und schaut auf den Baum davor.

Antje reist viel. Sie liebt es so sehr, dass sie versucht, in wenigen Wochen überall zu sein. Im Sommer aber sitzt sie vor ihrem Elternhaus, sollen die anderen mal kommen. Antje ist sehr gastfreundlich, ich durfte oft bei ihr wohnen, egal, in welche Himmelsrichtung sie gerade unterwegs war. Ob ich zum Kaffee kommen dürfe, hatte ich gefragt. »Wann denn?«, sagte sie, »das Haus ist voll.« So gegen Nachmittag, sagte ich. »Wo bist du denn jetzt?« In Hopfen, bei Familie Mager, neben der Käserei, nicht weit weg. »Das ist sehr weit. Überleg es dir, wir sind hier.« Ich geh mal los, sagte ich. Es waren 25 Kilometer in der Luft. Es wurden 38 Kilometer über Land.

Ich kam an, als es zu regnen begann. »Es hätte mir besser gefallen«, sagte Antje, »du wärst auf einem Pferd gekommen.« Sie mag es gern größer. Dass ich barfuß lief, beeindruckte auch wenig. »Früher sind wir so übers Stoppelfeld gerannt, und Mutprobe war, wer es am längsten aushielt.«

Von hier lief ich mal über die Kuppen auf die Schwäbische Alb, ins Kloster Beuron über der Donau. Ich mag die Gegend. Über sich wölbende Hügel meint man auf den Himmel zuzulaufen. Die Wiesen haben keinen Zaun, die Kinder immer noch alle Freiheiten. Kleine Dörfer, große Herzen. Kein Wunder, dass Gebäck hier Seele heißt. Sie wird noch von Hand gemacht, aus Mehl von Weizen und Dinkel, Sauerteig und Hefe, Quellsalz und Wasser. Die Beste, sagt Antje, gibt es beim Fidelisbäck in Wangen, seit über fünfhundert Jahren. Antje kennt sich mit allem aus.

Ich durfte eine Nacht bleiben. Antje war Verlegerin, ihre Zimmer sind voll mit Büchern. Welt von innen, Welt von außen. Gedanken. Worte. Werke. Ich fand ein paar schöne Zeilen von Georg Christoph Lichtenberg vor über zweihundert Jahren über die Möglichkeiten, sein Leben zu verlängern. Der Physiker schrieb: »Erstlich, dass man die beiden Punkte ›geboren‹ und ›gestorben‹ weiter voneinander bringt und also den Weg länger macht. Diesen Weg länger zu machen, hat man so viele Maschinen und Dinger erfunden, dass man, wenn man sie allein sähe, unmöglich glauben könnte, dass sie dazu dienen könnten, einen Weg länger zu machen; in diesem Fache haben einige unter den Ärzten sehr viel geleistet.

Die andere Art ist, dass man langsamer geht und die beiden Punkte stehen lässt, wo Gott will, und dieses gehört für die Philosophen. Diese haben nun gefunden, dass es am besten ist, dass man zugleich botanisieren geht, zickzack, hier versucht, über einen Graben zu springen und dann wieder herüber, wo es rein ist, und es niemand sieht, einen Purzelbaum wagt und so fort.«

Wenn du über die Berge bist, solltest du Sils Maria besuchen, sagte Antje. Geh ins Waldhaus und bestell dort beste Grüße. Und schau dir an, wo Nietzsche wohnte; der war so arm, er ließ sich Briketts schicken. Das erzählte ich, als ich bald darauf im Nietzsche-Haus stand. Seine Nachlassverwalter wussten nichts davon. Tja, dachte ich.

Der Besuch bei Antje war ein Umweg. Ein sehr schöner. Ich lief nach einem langen Frühstück über die Wiesen zurück nach Wangen und wollte von dort am Nachmittag mit dem Zug nach Scheidegg fahren, kurz vorm Bodensee. Dort hatte mir Werner seine Pilgerherberge angeboten, kannst alles für dich haben, sagte er, ist nicht viel los. Wir wollten uns am Abend zu einem Essen treffen. Werner kannte ich von einem früheren Besuch.

Er hatte seine Firma verkauft und war nach Santiago di Compostela gepilgert. Der Weg war für ihn wie die Entdeckung Amerikas; Land in Sicht und Weite in einem Leben, in dem er sich zunehmend eingesperrt fühlte, als Unternehmer und Arbeitgeber. Als er unterwegs war, hatte er das Gefühl von »erfüllter Zeit«. Werner war 63, als er fortging, »Hänschen klein« auf den Lippen. Zurück in Deutschland bot er der evangelischen Kirchengemeinde an, ein Zentrum zu schaffen für alle, die unterwegs sind. Er wollte ihnen weiter nahe sein. Das Fortgehen macht nur dann Freude, wenn man auch ankommen darf. Und willkommen ist. Werner ist ein guter Gastgeber.

Am Bahnhof in Wangen traf ich einen Mann aus Syrien, er erzählte seine Geschichte vom Unterwegssein. Ich verpasste den Zug. Es gelang mir einfach nicht mehr, Termine zu halten. Dass ich zu einer bestimmten Zeit irgendwo sein sollte, es strengte mich an, so weit war ich schon.

Aber Werner wollte ich nicht versetzen. Ich stellte mich an die Straße. Und es hielt, in einem alten Mercedes, ein freundlicher Mann. »Wo wollen Sie hin?«, fragte er, »ich bring Sie.« Ich bin da gestern durch schönste Gegend gelaufen, sagte ich, und vorn an der Straße stand ein Schild, »Tal der Rebellen«, was bedeutet das? »Oh, das ist an der Straße von Steinegaden nach Eglofstal. Da wohnen viele gute Leute. Bauern und Handwerker. Die wehren sich gegen mehr Verkehr. Ein Politiker nannte sie Rebellen.«

Ich stellte mir Barrikaden vor und Männer mit Mistgabeln, die laut riefen: »Geht in euch, geht mehr zu Fuß! Autos zu Pflugscharen! Die Straße den Menschen. Macht kaputt, was euch kaputt macht«. »Und dann«, sagte der Mann, »gibt es hier auch noch einen Schuhmacher. Einen der letzten seines Stands.«

Oh, sagte ich, so einen suche ich schon lange. »Ja«, sagte der Mann. »Ich weiß aber nicht, ob er noch lebt. Da müssen Sie sich durchfragen.«

Am liebsten wäre ich ausgestiegen und gleich hin. Aber ich war verabredet. Der Mann im Mercedes setzte mich dort ab, wo Werner vor dankbarem Publikum auf seiner Gitarre Lieder sang. Auf einem Hügel mit prächtigem Blick auf die Alpen. Feierlich die Stimmung und erhaben die Kulisse. Und das ist der Uli, der läuft nach Rom, sagte Werner und bat mich, ein wenig von meinem Weg zu erzählen. Dann sang er das Lied von den Brüdern und einem guten Abschied, denn ungewiss ist alle Wiederkehr. Und die Sonne versank rot in den Bergen.

Im Tal der Rebellen

Das Tal der Rebellen senkt sich zwischen zwei Bundesstraßen mit hektischem Treiben. Ein Reservat in rasender Zeit. Hier kann man Menschen besichtigen, die keine Lust haben, sich besichtigen zu lassen. Würde man Land und Leute vermarkten wollen, fänden sich großartige Charaktere. Typen. Komödien wurden hier schon gedreht: »Daheim sterben die Leut'« zum Beispiel: Bauer Allgeier mit eigener Quelle auf dem Hof wehrt sich, an eine Fernwasserleitung angeschlossen zu werden. Großer Stoff, List und Lust und stoischer Selbstironie des Westallgäus entlehnt: »Drhoim sterbet d' Leit, und beim Boschdwirt deannet, do isch scho achtzg Johr koiner me gschtorba«: So reden sie in den Wirtshäusern. Großartig.

Das Tal ist nicht lang, vielleicht vier Kilometer. Im Allgäu gibt es dauernd Täler, nicht jedes bekommt einen Namen. Dieses hier wird von einem Bauernhof mit einem Haufen Mist vor der Tür eröffnet, ein Sägewerk geleitet am Ende hinaus. Sieht man das Tal von oben, möchte man Daumen und Zeigefinger nehmen und es herausheben aus der Umgebung und es einrahmen.

Eine Brücke führt hinein, über die Argen. Der kleine Fluss markiert die Grenze zwischen Bayern und Württemberg. Die alten Leute sagen heute noch, die auf der anderen Seite seien so komisch. Was die Argen trennt, soll der Mensch nicht verbinden: Das sagen die Rebellen. Denn es droht Ungemach. Die Brücke über den Bach soll erneuert und die Straße gefügiger gemacht werden. Für schweren Lastverkehr, für acht Minuten Zeitgewinn auf dem Weg von Immenstadt nach Wangen. Der Kreistag hat ein paar Millionen Euro dafür bereitgestellt.

Die Straße würde breiter, der Verkehr mehr werden. Seit der Jahrtausendwende, sagen die Grünen, sei in Bayern eine Fläche so groß wie München, Nürnberg, Augsburg, Regensburg und Fürth unter Asphalt verschwunden. Dafür, dass wir schnell mal eben was bestellen können. Oder uns in Gewerbegebieten verfahren, diesen Monstern aus Wellblech und Baracken und flachen Dächern. Und die Landschaft verblutet just in time. Die Rebellen haben die Schnauze voll davon.

Die Kosten, Dinge zu bewegen, sinken dramatisch. Distanzen sind kein Problem. Nicht mehr alles zu seiner Zeit: alles sofort. Online. Fertig. Los. Dafür braucht man schnelle Straßen. Amazon hat versprochen, innerhalb einer Stunde zu liefern. So lange brauchen andere morgens auf der Toilette.

Die Leute hier mögen die Ruhe weg haben, aber blöd sind sie nicht. Hier leben Menschen, die Entfernung mit Eigenbewegung verbinden. Nicht mit dem Meilenkonto. Rolandsbrüder. Das sind Wandergesellen, drei Jahre und drei Tage zu Fuß unterwegs, die Welt zu erkunden.

Mit großem Hut und schwarzer Schlaghose als »Fremdgeschriebener« Arbeit zu suchen, mindestens fünfzig Kilometer von zuhause entfernt.

Die Rebellen treffen sich im Wirtshaus. Im schönen Harratried, ein paar Bauern, ein paar Handwerker, steht noch so eins. Der Adler. Alles Holz.

Ich brauchte zehn Minuten, die Wirtin zu finden. Sie bewirtschaftet das Haus allein, seit ihr Mann tot ist. Er starb auf seinem Trecker, Herzinfarkt. Vor dreißig Jahren. Seine Frau hatte sich gewundert, dass der nur noch im Kreis fuhr, sie konnte ihren Mann beim Arbeiten auf dem Feld zusehen. Schrecklich war das, sagt Friedl, ein so guter Mensch. Sein Bild hängt in der guten Stube, ein Denkmal.

Die Friedl ist jetzt weit über achtzig, ihre Eltern kannten noch den Kaiser. Manchmal setzt sie Brenntar an, schwarzes Mus. Das Hafermusmehl muss in der Pfanne mit Butterschmalz und Lorbeerblättern dunkel bräunen. Und mit Wasser aufgegossen und später mit Emmentaler Käse verrieben, eine Zeit lang ziehen. Die einen sagen 25, die anderen vierzig Minuten.

Friedl hat sich das Staunen bewahrt. Alle paar Wochen mieten die Rolandsbrüder ein Zimmer im ersten Stock und machen dort auf Geheimnis, bevor sie einen der ihren auf den Weg schicken. Als Freiheitsbruder. Ist ja auch ein Entschluss, ein solcher Schritt. Ich frag da nicht nach, sagte die Friedl, sie wüsste gerne mehr.

Ich wollte weiter zum Schuhmacher und fragte mich durch. Ein Bauer zeigte mir den Weg, ich verstand kein Wort, es schwäbelte aus ihm heraus. Ich solle mich in Richtung des »Bären« halten, das immerhin hatte ich verstanden. Vergnügt pfiff ich Lieder. Als eine Frau mich so sah, sagte sie, wer morgens pfeift, den holt abends die Katz.

Ich kam schließlich an eine lärmende Bundesstraße, neben mir donnerten Bestellungen. In der Talwirtschaft »Zum Bären« mit Schindelfassade und bunt bemalten Fensterläden drehten die Kellnerinnen das Radio laut, sie ertrugen den Lärm der Straße nicht. Ich setzte mich an den Stammtisch und hörte Staunachrichten. Wo denn der Schuster wohne, fragte ich den Chef. »Sie kommen zu spät«, sagte er; der sei leider im vergangenen Jahr gestorben. Die Werkstatt, fragte ich, gibt es die noch? Er zeigte mir den Weg, es war nicht weit. Ich ging hin, nun war ich schon mal hier.

Kurz vor dem Wald war links ein Haus. Im Hof sah ich einen alten Mann Feuer machen. Grüß Gott, sagte ich, Sie sind doch bestimmt der Herr Walser, der Schuhmachermeister. »Ja«, sagte der Mann. Ich musste innerlich schmunzeln, behielt meine Freude aber für mich. Herr Walser wusste nicht, dass seine Nachbarn meinten, er sei tot. Und die Nachbarn wussten nicht, dass er lebte. Ich wurde groß im Glauben an die Auferstehung, jedes Jahr zu Ostern neu, ich wunderte mich nicht. Suchst du ewiges Leben, wirst du überall fündig. Ich bat Herrn Walser, mir seine Werkstatt zu zeigen. »Kommen Sie mit. Ich habe Zeit, bis meine Tochter mich zum Essen ruft.«

Die Werkstatt war, wie ich sie noch kannte, als ich mit zehn Jahren dem Schuhmacher in unserer Stadt die Milch brachte. Da war viel Ruhe im Raum, ich erinnerte mich an das Gefühl. Auch hier war Handwerk zu greifen: Hammer, Beißzange, Zwickzange, Kneipmesser, Wetzstein, Täcksheber, Spitzknochen, Putzholz. Eine alte Ledertasche lag da noch vom Urgroßvater, und neben dem Ofen überm Regal waren Leisten aus Holz mit Nägeln darin. Herr Walser erklärte mir seine Kunst, ich zeigte ihm meine neuen Schuhe. Er nahm Maß. Sie sind zu kurz, sagte er, stand auf und setzte hinzu: »So isch es halt«. Dann kam seine Tochter und sagte, das Essen sei fertig.

Ich meldete mich noch einmal beim Hanwag-Mann. Ich muss die Schuhe umtauschen, raunte ich ins Handy, die passen leider immer noch nicht. Kein Problem, sagte der Chef, ich schau mal, ob ich irgendwo zwei Nummern größer auftreiben kann. So geht es ja nicht weiter.

Burnout in Scheidegg

Ich ging durch das Tal der Rebellen zurück in Richtung Scheidegg, die lärmende Landstraße entlang. Ich traf eine Mutter, die sich Sorgen um ihre Kinder machte, dass sie nicht mehr auf der Straße spielen könnten, sollten die großen Laster durchs Tal rollen. Hier war die Welt, so schien mir, noch einigermaßen heil geblieben.

Ich war jetzt nicht mehr weit weg von der Schweizer Grenze und fragte mich, wo lang jetzt? Ich rief Herrn Denecke an, mir Rat zu holen. Wie in alten Zeiten boten sich die Pässe zwischen Chur und Chiavenna an. Von München aus wäre es der gut ausgebaute Brenner gewesen, aber da war ich ja nun nicht mehr. Herr Denecke erklärte mir den Weg der alten Rom-Pilger, über den Bodensee nach Fußach und von dort das Rheintal hinauf zum Septimer-Pass.

Für den Weg nach Triest hatte ich mir vorher ein Büchlein mit Etappen und Adressen von Hütten für die Nacht organisiert. Für meine neue Strecke gab es so was nicht.

Vor mir lag eine neue Herausforderung, an diesen Gedanken musste ich mich erst gewöhnen. Es würde in die Höhe gehen, dort könnte Schnee liegen. Ich hatte bei Herrn Denecke Hospiz-Berichte gelesen über Pilger, die auf verschneiten Pässen den Tod fanden und deren Knochen in der Erde verscharrt wurden. In meinen steckte noch die Erinnerung an das Gewitter, leichten Sinns mochte ich nun nicht sein. Und frieren schon gar nicht.

Von meinen Autofahrten in den Süden wusste ich, im Rheintal ist viel Verkehr. Ich wollte beim Gehen nicht auf Autos sehen. Dort übernachten müssen, wo auch Trucker schliefen.

Die Berge waren keine Kulisse mehr, sie standen im Weg.

Mein Sohn hatte mir mittlerweile meinen Reisepass zukommen lassen. Meine anderen Papiere blieben verschwunden, sie liegen wohl irgendwo in München noch im Gebüsch oder sind auf der Müllkippe gelandet. Auf der Polizeiwache sagte man mir, es gebe in den Städten viele Menschen, die nur auf einen Fehler von dir warten.

Einen Tag nach dem anderen verschob ich meinen Abmarsch, ich wägte ab. Mein Gastgeber Werner war sehr zuvorkommend, der Pfarrer und seine Familie nebenan waren es auch, vor meinem Zimmer plätscherte ein Bächlein. Werner brachte morgens bestes Gebäck, am Abend gab es im »Hirschen« Essen vom Feinsten. Ich fühlte mich wohl in Scheidegg. Hier ist doch auch Süden, dachte ich. Warum in die Ferne schweifen, wenn das Gute liegt so nah?

Ich hatte den Schlüssel zur Herberge, ich hatte ein Bett zum Ausklappen, ich hatte Zeit zum Schauen. Hier war viel Panorama, und eine Kapelle war dem heiligen Ulrich geweiht. Auch so ein Wanderer und später Bischof von Augsburg; als er aus Rom zurückkam, sprudelte dort, wo er seinen Schritt setzte, Wasser. Das Wasser aus seiner Quelle soll für klaren Blick sorgen, ich nahm reichlich.

Scheidegg ist ein gemütlicher Ort. Werner stellte mir

Toni vor, einen Bergführer, ich erkundigte mich bei ihm nach Wegen im Rheintal. Toni erklärte mir, man solle bei zunehmendem Mond laufen, dann sei das Wetter stabiler. Ich fragte, ob er mich begleiten wolle, ich würde gern, sagte er. Aber er habe gerade andere Gäste. Werner meinte, du kannst so lange bleiben wie du willst. Musst auch noch den Kuchen probieren von meiner Freundin, sagte er. Und dann haben wir noch eine bekannte Burnout-Klinik, guter Chef da. Der macht viel mit Gehen. Aber da brauchst du einen Termin, die sind über Monate ausgebucht.

Ich rief dort an, und der Chef sagte, ich habe kurz Zeit, eine halbe Stunde, kommen Sie vorbei. Ein zugewandter Typ und sehr freundlich. Ich wollte von Wolf-Jürgen Maurer wissen, wie er Leute wieder zum Lachen bringt. »Tja«, sagte er, »wir versuchen, die Aufmerksamkeit darauf zu richten, was geht. Statt darauf, was falsch läuft. Die Leute lernen hier, sich nicht zu sehr mit ihren Sorgen zu identifizieren. Und ihre wahren Bedürfnisse zu spüren.«

Das sind so Sätze, die man in jeder guten Broschüre liest. Genau das aber ist ein Teil des Problems: Viele Leute lesen zu viel. Sie denken, dass Wörter Probleme lösen. »Oder glauben an Therapie als Lebensersatz.« Maurer lächelte. Er ist Psychotherapeut, ein lässiger Mann. Aber auch herausfordernd. »Man kommt doch nicht damit weiter«, sagte er, »wenn man immer wieder die alten Geschichten auspackt. Dass man vom Wickeltisch gefallen ist, solche Sachen. In Wahrheit haben wir alle nur Angst davor, verletzlich zu sein. Ich sag den Leuten, nehmt Eure Maske ab und lasst uns von Mensch zu Mensch begegnen, ohne Scheu davor, etwas falsch zu machen.«

Menschen können eine Menge aushalten. Sich selbst verleugnen. Aber irgendwann ist Herz, Kreislauf, Sense.

Dann geht gar nichts mehr. Atemlos durch die Nacht, das klappt vielleicht noch; aber am Tag ist Feierabend. Die Leute fallen einfach um. Bleiben liegen. Brechen in sich zusammen, wie ein Baum nach dem Sturm.

Ich kenne einige Leute, die ausgebrannt waren: Nie gingen die mit mir ein Bier trinken, weil immer was zu tun war. Aber es gab immer noch einen, der nach ihnen das Licht ausmachte.

Der Herr Maurer, er gefiel mir. Socken trug er auch nicht. Auf der Suche nach einem guten Ort zum Leben sei er hier mit seiner Frau hängen geblieben, sagte er, eigentlich wollten sie gemeinsam in der Schweiz nach Arbeit schauen. Das konnte ich gut verstehen. Ich war ja auch noch da. »Und wissen Sie was? Wir ermutigen unsere Patienten zu gehen. So langsam wie nur möglich. Dass sie sich endlich wieder spüren und mit jedem Schritt wieder in ihren Körper kommen. Das tut so gut.«

Ausdauertraining, dreimal die Woche für jeweils eine Dreiviertelstunde, draußen und nicht auf dem Laufband, sei ebenso hilfreich wie eine Psychotherapie. Aber man müsse dabei noch schnaufen können und nicht dauernd auf seine Pulsuhr schauen, ob das Leistungslimit erreicht sei.

So gelinge es in Scheidegg, Patienten statt nach siebzig Tagen wie früher nach der Hälfte der Zeit in ein neues Leben zu entlassen. Verbunden mit der Bitte, sich selbst wieder mehr zu vertrauen. »Ich glaube an die Liebe«, sagte Wolf-Jürgen Maurer. »Und daran, dass wir nicht immer alles selbst machen müssen. Manchmal hilft es, die Dinge laufen zu lassen, dann regelt sich viel von allein.« Ich hätte es nicht schöner sagen können. Und blieb noch einen Tag.

Der Mönch im Wald

Es war Anfang August, aus Italien kamen keine guten Nachrichten. Die Wälder standen in Flammen, die Hitze fraß sich durch Dörfer. Irgendwo war wieder Erdbeben, extrem die Verhältnisse. Ich wusste nicht, was mich erwarten würde; ich wollte nicht, dass mir was auf den Kopf oder vor die Füße fiel.

In früheren Zeiten vermied man, im Sommer zu Fuß nach Italien zu gehen. Auf der Südseite der Alpen erwarteten den Wanderer in der Po-Ebene Mücken und Malaria, so auch in den Sümpfen vor Rom. Wer es sich leisten konnte, ging im Herbst los und nahm einen Wintereinbruch in den Alpen in Kauf.

So schön war ich nun durch Deutschland geschlichen. Vielleicht, so dachte ich, könnte ich auch am Bodensee vorbei über den Schwarzwald und den Rhein entlang in einer sanfte Rechtskurve, die hatte ich ja nun drauf, auf Hamburg zielen. Und wäre dann einmal im Kreis gelaufen, mehr oder minder. Aber in Landshut hatte ich Pilger-Peter getroffen, ich nenne ihn mal so, einen sehr hilfsbereiten Architekten und erfahrenen Wandersmann. Er war viel zu Fuß unterwegs; er träumt davon, eines Tages vom Nordkap nach Sizilien zu gehen. Seine Frau weiß noch nichts davon.

Peter sang im Chor der Reisigen, einer stimmgewaltigen Fußtruppe bei der Landshuter Hochzeit. Landsknechte und abenteuerliche Gesellen. Ihr Lied hatte ich im Ohr: »Wir zogen in das Feld«, so fing die erste Strophe an. In der dritten waren sie schon in Italien: »Wir kamen nach Friaul, da hätten wir allsamt ein voll Maul.«

Er hatte mir den Mund wässrig gemacht mit seiner Erzählung über die Strecke von Florenz nach Rom, dem sogenannten Franziskusweg. Dieser führt Hunderte von Kilometern über den Apennin und verbindet Dörfer und Städte und Kirchen und Klöster. Satte Blicke, guter Wein, phantastisches Essen. Dort, wo der Mann aus Assisi barfuß unterwegs war, um Armut zu predigen. Man könne noch die Höhlen sehen, in denen er mit den Seinen lebte, alte Eremitagen und verwunschene Gegend.

Peter war als Pilger in Rom. Und hatte den Papst getroffen. Das war sehr einfach. Pilger können sich im Internet für die Generalaudienz anmelden. Wenn sie mindestens hundert Kilometer mit dem Rad oder zu Fuß unterwegs waren und einen Pilgerausweis besaßen, gibt es Sonderkarten.

Peter war überrascht gewesen, als ihn plötzlich ein Schweizergardist aus der Menge gepickt und zum Papst gebracht hatte. Francesco klopfte ihm auf die Schulter, gut gemacht. Peter meinte, in Santiago de Compostela kämen täglich 2000 Pilger an; als er Rom erreichte, war er einer von elf.

Noch aber war Rom weit weg und ich nicht in der Stimmung aufzubrechen. Ich rief Jakobus an, der den Weg von München an den Bodensee auch schon mal gelaufen war und ihn mir empfohlen hatte. Jakobus ist Einsiedler. Er lebt im Wald. Wenn du magst, meinte er, können wir uns treffen. Ich bin da.

Von Scheidegg waren es zwanzig Stunden zu Fuß oder zwei mit Bus und Bahn. Jakobus wohnt, grob gesagt, in Richtung Hamburg. Ich wollte ihn sehen. Und gönnte mir die Fahrt.

Ich fuhr zum Bodensee hinunter. In Friedrichshafen drängten sich Touristen auf der Seepromenade, die Eisdielen waren voll, die Restaurants besetzt. Alle wollten draußen sitzen und auf die Berge schauen, sie leuchteten in der Ferne. Auch die Menschen hier waren auf der Suche nach Schönheit, aber im Sitzen. Silbern glänzte der See. Als Wald- und Wiesen-Mann hatte ich hier wenig verloren.

Ich stieg in den Bus, wir kamen stockend voran. Autos verstopften die Dörfer, Gassen voll Blech. Das Leben hier war ein langer ruhiger Stau. In Immenstaad stieg ich aus. Ich suchte eine Lücke am dicht bebauten Ufer, im See zu baden. Ich schwamm hinaus und versuchte, nicht zu sehr aufzufallen, eine Badehose hatte ich nicht dabei. Die Menschen am Ufer störte es nicht, sie tranken Wein oder telefonierten. Tage zuvor hatte sich eine Frau über mich beklagt, in Bayern schwimme man nicht nackt.

Am Bodensee gab es keine weiteren Beschwerden über mich. Erfrischt ging es zwischen Weinbergen eine kleine Straße hoch. Ich hatte mich mit Jakobus in Schloss Hersberg verabredet, einem heute katholischen Tagungshaus oberhalb des Sees mit beeindruckender Biographie. In den letzten Tagen des Zweiten Weltkrieges rettete ein mutiger Pater hier 22 Männer vor einem Tötungskommando der SS. Höhere Offiziere, die nach dem Attentat des 20. Juli als Verschwörer in Haft genommen und vor den anstürmenden Sowjets hierher verlegt worden waren. In einer abenteuerlichen Aktion gelang es dem Geistlichen, die Häftlinge in umliegenden Dörfern zu verstecken.

Von den Geschehnissen las ich auf einer Tafel, als ich am Eingang auf Jakobus wartete. Einmal die Woche bietet er Zen-Meditation ein. Ich freute mich, ihn zu treffen. Mit schnellem Schritt kam er durch die Tür. »Er eilt von Besinnung zu Besinnung«, rief er und reichte einem jeden die Hand. Dann bat er in einen Raum unter dem Dach, schloss die Fenster, und schwieg.

Ich hatte im Haus ein Zimmer gebucht, aber nun gefiel es mir hier nicht. Nicht wegen der Leute, es war die Straße, sie war zu laut. Ich war seit Wochen Stille gewohnt. »Wenn du magst«, sagte Jakobus, »nehme ich dich gleich mit. Du kannst in der Klause schlafen.« Ich nahm die Einladung an; ich empfand es als besondere Ehre, einem Eremiten nicht auf den Geist zu gehen.

Nach dem Schweigen im Schloss fuhren wir durch heftigen Regen die Landstraße entlang. Wir kamen durch dunkle Dörfer. Beinahe hätte Jakobus den Abzweig in seinen Wald verpasst. Links ging es einen Feldweg hinein, später löste er sich in Schotter auf. Irgendwann drückte Jakobus aufs Gas. Sonst kommen wir hier nicht hoch, sagte er; die Räder drehten auf matschigem Boden fast durch, steil ging es nach oben. Nach einer scharfen Rechtskurve kam das Auto hinter einem Haufen Holz zum Stehen. Umringt von Bäumen duckte sich ein Häuschen in den Wald. Es war stockduster. »Geh schnell rein, die Tür ist auf«, sagte Jakobus.

Ich musste mich ziemlich ducken, mit dem Kopf nicht an die Decke zu stoßen. Jakobus zeigte auf die Treppe, dort oben kannst du schlafen, da ist ein Bett. Ich stellte den Rucksack ab und schaute mich um. In der Küche sah es aus wie früher in der Wohngemeinschaft, so leben Junggesellen, dachte ich. Ich sah eine Maus flitzen, Jakobus setzte Wasser auf für einen Tee.

Er bat mich an einen Tisch und befreite den vorderen Teil von Schriften und Büchern. Ein Holzregal bog sich vor Wissen, griffbereit die großen Philosophen und Weisheitslehrer aus Ost und West, die Werke der Wüstenväter ebenso wie Lebenserinnerungen von Psychoanalytikern wie Viktor Frankl; das war, was ich mit raschem Blick erfasste.

Zwei Stühle standen da und in der Ecke ein Ofen, es war zu spät, ihn anzufeuern. Ich fror in meiner Jacke, wir waren hier auf achthundert Metern Höhe. In einer ehemaligen Burg mit dicken Mauern auf einem Hügel, den die Eiszeit geformt hatte. Jakobus hatte dieses Haus mit Hilfe von Freunden hergerichtet. In der Ecke stand ein Heizgerät.

Jakobus ist Benediktiner-Mönch, seit 35 Jahren. Eines Tages bat er den Abt, ihm mehr Freiheit zu gewähren, um außerhalb der klösterlichen Gemeinschaft leben zu können. In diese Einsamkeit hat er sich zurückgezogen. Hat seine Tage unterteilt in Gebete, vom Laudes am Morgen bis zum Komplet am Abend. Er studiert die Schriften von Männern und Frauen, die vor ihm das Gleiche probiert haben. Sich selbst zu erkennen und darin Gott zu sehen, wie sie sagen.

Jakobus trägt weiter, was vor 1700 Jahren in der ägyptischen Wüste begann. Als die ersten Aussteiger der Weltgeschichte aus Häusern in Höhlen zogen, weit weg vom Geschwätz der Welt. Sie nannten sich »eremos«, was auf Griechisch Wüstenbewohner heißt. Leere zu ertragen, um ein Leben in Fülle zu finden: Das war ihr Weg. Unter wolkenlosen Himmel über das Sein zu sinnen und die ewig gleichen Fragen: Wie wollen wir leben, was soll aus uns werden, wer wollen wir sein.

Jakobus goss uns einen Tee ein. »Na«, fragte er, wie war dein Weg bisher? Du hast es ja weit geschafft.« Er geht selbst sehr gern zu Fuß und hat geholfen, dass es einen schwäbischen Jakobsweg gibt. »Toll, so ein Gefühl von Weite, oder?« Ich erzählte ihm von meinen Begegnungen und meinem Gefühl von Harmonie. Von meinem Vertrauen, dass die Dinge gut sind und gut werden, und der Vermutung, dass ich doch ein sehr viel gläubigerer

Mensch sei, als ich dachte. »Das kann noch wachsen«, sagte Jakobus, »je mehr du in die Stille hineinkommst, immer weiter, immer tiefer.«

Sich selbst verlieren und sich wieder finden; an die Grenzen kommen des eigenen Verstands, des eigenen Wissens; zu unterscheiden lernen zwischen guten und schlechten Gedanken, Einbildung und Wirklichkeit; und die Analyse nicht als narzisstische Nabelschau zu betrachten: Das sei die Technik, mit der man das Leben begreifen könne und vielleicht eine Antwort finde nach dem Sinn im Sein. »In jedem von uns«, sagte Jakobus, »sind zwei Ichs. Wüsste ich, wo das eine beginnt und das andere aufhört, wäre ich restlos weise. Unser subjektives Ich ist sehr launisch und äußeren Einflüssen ausgesetzt.« Dies, seinem Wesen nach trotzig, schwach und verzagt, solle »nicht die Größe sein, mit der fest gerechnet werden kann.« Denn da sei »noch ein anderes, ein nicht persönliches Ich, welches unseren Anteil am Großen und Ganzen und Gott repräsentiert.« Diesem zu folgen, sagte Jakobus, lohne sich schon eher.

Jakobus kennt sich aus in der Meditatio, der Schau, der Beobachtung von Gedanken und Gefühlen. Das tiefe Schweigen ist ihm Bedürfnis und Methode zugleich; zu sich zu kommen, um den Geist zu beruhigen und »in den Raum noch vor den Gedanken zu gelangen«.

Mir waren diese Worte nicht fremd, ich hatte mich schon ein wenig mit Meditation beschäftigt; es gab mal eine Zeit, da konnte ich eine Stunde still sitzen. Das schaffte ich nun nicht mehr. Aber ich weiß, wie gut dies tut. »Warum geht ihr aus?«, fragte Meister Eckhart. »Warum bleibt ihr nicht in euch selbst und greift in euer eigenes Gut? Ihr tragt doch alle Weisheit wesenhaft in euch.«

Das muss man erst mal begreifen. Oder verstehen wollen. Andererseits: Ist das Leben nicht ein Wunder? Glaube, Liebe, Hoffnung, diese drei: glücklich schon, wer nur eines davon versteht. Und es gibt sie ja, diese Augenblicke, die einen plötzlich verstehen lassen. Oder dazu führen, sein Leben auf den Kopf zu stellen.

Bruder Jakobus ist ein heiterer Mann. Stattlich, wie man so sagt, mit beeindruckenden Augenbrauen, die so wachsen dürfen, wie sie wollen. Jakobus lachte. »Man hat ja auch keinen, der einen zur Ordnung ruft.«

Bruder Jakobus sortiert lieber das Durcheinander im Kopf. Denn der ist voll von Bildern und Bewertung, Annahme und Urteil. Pausenloses Plärren, lieber dies? Oder lieber das? Bekomme ich, was ich will? Behalte, was ich habe? Diese Unruhe geht vielen Menschen auf den Geist. Deshalb suchen immer mehr nach Techniken der Entspannung, beim Laufen, Liegen, dem Dalai Lama oder ihrem Therapeuten. Jakobus kennt das alles. 25 Jahre alt war er, als er nicht mehr weiterwusste. Die Freundin weg, sinnlos erschien sein Jura-Studium. Der Wunsch, ein Offizier zu werden. Alles, woran er geglaubt hatte, nichtig und klein. Und dann, nun ja, wie mit einem Schlag, plötzlich Trost im Trübsal. Ein Wissen, dass da Größeres ist als die eigene Vorstellung vom Leben.

Ich fragte Jakobus nach Gott. Es gibt ihn, sagte er. Und wie ist es, sein Haus zu teilen mit einem, den man nicht zu Gesicht bekommt? »Nun«, sagte Bruder Jakobus, »Bilder soll man sich keine machen.«

Er sah mich an. »Du bist doch jetzt auch schon eine Zeitlang unterwegs«, sagte er. »Was glaubst du?« Ich denke schon, dass ich ein gläubiger Mensch bin, sagte ich. Ich erzählte ihm von den vielen schönen Momenten auf meiner Reise, von meinem Gefühl, geführt zu werden, ohne dies genauer beschreiben zu können.

Es war weit nach Mitternacht. Jakobus war nach einem langen Tag müde. Ich gehe noch kurz in die Kapelle, kannst ja mitkommen, sagte er. Wir gingen durch die Nacht, und da war da eine offene Tür, eine Kerze brannte. Ein schlichter Raum mit ein paar Bänken und alten Fresken an der Wand. Jakobus sprach ein Gebet. Dann verabschiedeten wir uns.

Am nächsten Morgen saß er schon in sich versunken und von einer dicken Decke umhüllt im Gebetsraum. Ich hockte mich in die Ecke und schwieg. Als wir später ein Brot schmierten, sagte Jakobus, sein Abenteuer dulde keine Ablenkung. Er sei bemüht, immerfort im Gebet zu sein. Um die Spannung zu halten, so wie wir alle es tun müssen, wenn wir uns konzentrieren wollen. Wichtig sei die Discretio, die Fähigkeit, zwischen Schwärmerei und Wirklichkeit unterscheiden zu können. »Man muss nur aufpassen«, sagte Jakobus, »den eigenen Vogel nicht für den Heiligen Geist zu halten.«

Ein so angenehmer Mensch, dachte ich, kein Missionar, niemand, der dich belehrt. Ich fühlte mich wohl bei ihm. Was er sagte, wie er es sagte. Nicht von oben herab, sondern von unten gedacht. Ob er sich als weise bezeichnen würde, fragte ich ihn. Jakobus lachte. »Vielleicht denken das einige«, sagte er. »Aber für andere bin ich ein Depp.« Zum Abschied wünschte er mir »Bilder und Farben, Töne und Gerüche und vor allem Weite«.

Als ich Jakobus später zum Dank eine Kiste Wein schickte, verschenkte er vier der sechs Flaschen an seine Nachbarn. Das Haben ist nicht seins.

Ich lief ich aus dem Wald auf eine kleine Straße und suchte in einem Dorf nach dem Weg. Rechts ging es Richtung Hamburg. Links Richtung Bodensee. Ich war in gehobener Stimmung. Die Ewigkeit, soll Augustinus gesagt haben, werde sein wie ein unvergänglicher Augenblick. Das hatte ich noch im Bett gelesen, bevor ich einschlief. Es gab kein Gestern und kein Morgen: Ich war jetzt unterwegs auf einem Weg, von dem ich nur eine Ahnung hatte, wo er mich hinführte. Und in mir war eine wohlige Gewissheit, dass gut war, so wie es war. Ich hatte nicht viel getan dafür, ich hatte mich nur in Bewegung gesetzt.

Auf dem Asphalt bildeten sich im Regen kleine Bläschen. Schnecken schlichen über die Straße. Hinter Wiesen dämmerte Wald, die Flurstücke hießen Herzacker und Seelengrund. Ich war dankbar, diese Tour hier machen zu können. Meine Freunde und Eltern waren gesund, niemand hielt mich ab, unterwegs zu sein. Ich dachte an meine Mutter, 83, die immer noch sagt, ihr tun die alten Leute leid. Und meinen Vater, 80, der jedes Mal, wenn ich ihn fragte, wie es ihm gehe, nur sagte, ja, wie soll es denn gehen? Gut, so weit. Sie hatten mich, ihren ältesten Sohn, immer laufen lassen. Es gibt ja auch Eltern, an denen sich die Kinder abarbeiten müssen. Solche waren sie nicht.

Jakobus versteht das Christentum auch als Bewegungslehre: Die ersten Christen zogen aus der Wüste hinaus in die Welt. Und begriffen das Leben als Wanderschaft, als Übergang und Verwandlung: Go, tell it on the mountains.

Wenn alles stimmt, was von dem Wanderprediger überliefert ist, dann hat Jesus ziemlich viele schlaue

Dinge gesagt und getan. Denen da oben wusch er den Kopf, denen da unten die Füße.

Ich war vielleicht fünf Kilometer gegangen, da sah ich auf der anderen Straßenseite einen kleinen Bauernhof. Die Tür vom Stall war geöffnet, es dampfte auf die Straße. Ein Mann kehrte Mist, im fahlen Schein eines Neonlichts. Ich stand da wie gebannt und schaute dem Bauern zu. Er schien nicht unglücklich über meine Gesellschaft und begann, von seiner Arbeit zu erzählen. Seinen elf Kühen. Seinem Bruder, der da krank im Bett lag und um den er sich kümmern müsse. Dass er allein sei mit all der Arbeit. Und die Gemeinde eines Tages die Pacht wohl nicht verlängern und seine Obstwiese wohl zu Bauland werde.

Der Bauer sprach seine Kühe mit Namen an, Frieda hieß die eine, glaube ich mich zu erinnern. Er sprühte ihre Euter ein. Was ist da drin?, fragte ich. »Das ist Arnika«, sagte der Mann, »das tut ihnen gut.« Arnika, mein Lieblingskraut. Er gab mir auch was aufs Knie.

Bald werde er den Hof aufgeben müssen, sagte der Bauer, zu wenig zum Leben, zu viel zum Sterben. Hätte er zwanzig Obstbäume mehr, könnte er vielleicht Zuschüsse bekommen.

Dann rollte er Milch an die Straße und wartete auf den Tankwagen von der Molkerei. Das ist ein armer Mann, meinte später der Milchwagenfahrer. Er fuhr in Richtung Meßkirch und nahm mich ein Stück mit.

Ein paar hundert Meter weiter parkten wir vor einem großen Stahltank. Der Bauer hatte einen neuen Stall gebaut, durch eine geöffnete Tür sah ich einen kleinen Roboter hin und her flitzen; hier kümmerten sich Maschinen um Futter und Mist, so was nennt sich »Precision Agriculture«. Ein paar Minuten nur, und es waren

Hunderte von Litern Milch abgefüllt. Ich fragte den Milchwagenfahrer, ob dieser Bauer mit mehr Kühen besser über die Runden komme als sein Nachbar mit den elf Kühen. Er schüttelte den Kopf: »Immer mehr Masse, immer mehr Schulden.« Er selbst hatte seinen Hof aufgeben müssen. Die Menschen, sagte er, haben keine Ahnung mehr von Lebensmitteln.

Bei Hermann Müller in Meßkirch

Bruder Jakobus hatte mir Meßkirch empfohlen. Wegen des Campus Galli, wo Menschen arbeiten wie im Mittelalter. Und wegen Hermann Müller und seinem Schuhgeschäft am Saumarkt.

Meßkirch liegt zwischen der eher schwermütigen Schwäbischen Alb und dem eher heiteren Bodensee. Hügelwellen schwingen sich über Wasserscheiden Richtung Süden, die Bewohner dieses Landstrichs feiern ihre Heimat als »Geniewinkel«. Hier kamen einige bekannte Männer auf die Welt, von denen Martin Heidegger der wohl berühmteste ist. Sein Sinnen über das Sein verband er mit langen Spaziergängen hinter seinem Elternhaus. Der Großdenker hielt Andacht unter Eichen und Zwiesprache mit dem Feldweg. »Die Weite aller gewachsenen Dinge, die um den Feldweg verweilen, spendet Welt ... Aber der Zuspruch des Feldweges spricht nur so lange, als Menschen, die, in seiner Luft geboren, ihn hören können.«

Der Feldweg ist mittlerweile asphaltiert, der Nebel aber verteilt weiter Last über die Fluren. Auch die Weite des Himmels und das Dunkle der Erde sind geblieben. Am Saum des Waldes entlang und hinter dem nächsten

Hügel verschwindend versuchte ich ähnlich dichte Gedanken, sie wollten mir nicht gelingen.

Ich bin nur ein kleiner Vagabund im Weinberg des Herrn, dachte ich; auf leisen Sohlen strich ich übers Feld und ergab mich der Einsicht, dass meine Phantasie nicht reichte, sie bedeutungsschwer in Worte zu fassen. Trost fand ich beim Meister: »Das Einfache verwahrt das Rätsel des Bleibenden und des Großen. Unvermittelt kehrt es bei den Menschen ein und braucht doch ein langes Gedeihen.«

In einem Geniewinkel bleibt man am besten im Rahmen seiner Möglichkeiten: Demütig suchte ich am Saumarkt das Geschäft von Hermann Müller. Wir waren, Fußvolk unter sich, schnell beim Du. Hermann trägt eine Brille, die ausschaut wie ein Stethoskop. Seine roten Socken beeindruckten mich. »Setz dich her«, sagte er, »ich will deine Füße sehen. Und deine Hände.«

Meine Hände? Was haben meine Hände mit meinen Füßen zu tun? »Die Erbanlagen für Hände und Füße sind gleich«, sagte Hermann. »Es ist möglich, von der Länge der Hand auf die Länge der Füße zu schließen. Menschen mit schlanken Händen zum Beispiel haben schmale Füße mit langen Zehen.«

Ich zeigte Hermann meine Hand. Schmale lange Finger, unter denen ich den Verlauf der Knochen erkannte. An der Seite ein Daumen, den ich in einen rechten Winkel bringen konnte.

Hermann holte ein Meterband und nahm Maß. Vom Scheitelpunkt des Knöchels an der Hand bis zum Ellenbogen am Unterarm. Bei mir waren das um die 38 Zentimeter. »Das ist die Länge, die auch dein Fuß braucht«, sagte er. »Aber ich fürchte, dass deine Schuhe ihm diese nicht gönnen.«

Verrückt, dachte ich, das hat noch kein Schuhverkäufer mit mir gemacht. Ein Maßband genommen. Alles Mögliche hatte ich bisher miteinander verglichen, aber die Hände noch nicht mit den Füßen.

Hermann erklärte mir, was er von seinem Meister gelernt hatte. Wie dieser die Hand in Markierungslinien teilte und über die Messung der Mitte des Grundgelenks bis zum Ende des Mittelfingers Annahmen traf über die sogenannte Soll- und Ist-Länge des Fußes. Wie er Schuhkäufern empfahl, im Geschäft den Innenraum der Schuhe ausmessen zu lassen. Und die Dreiteilung des Fußes von der Ferse bis zum Schwerpunkt, vom Schwerpunkt bis zum Ballenpunkt und im Vorfuß vom Ballenpunkt bis zur Zehenspitze zu berücksichtigen. »In fast jedem Schuh fehlen den Zehen 1,5 bis zwei Zentimeter Freiheit. Und auf kurz oder lang bestraft das Leben jeden, der seinen Zehen diesen Raum nimmt.«

Ich hockte mich auf einen Schemel, Hermann sank auf die Knie. »Du hast da einen Hallux«, sagte er, »dein großer Zeh hat keinen Platz und weicht nach außen. Musst aufpassen.« Ich schaute hin, ein bisschen gerötet war der Knochen schon.

Meine neuen Schuhe waren ja nun etwas grösser als die alten, aber dem Hermann immer noch zu klein. Ich weiß nie, welche Schuhgröße ich habe: 46, 47, 48? Hermann holte einen Bogen Papier und hieß meine Füße, darauf Platz zu nehmen. Dann beugte er sich nach vorn und fuhr mit einem Stift um Ferse und Vorderfuß. Er bat er mich aufzustehen und meinen Fuß in den Umriss seiner Zeichnung zu stellen. Da war viel Luft. »So viel Platz«, sagte er, »brauchst du ab jetzt in deinen Schuhen«.

Eigentlich war ich der Meinung, dass ich große Schuhe trug; die Leute staunten immer. Das sind ja Kindersärge, sagten sie. Heute weiß ich: Man kann seine Füße in Schuhen beerdigen. Und seinen Zehen ein Grab schaufeln. Am Anfang zucken sie noch, aber dann ergeben sie sich.

Ein großes Problem sei, dass der Handel im Prinzip nur Schuhe in drei Weiten anbiete. Hermann hat zwölf Weiten auf Lager. Letztens habe er einer Frau Schuhe fünf halbe Nummern größer verkauft; sie kam mit Schuhen in der Größe 7 in Weite G. Und ging mit Schuhen in der Größe 9½ und der Weite C: vorne lang und hinten schmal.

Die Weite war in Schuhgeschäften für mich bisher nie ein Thema gewesen. War ich unsicher, drückten Verkäufer ihren Daumen auf meinen dicken Zeh und sagten, der dürfe vorn nicht anstoßen. Von der Länge kommen sie hin, das war immer der letzte Satz, bevor ich an die Kasse ging.

Hermann erzählte mir von Schuhmachern, die heute noch auf Maß arbeiten. Von seinem Meister, Karl Georg Henkel, der ihm so viel beigebracht hatte über das rechte Gehen. Darüber, dass der Fuß über Jahrtausende daran gewöhnt worden sei, über Feld, Wiese, Stock und Stein zu gehen, nicht aber über Asphalt und Beton. »Du brauchst vorne mindestens drei Zentimeter mehr Platz, weil der Fuß sich beim Abrollen in die Schuhspitze schiebt.«

Ich fragte, ob sein Meister noch lebte. »Ja, er ist 83 Jahre alt, ich kann dir seine Telefonnummer geben. Das ist ein super Typ. Der hat auch ein Buch geschrieben, eine Biographie des Fußes. Sein Wissen hat er von Lehrmeistern noch aus dem Kaiserreich, und die hatten es wiederum von ihren Vätern.« Ich war begeistert: Vor mir tat sich eine Ahnenreihe auf, und der vorerst Letzte in dieser Reihe mit weithin überliefertem Wissen gewährte mir nun eine Audienz. »Der Henkel besitzt auch noch ein

Buch vom Leibarzt Friedrichs des Großen«, sagte Hermann. »Der hat 1777 über die beste Form der Schuhe geschrieben, und von diesem Buch sind in Europa wohl nur noch drei Exemplare erhalten. Dem Kalle Henkel gehört eines davon.«

Eigentlich müsste ich den Herrn Henkel auch noch besuchen, dachte ich. »Aber zu Fuß brauchst du ein paar Tage dorthin«, sagte Hermann. »Jetzt biste erst mal hier.«

Eisenach, Landshut, München. Und jetzt Meßkirch: Jede Stadt überraschte mich mit einer neuen Diagnose. Wolfgang Triebstein in Eisenach wunderte, dass ich überhaupt noch eine Hüfte habe. Armin Dantl in Landshut meinte, ich sei im Schongang unterwegs. Carsten Stark in München sagte, ich lasse mich in meinen Schritt fallen. Und mein Lieblingssatz von Kirsten war: Du sitzt auch noch beim Gehen.

Ich war in der Stimmung, mich stiller Verzweiflung hinzugeben, da kam Hermann mit einem Karton. Wie ein Zauberer einen Hasen aus dem Hut, zog er Schuhe aus weißem Papier: Sandalen. Bitte nicht, dachte ich. Jesuslatschen, um Gotteswillen. »Die ziesch jetzt a«, sagte Hermann in seinem Naturvolk-Dialekt, »damit kommscht über die Alpen. Und der Hallux geht auch weg.«

Es waren braune Treter aus Leder mit robuster Sohle und fixem Spann. »Die werden in England handgenäht«, sagte Hermann, »super.« Ich schaute mir die Sandalen an. Da steht Made in Vietnam drauf, sagte ich. »Ja, trotzdem, ein bisschen was ist immer«, sagte Hermann unbeeindruckt, schob meine Füße in die Sandalen. »Wenn es kalt wird, kannst dir ja Socken anziehen.« Sandalen mit Socken, es wurde immer abenteuerlicher. Aber Wunder: Meine Füße fühlten sich sehr wohl, sie waren offen nach allen Seiten.

Hermann legte nach. Dass der Kopf sich mit allem möglichen beschäftigt, aber nicht mit Füßen. Barfuß zu laufen Kindern von klein an abtrainiert werde. Mütter ihren Kinder lieber Einlagen verschreiben ließen, statt zu warten, bis sich ein Fuß mit sieben Jahren endgültig aufrichte. Überhaupt Einlagen: »Im Prinzip braucht ein Fuß keine Einlagen, er braucht Freiheit, sich natürlich bewegen zu können. Einlagen sind heute leider zu einem großen Geschäft geworden, da schieben sich Ärzte und Orthopädie-Schuhmacher die Kunden zu. Das ist ein Geben und Nehmen, wie überall.«

Ganz ähnlich hatte ich das schon in München gehört, bei Carsten Stark. Hermann zog vom Leder. Dass die Leute ihr Geld lieber fürs Handy ausgäben als für einen guten Schuh. Für Alufelgen vierhundert Euro hingelegt würden, ein Schuh aber höchstens fünfzig Euro kosten dürfe. Seit Anfang der 1980er Jahre Schuhe eher billig als gut sein sollten. Dass durch das synthetische Gerben mit Nickel, Chrom und Kupfer Allergien ausgelöst werden können.

Neun von zehn Menschen, sagte Hermann, seien in Schuhen unterwegs, die ihrer Gesundheit schadeten. Neun von zehn: Was für eine kühne Behauptung, dachte ich. Und gleichzeitig: Was wäre die Konsequenz, wenn es wirklich stimmte? Wenn an krank machenden Schuhen ein kleines Schild klebte: »Diese Schuhe gefährden Ihre Gesundheit«? Oder diese Schuhe aus öffentlichen Räumen verbannt würden: »Das Tragen von gesundheitsschädlichen Schuhen ist verboten«. Was, wenn Schuhe unter das Betäubungsmittelgesetz fielen? Mir kamen plötzlich so viele Gedanken in diesem kleinen Laden, dessen Besitzer sich der Sprengkraft seiner Worte so gar nicht klar war, freundlich, wie er mich anschaute.

Dieser Hermann, dachte ich, ist ein Revolutionär, aber so richtig traut er sich nicht, Lunte zu legen ans System.

Er geht lieber durch den Wald, als dass er laut wird. »Es freut mich wirklich, wenn ich den Leuten helfen kann«, sagte er. »Für mich ist es das größte Geschenk. Ich bin dankbar dafür.«

Das Leben, sagte Hermann, sei eben immer nur ein Weilchen schön. Für meine alten Schuhe traf das zu: »Ich schicke sie dir nach Hause. Deine Füße brauchen Weite, verstehscht?«

Wer mir mit Weite kommt, hat schon gewonnen. Weite finde ich gut. Ich trug jetzt Latschen. Ich war jetzt Teppichtasche. So nannten wir früher die Ökos.

Draußen vor der Tür stöckelten Frauen zu einer Hochzeit. In schicken Schuhen. Ich aber sah verkümmerte und gekrümmte Zehen und mutwillig beiseitegeschobene Großzehen, der Schönheit wegen. Ihr habt Besseres verdient, dachte ich mir.

Ich rief Hermanns Meister an und erreichte Herrn Henkel in seinem Zuhause in Gummersbach. »Ich bin ein alter Knochen«, sagte er, »aber ich weiß noch viel. Wenn Sie sich wirklich für mein Wissen interessieren, müssen Sie vorbeikommen, ich wohne im Sauerland.« Das war nun wieder eine ganz andere Richtung. »Aber ich kann Ihnen aus meinem Buch vorlesen«, sagte er. »Rufen Sie mich noch einmal in fünf Minuten an, ich hole es mal rasch.«

Nach fünf Minuten wählte ich wieder Henkels Nummer. Der alte Herr legte los. »Also: Der Leisten ist die Seele des Fußes. Es ist nicht möglich, Schuhe in passender Länge zu tragen, wenn die Weite nicht stimmt. Um Fuß- oder Körperschäden in Grenzen zu halten oder sogar zu vermeiden, empfehle ich Folgendes: Die

Ballenlinie gibt die Schuhweite vor. Die Großzehe erhält alle Bewegungsfreiheit. Einen Zentimeter von der Spitze nach hinten gemessen muss die vertikale Schicht des Leistens im Bereich der Großzehe mindestens 19 Millimeter bei Kindern, 20 Millimeter bei Damen und 21 bis 22 Millimeter bei Herren betragen. Der erste Mittelfußknochen ist der bei weitem stärkste und benötigt daher die meiste Weite. Darum muss der Leistenrücken nach der Großzehe hin verlaufen und nicht die Mitte des Leistens angeben.«

Ich nahm an einem Fernkurs in Henkelscher Leistenphilosophie teil. »Ach was«, sagte der alte Meister »es geht nur darum, göttliche Vorgaben zu erahnen, zu pflegen und zu erhalten. Es gibt keine schlechten Füße, es gibt nur schlechte Schuhe. Und weil unsere Gelenke so beweglich sind, lassen Füße sich auch in der Länge stauchen; so haben sich viele Menschen schon längst an schlecht passende Schuhe gewöhnt und wissen gar nicht mehr, ob und wo sie ein Schuh drückt. Hinten kurz und vorne lang, gibt guten Sitz und guten Gang, das ist eine alte Schuhmacherweisheit, die sollte man sich merken.«

Ich dankte für den Unterricht und wollte schon auflegen, als Karl Georg Henkel mir noch einen Satz zurief: »Der ist von Petrus Camper, dem Leibarzt Friedrichs des Großen: Man muss erstaunt sein, dass Leute von Verdiensten zu allen Zeiten die Hufe der Pferde, Maulesel und Ochsen bis auf Kleinigkeiten gepflegt haben und die Füße ihres eigenen Geschlechts, ihrer eigenen Kinder ganz vernachlässigten.«

Ich mag es, alten Leuten zuzuhören, ich will von ihnen lernen. So ging ich auch gern noch zu Leonhard Kretzdorn, einem der wohl ältesten deutschen Schuhmachermeister, der mit 95 immer noch Schuhe repariert. »Da muscht hin«, hatte Hermann gesagt. Als ich dort ankam, lobte der alte Herr mein neues Schuhwerk. Fast hatte ich das Gefühl, Teil zu sein einer ausgeklügelten Verkaufsstrategie, gleich würde ich Gelegenheit zum Erwerb einer Rheumadecke erhalten. Aber Herr Kretzdorn war über meine niederen Gedanken erhaben. Als ich ihn fragte, auf was es ankomme im Leben, sagte er: »Bescheiden bleiben. Und gut sein zu den Mitmenschen.«

Leonhard Kretzdorn erzählte, wie er in russischer Kriegsgefangenschaft aus nur einem Stück Leder Schuhe gegen die Kälte gefertigt hatte. Und danach »dieses Plastik« aufkam und Schuhe zum Wegwerfprodukt wurden. »Plötzlich trugen die Leute Gift an den Füßen«, sagte er. »Dass die sich das gefallen lassen, hatten wir nie wir möglich gehalten. Für alles hat man Geld, für die Frisur, für die Kleidung, aber am Fuß spart man. Wenn man nicht mehr laufen kann, ist man doch nur ein halber Mensch.«

Ich wäre gern geblieben, in Kretzdorns kleiner Werkstatt. Aber ich wollte an diesem Tag noch weiter zurück in die Zeit reisen, auf dem Campus Galli draußen vor der Stadt. Seit einigen Jahren wagen hier Handwerker ein in Deutschland einzigartiges Experiment. Sie wollen nach einem 1200 Jahre alten Bauplan eine Klosterstadt neu errichten, mit den Mitteln von damals. Und Jahrhunderte technischen Fortschritts unbeachtet lassen.

Erik Reuter, ein Historiker, führte mich über das Gelände. Frauen färbten Wolle, Männer schmiedeten Eisen. Vorher hatten sie einen Blasebalg gebaut, alles musste selbst erschaffen werden. Vor Lehmhütten saßen Menschen in bunten Gewändern, sie drehten Seile aus Bast oder kochten über Feuer Leim aus Birkenteer. Zimmerleute schnitzten Holznägel aus geschälten Haselnussruten. Ein mit Steinen beladener Ochsenwagen rumpelte über den Dorfplatz, hinter einem Gatter wuselten Wollschweine.

Die Menschen arbeiteten sehr langsam und sehr konzentriert. Tempo war hier kein Wert an sich. Erik erzählte von Hrabanus Maurus, dem Universalgelehrten der karolingischen Renaissance. Der füllte 22 Bände mit dem Wissen der damaligen Zeit und eben auch mit einem Bauplan für diese Klosterstadt. Erik erklärte mir die religiöse Bedeutung des Barfußgehens; nicht nur als Geste der Demut, sondern auch als Respektsbekundung an die Schöpfung. Die Füße sollten unten mit der Erde verbunden sein und oben einen freien Blick zum Himmel genießen.

Der Fuß war damals das Maß der Dinge. Für Länge, Breite, Höhe. Bei allen Bauwerken, die wir heute noch bewundern. Für Kathedralen und Kirchen und Klöster. Dieses Maß verband sich mit einer Vorstellung. Ein Fuß war, wenn man vier Hände nebeneinanderlegte oder sechzehn Finger; hatte etwas Hand und Fuß, war richtig gerechnet: dreißig Zentimeter. Der sogenannte karolingische Fuß im Heiligen Römischen Reich Deutscher Nation war um zwei Zentimeter länger, die französische Variante, Grande Nation, noch ein wenig mehr. 31,4 Zentimeter waren ein »Rheinfuß«.

Plötzlich stand Bruder Jakobus neben uns; mit seinem Wissen um die Geschichte der Spiritualität unterstützt er das Bauprojekt. Jakobus war in Begleitung einer Frau. Es war Fabienne, sie lebt als Einsiedlerin in der Schweiz. Sie war zu Besuch und interessierte sich ebenfalls für die Klosterstadt. Und würde am Nachmittag mit dem Auto in Richtung Sankt Gallen fahren. Wenn du willst, sagte sie, nehme ich dich mit.

Was soll ich sagen: Das war ein Gottesgeschenk. Und Rom rückte für mich wieder in Reichweite.

Fabienne war sehr liebenswürdig. Wir fuhren über Konstanz, wo ich kurz die Bergschuhe abholte, die der Chef von Hanwag dort hinterlegt hatte, diesmal in Größe 49. Ich hatte kurz gezögert, ich trug ja nun Sandalen. Aber ich nahm sie zur Sicherheit mit.

Fabienne, die allein auf einem Berg lebt, hatte zuvor in einem Krankenhaus gearbeitet. Sie hielt Sterbenden die Hand. Fabienne schenkte ihnen Momente der letzten Ruhe. Von Seneca stammt der Satz, dass wir jeden einzelnen Tag als ein Leben für sich betrachten sollten. Man könnte auch sagen: in dem Bewusstsein leben sollten, als sei jeder Tag der letzte. Fabienne versucht es.

In Sankt Gallen setzte sie mich vor einer Pilgerherberge ab. Nicht weit vom Klosterstift, deren weltberühmte Bibliothek das Wissen des Abendlands hütet. Über Jahrhunderte wurde es in dunklen Schreibstuben von Mönchen mit Federkiel auf Pergament kopiert: »O glücklichster Leser«, notierte einer von ihnen im 8. Jahrhundert, »wasche deine Hände und fasse so das Buch an, drehe die Blätter sanft, halte die Finger weitab von den Buchstaben. Der, der nicht weiß zu schreiben, glaubt nicht, dass dies seine Arbeit sei. O wie schwer ist das Schreiben: es trübt die Augen, quetscht die Nieren und bringt zugleich allen Gliedern Qual. Drei Finger schreiben, der ganze Körper leidet.«

Für eine Nacht nun war ich offizieller Jakobspilger. Fünf Tage entfernt lag Kloster Einsiedeln, hier treffen sich viele Pilger. Und gehen von dort weiter nach Santiago di Compostela. Oder ins 4100 Kilometer entfernte Jerusalem. Ich aber wollte in die andere Richtung, mir war nach Rom. Ich trug Sandalen, wie einst die Legionäre. Und trat befreit auf.

Barfuß über den Berg

Die Schweiz war großartig. Ich schämte mich meiner kleingeistigen Gedanken. Dass das Leben dort zu teuer sein würde für einen Wandersmann. Die Nacht in Sankt Gallen kostete mich fünfzehn Franken, und in der »Äss-Bar« ein paar Schritte weiter gab es Backwaren vom Vortag zum halben Preis.

In den Bergen folgte ich den Pfaden von Pferden und Kühen. Übte mich in Still-Leben und döste auf Almwiesen ein. Sah Kindern zu, wie sie an steilen Hängen heuten, und trank mit Sennern frische Milch. Bei Sabine und Willi im Berggasthaus Beverin am Glaspass traf ich einen Strahler: einen Mann, der Kristalle aus dem Berg klaubt. Er muss sich viel bücken dabei und auf seien Knien rutschen. Schmerzen habe er nie, sagte der Strahler. Eine Bäuerin, weit über neunzig Jahre alt, mische ihm nach altem Rezept eine Arnikasalbe. Ich wollte sie auch besuchen, aber der Weg war viel zu weit. Arnika kaufte ich später in der Apotheke.

Meine Sandalen hingen am Rucksack, die Bergschuhe lagen im untersten Fach. Ich lief barfuß. Ich konnte nicht anders, es war so schön. Die jungen Leute guckten, die alten Leute nickten. Sie waren als Kinder immer so unterwegs gewesen und hatten jetzt im Alter keine Probleme mit ihren Füßen.

Eines Morgens stand ich noch vor der Sonne auf, auf einer Wiese ein Bad zu nehmen: Ich sackte in weiches, taufeuchtes Grün. Eine Kneippkur vom Feinsten, umsonst und draußen. Ich vermisse das wohlig warme Gefühl danach heute noch. Ich zupfte ein paar Gräser und ließ sie in meine Jacke wandern, als Erinnerung an diesen besonderen Moment, dem ich da so unverhofft begegnete. Ich sage lieber nicht, wo genau das war, es war eine Zauberwiese mit einer verwitterten Hütte. Steil ging es ins Tal hinunter, und die Sonne zog langsam ihre Bahn. Es war der schönste Morgen auf einem an schönen Morgen so reichen Weg.

Und dann war es so weit: Ich stand in Bivio. Dem Dorf am Fuß des Septimer. Ein römischer Kaiser gab dem Weg wohl seinen Namen, wie auch das Dorf nach einem lateinischen Wort benannt wurde. Bivium bedeutet Weggabelung. Von hier gab es seit jeher zwei Möglichkeiten, die Alpen auf kurzem Weg zu queren: Nach Südosten führt der Weg auf gut ausgebauter Straße weiter zum Julierpass und nach Sankt Moritz. Nach Südwesten geht es durch ein Hochtal zum Septimer.

Ich feierte meine Ankunft mit Bündner Krautwickel und Rösti mit Speck und einen kleinen Roten; am Stammtisch saß Giancarlo Torriani, der verschmitzt gelassene Seniorchef des Hauses, eine Schweizer Rennbob-Legende. Es ist noch nicht lange her, da drehte er in Sankt Moritz seine Runden. Ein Draufgänger mit heiterem Gemüt und verheiratet mit Genieve, die den Pass mit Pferden reitet.

So schön war es, dass ich entschied, etwas zu bleiben. Von hier waren es nur wenige Stunden nach Chiavenna in Italien und weiter zum Comer See, wo die alten Rompilger in Barken über das Wasser setzten. Einmal über den Berg und einmal durchs Tal, und man war da.

Der Weg durch das Hochtal war wunderbar. Über Jahrhunderte schleppten hier Esel Wolle aus Flandern und Tuche aus England in den Süden und umgekehrt Süßwein und Seide in den Norden. Ich passierte einen Schalenstein, aus der Steinzeit vielleicht, gehauen von frühen Menschen, vielleicht auch nur Laune der Natur. Es war nicht wichtig zu wissen. Weiter ging es vorbei an Gehöften und Trockenmauern, durch ein Moor und mit Blick auf eine markante Kuppe, die römischen Heeren als Lagerplatz diente. Wo Legionäre sich an Feuern wärmten und Schnee schmolzen. An Wurfgeschossen feilten. Archäologen fanden hier neben Zeltheringen und Schuhnägeln Schleuderbleie mit den Stempeln der 3. und 12. Legion.

Der Septimer war als direkte Verbindung vom Bodensee nach Oberitalien ein schneller und gefährlicher Weg. Eine raue Gegend: steile Grashänge, schmale Pfade, wilde Wasser. Nacktes Gestein und von Schnee bestäubte Berge. Einöde, weder Holz noch Heu. Auch im Sommer sind viele nach jähen Wetterstürzen »uff dem Sätmer verdurbent und erfroren«, wie es in einer alten Chronik heißt.

Es ist sehr kalt, meinte ein Holländer, als er mich dort in kurzer Hose stapfen sah; er war von hagerer Gestalt, durch ihn pfiff der Wind. Ich dankte und lief weiter.

Ich blieb eine Weile und ging dreimal hinauf in das Tal. Einmal landete ich auf der Suche nach einem schönen Blick bei Murmeltieren, sie pfiffen aufgeregt. Ich wollte das Dorf finden, wo die Saga von Heidi und Peter neu verfilmt worden war. Als ich endlich auf meinem

Hosenboden auf der anderen Seite des Hangs heruntergerutscht war, was meine Hose mit Doppelverstärkung locker meisterte, kam mir auf der Alp Heidi entgegen; bei näherer Inaugenscheinnahme entpuppte sich das Mädchen allerdings als eine Freiwillige aus Deutschland, sie war für einen Sommer Sennerin.

Ein anderes Mal stellte mir Giancarlo seinen alten Freund Mauro vor, mit dem er in die Schule gegangen war. Ein Global Player: Mauro ist Generalminister der Kapuziner, eines franziskanischen Bettelordens, dem weltweit 10 000 Ordensleute dienen. Mauro lud mich ein, ihn in Rom zu besuchen. Und wünschte mir weiter »tiefe innere Erlebnisse«, darum gehe es, sagte er.

Über tausend Kilometer hatte ich Anlauf genommen, nun stand ich hier und konnte weiter. Und lief am Ende auf Zehenspitzen hoch. Weil ich anders schlecht vorwärtskam.

In den Tagen zuvor hatte sich ein Holzsplitter in meine Ferse gebohrt; erst merkte ich nichts, dann humpelte ich. Auch zeigte die Hornhaut Risse, trotz meiner neuen Begeisterung für Fußpflege. Weder Arnika half noch Betadin. Ich verband meine Ferse und versuchte, sie nicht allzu oft aufzusetzen. So wippte ich den Berg hinauf. War auch eine Übung.

Mit mir war Gabriela, eine Freundin, ihr wollte ich unbedingt diesen Pass zeigen. Sie war mit dem Auto und sechs Paar Schuhen im Kofferraum angereist. Bergschuhe waren nicht darunter, sie lieh sich welche. Ich schenkte ihr alte Skistöcke aus Bambus und mit Lederschlaufe, die ich vor einem alten Hotel unterhalb von Bivio für zehn Franken gekauft hatte; so stiefelten wir beide den Berg hoch, die eine am Stock, der andere bandagiert. Echte Bergvagabunden.

Gabriela ist eine wunderbare Freundin. Sie ermutigt, wenn andere zweifeln. Macht weiter, wo andere aufgeben. Erhebt, was andere erniedrigen. Sonntags schickt sie mir oft Bilder aus Gottesdiensten; wir alle, sagt sie, würden von oben geführt. Aber mein, sagen wir, lässiger Umgang mit Gesundheit ging ihr zu weit.

Nach unserer Wanderung fuhr sie mich nach Sils Maria ins Engadin und schenkte mir eine Übernachtung in einem sündhaft teuren Hotel. Dort ließ sie die Dame an der Rezeption einen Arzt anrufen: »Da gehst du jetzt hin und lässt dich endlich untersuchen.« Vorher hatte mir ein Giacomo, ein hilfsbereiter Bauer, mit seinen kräftigen Händen Eiter aus der Wunde gedrückt, bis es blutete, ein Rest aber war wohl geblieben.

Widerwillig ging ich zu einem Privatdozenten auf die andere Seite der Straße. Ich wolle nur kurz mal was fragen, sagte ich der Dame in der Praxis. Sie reichte mir ein Blatt Papier, bitte ausfüllen und unterschreiben, dass ich für alle Kosten aufkomme. Ich fürchtete, viel Geld zu lassen für eine vergleichsweise kleine Sache und humpelte wieder raus. Und hielt ein Auto an. Ob er Arzt sei, fragte ich den Fahrer. Nein, sagte er, aber meine Frau ist Krankenschwester. Sie beugte sich herüber und fragte, was los sei. Sie empfahl mir eine Tinktur, ich habe den Namen vergessen. In diesem Moment kam Gabriela aus dem Hotel und sagte: »Jetzt ist mal gut mit Fremde-Leute-Fragen. Ich fahre dich nach München, und da ruhst du dich drei Tage aus. Oder ich bringe dich nach Sankt Moritz in die Klinik.« Sankt Moritz! Ausgerechnet!

Man wird ein wenig komisch, wenn man so lange allein unterwegs ist. Es ist keiner da, der dir den Spiegel vorhält. Ich mochte ein wenig verwildert sein, verwahrlost war ich nicht. Und auf Gabriela höre ich gern.

Sie brachte mich ins Krankenhaus. Ich nahm mir vor, in Sankt Moritz keinen Ärger zu machen und diesem feinen Flecklein Erde nicht mit Vorurteilen zu begegnen. Ich wollte mir eine weitere Blamage ersparen. Das Spital hatte einen vertrauenerweckenden Namen: Klinik Gut. Dort kümmerten sich Marleen und Martin um mein Malheur. War auch nicht so teuer. Und ich dachte: Es kommt immer anders, als man denkt. Und es ist immer anders, als man meint. Meine Füße brauchten eine Woche, wieder richtig in Gang zu kommen. Danke, Gabriela.

Der Bergsturz

Wir fuhren zurück nach Sils Maria, und ich lud Gabriela im wunderbaren Waldhaus zum Essen ein. Einem Belle-Époque-Hotel mit einem Welte-Mignon-Klavier im Musikzimmer. Und Sälen so groß, dass man darin Tischtennis spielen oder die Eisenbahn aufbauen kann.

Hermann Hesse ging hier ein und aus, Albert Einstein, Thomas Bernhard und Joseph Beuys waren Stammgäste, um nur einige zu nennen. In der Nähe verbrachte Anne Frank unbeschwerte Ferien bei ihrer reichen Tante; um die Ecke mietete Nietzsche sieben Sommer lang für einen Franken am Tag ein ungeheiztes Zimmer überm Dorfladen.

Sils Maria, fast autofrei, blieb mir in bester Erinnerung. Nicht nur wegen des Namens, der aus einer Zeit stammt, als die Bauern aus dem Dorf in der Molkerei ihre Milch ablieferten. Mehr wegen einer großzügigen Geste: Als ich im Waldhaus fragte, wo man hier sonst und ein wenig preiswerter nächtigen könne, empfahl mir Herr Halter vom Empfang das Nietzsche-Haus.

Kaum war ich da, reichte man mir den Telefonhörer: Wir laden Sie für eine Nacht zu uns ein, sagte Herr Halter, Sie haben noch genug Leidensweg vor sich. Ich trug einen strahlend weißen Verband, man konnte Mitleid haben mit mir. Ich war überwältigt. Und nahm dankend an.

Nach einem satten Frühstück vorm Panoramafenster lief ich weiter. Ich traf noch Ruth Werfel, eine Lyrikerin, sie kam gerade vorbei, als ich die Schuhe schnürte. Wir gingen eine Runde spazieren und unterhielten uns sehr angenehm über das Kommen und das Gehen. Danach aber brach ich wirklich auf, pfeifend und laut singend, immer wieder dieselben zwei Lieder: »Von guten Mächten wunderbar geborgen, erwarten wir, was kommen mag.« Und die Strophen des Alpen-Mystikers Hubert von Goisern darüber, wie die Zeit vergeht: »Heast as nit / Wia die Zeit vergeht / ... Gestern nu' / Ham d'Leut ganz anders g'redt / Die Jungen sind alt word'n / Und die Alten san g'storbn / ... Und gester is' heit word'n. Und heit is' bald morg'n.«

Ich passierte den Silser See, wo dem emsigen Spaziergänger Friedrich Nietzsche die Idee gekommen war von der ewigen Wiederkunft des Gleichen, »6000 Fuß über dem Meere und viel höher über den menschlichen Dingen«, wie er schrieb. Nietzsche ist viel gelaufen, fünf bis sieben Stunden am Tag. Wenn er sich nicht wieder erbrechen musste, den Eimer am Bett, wegen seiner Kopfschmerzen. Schenke keinem Gedanken Glauben, der nicht im Freien geboren ist und bei freier Bewegung, in dem nicht auch die Muskeln ein Fest feiern: Das ist von ihm. Und: »So wenig als möglich sitzen.«

Zwei Tagen wanderte ich vom Engadin ins Bergell hinab. Erst an Lärchen entlang und später durch Kastanienwälder, auf der alten Straße der Römer, die sich hier vom

Septimer-Pass kommend weiter ins Tal streckte. Aber dort, kurz vor Bondo, wo Giancarlo aus Bivio mit seiner Familie ein Haus besitzt und ich hätte schlafen können, war ein großes Unglück geschehen. Der Berg war gerutscht. Vom 3300 Meter hohen Piz Cengalo, den ich Tage vorher noch im Sonnenschein vom Scheitel des Septimer bewundert hatte. Lange hatte permanenter Frost den Fels gehalten, nun taute das Gestein auf. Vom Gipfel war ein mächtiger Schuttstrom donnernd ins Tal gerauscht. Der nackte Granit begrub acht Wanderer und Kletterer unter sich. Es herrschte Katastrophenalarm. Es war einer der größten Bergstürze seit 130 Jahren. Die Straße gesperrt, die Leute verzweifelt. Mit den Menschen war auch die Gewissheit gestorben, dass das Tal ein sicherer Platz sein könnte. Wie alle anderen suchte ich auf der gegenüberliegenden Seite des Berges Schutz und fand ihn in Soglio. Hier oben herrschte eine merkwürdige Stimmung. Ich traf Wanderer, die kurz vor dem Sturz noch dort gewesen waren, wo nun acht Menschen verschüttet lagen.

Nach der Chance befragt, ob man sie eines Tages würde bergen können, gaben Geologen nüchterne Zahlen zu Protokoll: Das Volumen eines großen Menschen, in etwa, umfasse 0,075 Kubikmeter. Zermalmt von, in diesem Fall, vier Millionen Kubikmetern. Und alle fragten sich, ob die Verstorbenen vielleicht die Hinweisschilder nicht ernst genommen hatten, auf denen deutlich wie selten gewarnt worden war. Dass »in den kommenden Wochen und Monaten« ein »Bergsturz« zu erwarten und »größere Felsmassen in Bewegung« seien.

Am nächsten Tag rutschte der Berg wieder. Ich konnte es von Soglio aus beobachten. Ich hörte das Grollen und sah den Rauch. Wie schrecklich, dachte ich, und wie klein der Mensch.

Die erste Straße jenseits der Grenze hieß: Via Roma. Mir wurde warm ums Herz. Ich war da, wo ich sein wollte. In einem kleinen Laden am Comer See gönnte ich mir guten Parmigiano und ein paar Tomaten. Als der Kaufmann hörte, dass ich nach Rom unterwegs sei, gab er mir fünf Euro. Ich solle bitte eine Kerze für ihn anzünden. Das habe ich später auch getan, in der Kapelle der Schweizergarde.

Eine der erstaunlichsten Entdeckungen auf meiner Tour war, wie sich durch das Gehen Gedanken lösten. Abfielen von mir und aus meinem Kopf purzelten, mühelos und ohne Anstrengung. Bewusst wurde mir dies, als ich mich in Dorio am See an einen Tisch setzte und zu schreiben begann. Der Verkehr rauschte an mir vorbei, die Autos rasten hinter meinem Rücken. Aber merkwürdig, der Lärm da draußen berührte das Leise nicht, ich ruhte in mir. Es war eine Stille, erwandert und erfahren, und mir war, als wollten Muskeln und Sehnen und Knochen mich belohnen, dass wir uns gemeinsam angestrengt hatten.

Nach zwei Tagen an der Straße setzte ich mich hinauf in ein Zimmer, an einen alten Schreibtisch aus Tannenholz, verkleidet mit Nuss, er stand einst im Pfarrhaus des Don Dante Bestetti, der sehr lange Jahre Pfarrer war in Dorio am See. Es war immer noch laut, aber ich konnte die Fenster schließen. Es lief wie von selbst, die Buchstaben mochten sich auch einreihen in diese wunderbare Erfahrung, mich gehen zu lassen. So wie ich mir mit den Füßen einen Raum eroberte und die Weite genoss, so kamen eben auch die Gedanken, in bester Verfassung, und wollten hinaus in die Welt.

Die war voll mit Feigen und Wein und gefächerten Palmen. Ich brauchte keine Jacke und keinen Pullover, das Leben war noch mehr Wonne. Ich schmeckte und roch und speiste so gut wie noch nie. Ich schrieb und schrieb. Und abends ging ich am See entlang, setzte mich ans Wasser und ließ die Füße wippen. Es war Anfang September und das Obst reif, die Trauben schmeckten himmlisch.

Mein Freund Hubertus rief an und fragte, was ich so mache. Ich lebe, sagte ich, verdammt gut. »Klasse«, sagte er, »ich überlege gerade, ob ...« Ich unterbrach ihn sofort: Komm her! Geh mit! »Das wäre schön«, meinte er, »ich spreche mal mit meiner Frau.« Ein paar Minuten später meldete er sich, ich komme, ist ja nicht weit. Ich freue mich, sagte ich, wir treffen uns in Florenz.

Von Florenz nahmen wir den Zug nach Assisi. Von dort waren es noch 250 Kilometer bis Rom. Hubertus kaufte sich noch Hut und Regenschirm, dann gingen wir los. Zwei Freunde auf dem Weg des Franziskus in die ewige Stadt. Jeden Morgen freuten wir uns auf den Abend, dann, wenn die Sonne ihre letzten Strahlen ins Land schickte und den Himmel in Zauberwerk verwandelte, in allen Farben dieser Welt. Wir kamen vorbei an Kirchen und Kapellen, wir tranken Wasser aus Brunnen. Einmal regnete es, und wir verbrachten einen herrlichen Nachmittag mit Wein und Wurst und Käse auf einer Veranda. Es prasselte, tröpfelte, rauschte und trommelte aufs Dach, wir saßen da in kurzen Hosen und erhoben das Glas auf den Regen, jenes Geschenk des Himmels an die Erde.

Hubertus war mit seinem Freund Richie drei Jahre um die Welt gesegelt. Das hier ist ja noch besser, sagte er. Dieses Weiterkommen aus eigenem Antrieb. Noch nie hatte er sich auf einen so langen Spaziergang gemacht; am Ende war es eine Strapaze, die Füße schmerzten zu sehr. So ging ich den letzten Tag allein auf Rom zu, und natürlich verlief ich mich wieder, als ich einen Berg hochstiefelte, Abschied zu nehmen von den Höhen zuvor. Am Wegesrand hielt ich inne. Auf einem Schild waren drei Sätze des Franziskus verewigt: Versuche das Nötige. Dann tu, was dir möglich ist. Plötzlich schaffst du das Unmögliche.

Francesco auf dem Petersplatz

Zwei Tage vor Rom hatte ich begonnen, mich stadtfein zu machen. Ich ging zum Friseur, ich kaufte ein Hemd, eine lange Hose und eine Krawatte. Das war, nachdem Gabriela sich gemeldet hatte: Ich komme auch, hatte sie gesagt, und dann treffen wir den Papst, das wäre doch schön. Ich hätte auch gerne meine Freundin in Rom begrüßt, aber sie hatte keine Zeit, sie kümmerte sich um geflüchtete Menschen und war wirklich beschäftigt.

Mit Unterstützung meines Freundes Benedetto gelang es mir, zwei Karten für die Generalaudienz des Papstes zu organisieren. Benedetto hatte mir geraten, in der päpstlichen Präfektur einen deutschen Pater anzurufen, der für Karten zuständig sei. Der meinte, wenn ich jedoch in die unmittelbare Nähe des Papstes wolle, brauche ich das Empfehlungsschreiben eines Kardinals.

Ich kenne eine Menge Leute, ein Kardinal ist nicht unter ihnen. Aber da war ja noch Gabriela. Sie kannte die Cousine des Kardinals von Wien, Felizitas Prinzessin Reuss Gräfin von Schönborn, und diese kannte wiederum einen wichtigen Menschen in Rom, er nannte sich

»Principe«, es war eine über Jahrhunderte gewachsene Verbindung, von Generation zu Generation weitergetragen. Und die liebe Fe, mit halb Europa verwandt, wie sie immer sagt, rief in Rom an und verschaffte uns drei Karten in der ersten Reihe, nur wenige Meter vom Papst entfernt, wie sich später herausstellen sollte, direkt an der großen Treppe, die zum Dom führt.

Mein Plan war gewesen, in schönster Septembersonne mit Blick auf den Petersdom auf Rom zuzulaufen; vielleicht geht das, dachte ich, ich hatte keine Ahnung. Ein paarmal verlief ich mich im Gestrüpp, aber schaffte schließlich, meinem Instinkt folgend, die Kirche wirklich von weitem zu sehen, sie lugte in der Ferne über einem Acker. Das kann nicht wahr sein, dachte ich: Jetzt stehst du hier fünfzehn Kilometer vor Rom und hast freies Feld. Ich fragte einen alten Herrn, ob dies da hinten wirklich der Petersdom sei, er nickte müde.

Von nun an ging ich »sempre dritto«, immer geradeaus, die Stadt im Blick. Ich hatte mich in den Dornen verletzt, mein Bein blutete; aber ich lief wie beflügelt. Noch einmal ging ich über altes Kopfsteinpflaster, dieses hatten wohl die alten Römer gelegt, ich war auf einer antiken Straße.

Plötzlich, es ist wahr, sah ich unter einer Pinie ein weißes Schild: Roma. Ich konnte es leider nicht fotografieren, mein Handy hatte keinen Saft mehr. Diesen Moment aber wollte ich auf einem Bild festhalten. In der Nähe war ein Anwesen, Kinder und Alte saßen davor. Nach einigem Hin und Her verstand eine Frau, was ich wollte, und machte ein Bild von mir vor dem Schild. Dieses Haus, sagte sie, gehört dem Vatikan, wir haben es gemietet. Ich war fast schon da, aber mir fehlten wohl noch zwölf Kilometer.

Es war mittlerweile sehr spät geworden: Meine Vorstellung, über den Corso Sempione und vorbei am Trevi-Brunnen die Stadt zu erobern, hatte sich in Wohlgefallen aufgelöst. Es war schon dunkel, als ich auf Vorstadtstraßen stadteinwärts ging, die Autos fegten mich fast von der Straße. Plötzlich stoppte hinter mir ein Wagen, und zwei Carabinieri sprangen heraus: »What are you doing, where are you from?«

Die Polizisten waren nicht sehr freundlich, ich blieb ruhig. Ich war im Begriff, eine Autobahn-Auffahrt zu nehmen, in dem Gewirr der Straßen und all dem Lärm wusste ich nicht mehr weiter. Es mag vielleicht stimmen, dass alle Wege nach Rom führen; aber so richtig hinein, das war schon eine abenteuerliche Suche. Ich entschuldigte mich bei den Herren, und mir gelang es schließlich, mich eine Stunde lang nicht überfahren zu lassen. Endlich sah ich eine U-Bahn-Station, ich löste ein Ticket und fuhr in die Stadt. Nach einer halben Stunde stand ich am Petersplatz. Und fand Quartier im Priesterkolleg des Campo Teutonico, einer alten Pilgerherberge neben dem Petersdom. Hans-Peter Fischer, der Rektor, bat später für ein Willkommen auf die Dachterrasse. Nur zweihundert Meter weiter wohnte der Papst. Mit Benedetto und Gabriela und Hubertus und der guten Fe feierte ich schließlich meine Ankunft.

Am Abend besuchten wir einen Gottesdienst der christlichen Gemeinschaft Sant'Egidio in Trastevere am Tiber. Ich richtete dort Cesare die Grüße von Bodo aus Thüringen aus. Als die Menschen in der Basilika Santa Maria das Gotteslob anstimmten, konnte ich meine Rührung nicht mehr verbergen. Jetzt liefen die Tränen.

Der nächste Morgen war strahlend schön. Der Petersplatz war abgesperrt, die Generalaudienz des Papstes verlangt großen Aufwand. Überall Polizisten und Sicherheit. Frisch rasiert schaute ich mir mit Gabriela in aller Ruhe den Petersdom an, wir waren fast allein. Ein paar Priester huschten mit ihren Messdienern vor einen der zahlreichen Altäre. Ich stand gerade in einer Seitenkapelle, als ein Junge fragte, ob es möglich sei, hier die Messe zu feiern, ich erlaubte es ihm. Er dachte wohl, ich sei eine Art Aufsicht, ich machte ein befugtes Gesicht.

Vor dem Dom füllte sich der Platz mit Pilgern aus aller Welt. Uns hatte man einen Sitzplatz in der ersten Reihe zugewiesen, vielleicht zehn Meter vom heiligen Stuhl entfernt. Da waren die Soldaten der Schweizergarde und Sicherheitsleute in Zivil, sehr viele dunkle Sonnenbrillen und Männer mit einem Knopf im Ohr. Plötzlich jubelte die Menge, der Chef rollte an, in seinem Papamobil. Ich war erstaunt, wie schlecht er zu Fuß war, er wirkte sehr müde, als er die Stufen hinaufstieg und sich setzte. Eine Stunde dauerten die Huldigungen verschiedener Delegationen; in einer kurzen Ansprache sprach Francesco von Liebe und Vertrauen und dass die Welt Mut brauche und Zuversicht.

Danach machte er die Runde und reichte jedem die Hand. Es dauerte wohl noch fast eine Stunde, bis er zu uns kam. Er wirkte plötzlich sehr viel frischer, so, als habe die Begegnung mit den Menschen ihm Kraft gegeben. Ich wusste nicht, was ich ihm sagen sollte, als er lächelnd auf mich zukam. Gabriela neben mir meinte auf Englisch: Dieser Mann ist zu Fuß von Hamburg nach Rom gelaufen, um Sie zu sehen. Francesco nickte anerkennend. Ich dachte nur, das stimmt doch gar nicht, ich bin in Lüneburg los. Als der Papst Gabrielas Hand nahm, sagte sie noch: »All my jewish and muslim friends pray for you.« Der Papst grinste und sagte: »For me or against me?«, und ging weiter.

Erzbischof Gänswein in seinem Gefolge schenkte mir einen Rosenkranz. Ich sagte, ich brauche noch einen, bitte, für meine Mutter. Gänswein musste lachen, und meine Mutter freute sich später sehr. Ich war selig.

Ich blieb noch zwei Tage, dann fuhr ich nach Hause. Mein Gott, was war diese Reise schön.

Zum Schluss

Jetzt ist es schon ein paar Monate her, dass ich unterwegs war. Aber die Freude und der Spaß, einen Sommer zu Fuß unterwegs gewesen zu sein, sitzen mir in den Knochen. Ich vermisse, wenn ich nicht jeden Tag ein paar Schritte mehr mache. Kurze Strecken, lange Strecken. Auch barfuß, auch im Winter. Ich habe ein anderes Körpergefühl. Meine Füße sind kräftiger geworden und selbstbewusster, sie lassen sich nicht mehr in enge Schuhe zwängen.

Ich denke gern an die Menschen am Weg zurück, an die schönen Begegnungen und Gespräche, die Gastfreundschaft und Hilfsbereitschaft, die sie mir schenkten. So viele waren es, dass es mir nicht möglich ist, alle zu nennen. Da waren Menschen, die mich am späten Abend noch laufen sahen und ihr Auto wendeten, mich mitzunehmen. Oder nach einem Regen zum Kaffee einluden. Bei Thorsten möchte ich mich bedanken, dass er mir immer wieder zur Seite stand; bei meinem alten Freund Gerd, der mir in München nach dem Diebstahl meines Portemonnaies unaufgefordert Geld in die Hand drückte und es nicht zurückhaben wollte, bei Kirsten für all ihr Wissen und ihr Mitgefühl, mit dem sie meinen Weg begleitete. Herrn Triebstein in Eisenach danke ich für die Einlagen und seine Erklärungen, Herrn Pusch in Duderstadt und Herrn Stark in München für ihre Zeit, Fabienne für die Fahrt in die Schweiz und Jakobus für seine Wegbegleitung all die Jahre. Jürgen Siegwarth für die Schuhe. Mein Dank gilt den neuen Freunden in Landshut, Hermann in Meßkirch und Guido in Torro; Gerald und Antje und Philipp für alle Ratschläge. Benedetto in Rom und Gabriela und Fe danke ich, dass wir es gemeinsam bis zum Papst schafften. Meinem Bruder Stephan und meinem Freund Martin, die beim Korrigieren halfen. Britta und Wolfgang und Julia für ihren Zuspruch im Verlag. Meinen Kollegen Arne und Christian und Dagmar, dass sie mir diese Raus-Zeit gönnten. Meinem Sohn Niklas für seine Unterstützung und meinen Freunden Jörg und Hubertus und Martin, die mich ein Stück begleiteten. Meinen Eltern und Geschwistern, weil sie mir den Gefallen taten, nicht krank zu werden in der Zeit, dass ich sorglos in die Welt ziehen konnte. Und vor allem meiner wunderbaren Liebe Aja, die mich ziehen ließ und doch so gerne mitgekommen wäre. Ich weiß sehr zu schätzen, dass sie so einen Streuner liebt.

Ich möchte mich entschuldigen bei allen Bauern, deren Felder ich querte, ohne vorher gefragt zu haben. Ich habe mich wirklich bemüht, vorsichtig aufzutreten.

Ein paar Orte möchte ich nennen und Namen von Menschen, bei denen ich war und wo ich gerne vielleicht länger geblieben wäre.

Göhrde. Auf den Spuren der Wölfe wandern und mehr über sie erfahren im »Biohotel Kenners LandLust«: *www.kenners-landlust.d*e

Schloss Berlepsch. Traumhaft gelegen über der Werra und ein phantasievoller Burgherr, der nicht nur Mittelalterspiele bietet: *www.schlossberlepsch.de*

Eisenach. Wer wissen will, wie es seinen Füßen wirklich geht: auf zu Orthopädiemeister Wolfgang Triebstein unterhalb der Wartburg: *www.ingasys.de*

Thüringeti. Ein Naturschutz-Spektakel unterhalb des Thüringer Walds. Mit dem Jeep und wie in Afrika durch sattes Grün und Herden von Pferden und Rindern: *www.agrar-crawinkel.de/thueringeti*

Kloster Hülfensberg. Freundliche Franziskaner bieten Übernachtung in herrlicher Landschaft an der einst innerdeutschen Grenze: *www.huelfensberg.de*

Bernhausen in der Rhön. Erdverbundene Küche und Sterne am Himmel, in einem Bauwagen buchbar: *www.gruene-kutte.de*

Bischofsheim in der Rhön. Bestes Frühstück und Fleisch aus dem Wald. In einem Jagdschloss inmitten des Biosphärenreservats der Rhön: *www.holzberghof.de*

Bad Staffelstein in Franken. Süffiges Bier in einer Familienbrauerei und sehr unterhaltsame Gastgeber mit dem schönen Hobby, alte Trecker zu sammeln: *www.dinkel-stublang.de/familienbrauerei-dinkel*

Landshut. Niederbayerisch gemütliche Metropole mit einem der schönsten Feste der Welt: der Landshuter Hochzeit, alle vier Jahre. Die Macher kennen sich bestens aus mit europäischer Geschichte: *www.landshuter-hochzeit.de.* Am Markt ein großartiger Outdoor-Laden. Der Chef war früher Notarzt, herzliche Grüße an Armin und Kati: *www.alpenstrand.de*

München. Heilpraktiker Carsten Stark litt selbst jahrelang Schmerzen, bevor er sein Leben vom Kopf auf die Füße stellte und jetzt anderen dabei hilft: *www.meinefuesse.de*

Tal der Rebellen. Im **Eglofstal** nicht weit vom Bodensee finden sich alte Bauern und junge Handwerker vereint im Widerstand gegen manchen Wahnsinn unserer Zeit: *www.allgaeu-humor.de*

Scheidegg. Eine der besten Herbergen für Menschen, die unterwegs sind. Und schöne Grüße an Werner, der auch noch singt und kocht und alles so wunderbar dirigiert: *www.pilgerzentrum-scheidegg.de*

Kloster Beuron. Hier unterrichtet Bruder Jakobus Meditation und erklärt, was man auf der Suche nach Gott so alles beachten sollte: *www.erzabtei-beuron.de*

Meßkirch. Eine Beratung, wie man sie sich wünscht: Schuhexperte Herrmann Müller weiß, dass Füße Weite brauchen: *www.schuhhaus-mueller.com*
Nach der ältesten überlieferten Architekturzeichnung des Abendlands errichten Handwerker hier eine 1200 Jahre alte Klosterstadt neu: *www.campus-galli.de*

Sankt Gallen. Wo das Wissen der Welt und des alten Europa lagert: in der Stiftsbibiothek: *www.stibi.ch.* Und nicht weit davon eine preiswerte Unterkunft: *www.pilgerherberge-sg.ch*

Oberhalb des Rheintals und in verzauberter Landschaft Hochmoore für morgendliches Tau-Wandern, als Wohltat für die Füße. Und dazu mit Sabine und Willi hilfsbereite Gastgeber in uriger Atmosphäre: *www.berggasthaus-beverin.com*

Bivio. Von hier in Graubünden führt der jahrtausendealte Septimer-Pass auf einer Höhe von 2310 Metern ins Bergell. Auch mit Pferden möglich. Beste Adresse dafür und Grüße an Gregorio und Giancarlo und Genieve Torriani: *www.hotelsolariabivio.com*

Sils Maria. Wie jeder Mensch, so ist auch dieses Grand Hotel mit seinen großartigen Gastgebern eine Welt für sich: *www.waldhaus-sils.ch*
Man muss Jahre im Voraus buchen, kann aber auch spontan Glück haben: dort übernachten, wo Nietzsche seine Sommer verbrachte: *www.nietzschehaus.ch*

Soglio. Giovanni Segantini malte hier, im Bergell, an der Schwelle zum Paradies. Unterkunft im wohl schönsten Dorf der Schweiz und mit Fernblick bei fröhlichen Ziegenbauern: Felix und Vreni Brügger: 0041-(0)81-8221083.

Dorio am Comer See. Andrea, der Chef, hat in Hamburg gelernt. Und nimmt nur beste Zutaten für seine frische leichte Küche mit Blick auf den See: *www.locandadellera.it/index.php/de*

Bergamo. Slow Food vom Feinsten, viel Ahnung von Essen und Trinken und direkt gegenüber ein Buchladen im auch kulinarisch unterschätzten Bergamo: *www.ristorantemimmo.com*

Via de Francesco. Einer der schönsten Wege der Welt, von Florenz nach Rom auf den Spuren des heiligen Franziskus. Entspannte Menschen, sehr gutes Essen und eine Landschaft zum Verlieben: *www.viadifrancesco.it/de*

Rom. So viel zu sehen. Am Ende drei Tipps: Übernachten im Hotel Columbus unweit des Petersplatzes: *www.hotelcolumbus.net.* Essen, wo auch Kardinäle speisen, Geistlichkeit und Gastlichkeit: *www.ristorantelavittoria.com.* Und abends noch ins Viertel Trastevere und dort in der Basilika Santa Maria die abendlichen Zusammenkünfte und Gottesdienste der weltweit aktiven katholischen Laiengemeinschaft Sant'Egidio besuchen. So kann Kirche auch sein: *www.santegidio.org*

Nicht zu vergessen die Physiotherapeutin **Kirsten Götz-Neumann,** die Kurse und Fortbildungen anbietet in der Kunst, seinen Körper in Bewegung zu bringen: *www.gehen-verstehen.de*

Die Gedanken und Worte von **Hans Jürgen von der Wense** sind erschienen im kleinen Berliner Blauwerke-Verlag: *www.blauwerke-berlin.de*

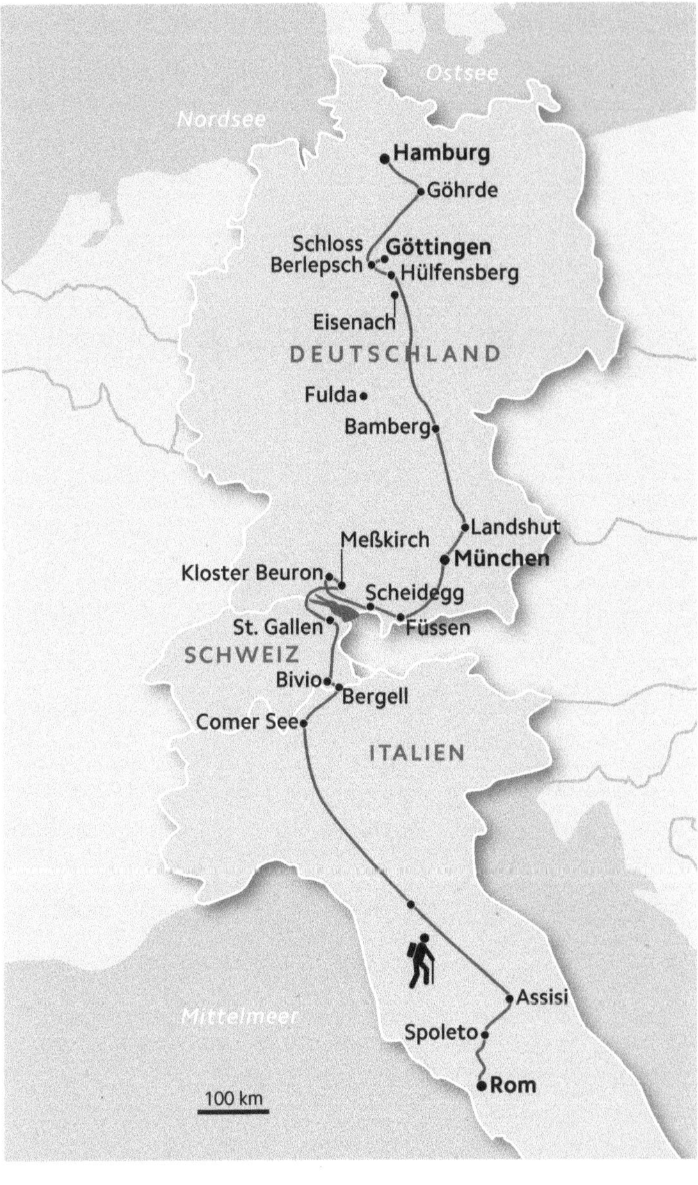

Ostsee
Nordsee
Hamburg
Göhrde
Schloss
Berlepsch
Göttingen
Hülfensberg
Eisenach
DEUTSCHLAND
Fulda
Bamberg
Landshut
Meßkirch
München
Kloster Beuron
Scheidegg
St. Gallen
Füssen
SCHWEIZ
Bivio
Bergell
Comer See
ITALIEN
Assisi
Mittelmeer
Spoleto
Rom
100 km